Pierre-Joseph Proudhon

Idée générale de la Révolution au dix-neuvième siècle

essai

ISBN : 978-1519653840

10 9 8 7 6 5 4 3 2 1

Pierre-Joseph Proudhon

Idée générale de la Révolution au dix-neuvième siècle

essai

Table de Matières

À LA BOURGEOISIE

À vous, Bourgeois, l'hommage de ces nouveaux essais. Vous fûtes de tout temps les plus intrépides, les plus habiles des révolutionnaires.

C'est vous qui, vers le cinquième siècle de l'ère chrétienne, par vos fédérations municipales, étendîtes les premiers le linceul sur l'Empire romain dans les Gaules. Sans les Barbares qui vinrent changer brusquement la face des choses, la République, constituée par vous, eût gouverné le moyen âge. La monarchie dans notre pays est franque, souvenez-vous-en ; elle n'est pas gauloise.

C'est vous qui, plus tard, opposant la commune au castel, le roi aux grands vassaux, vainquîtes la féodalité.

C'est vous, enfin, qui depuis quatre-vingts ans avez proclamé l'une après l'autre toutes les idées révolutionnaires, liberté des cultes, liberté de la presse, liberté d'association, liberté du commerce et de l'industrie ; qui, par vos constitutions savantes, avez eu raison de l'autel et du trône ; qui avez établi sur des bases indestructibles l'égalité devant la loi, le contrôle législatif, la publicité des comptes de l'État, la subordination du Gouvernement au Pays, la souveraineté de l'Opinion.

C'est vous-mêmes, vous seuls, oui, vous, qui avez posé les principes, jeté les fondements de la Révolution au dix-neuvième siècle.

Rien de ce qui a été tenté sans vous, contre vous, n'a eu vie ;

Rien de ce que vous avez entrepris n'a manqué ;

Rien de ce que vous aurez préparé ne faillira.

Devant la Bourgeoisie le despotisme a courbé la tête : le Soldat heureux, et l'Oint légitime, et le Roi Citoyen, dès qu'ils eurent le malheur de vous déplaire, ont défilé devant vous comme des fantômes. Bourgeois de France, l'initiative du mouvement dans l'Humanité vous appartient. Le prolétaire, novice, vous nomme ses maîtres et ses modèles. Se pourrait-il qu'après avoir fait tant de révolutions, vous fussiez devenus irrémissiblement, sans raison, sans intérêt, sans honneur, contre-révolutionnaires ?

Je connais vos griefs : ils ne datent pas seulement de février.

Pierre-Joseph Proudhon

Un jour, le 31 mai 1793, vous fûtes surpris, supplantés par le peuple sans-culotte. Quatorze mois, la plus terrible époque que vous traversâtes jamais, le gouvernail fut entre les mains de tribuns populaires. Que surent-ils faire de ces quatorze mois de dictature pour leurs pauvres clients ? Hélas ! rien. Présomptueux, comme toujours, et bavards, leur effort se réduisit à continuer, tant bien que mal, votre besogne. En 1793, comme en 1848, les élus du peuple, — qui la plupart n'étaient pas du peuple, — n'eurent de souci que pour la propriété ; ils ne songèrent point au travail. Hors la résistance à l'étranger, la puissance gouvernementale fut consacrée tout entière à la garantie de vos intérêts. Vous n'en fûtes pas moins blessés de cette atteinte à votre vieille prérogative. Parce que le peuple n'avait su, dans son inexpérience, faire marcher la révolution par vous inaugurée, dès le lendemain de thermidor vous parûtes renier cette révolution. Ce fut pour notre pays une halte dans le progrès, et le commencement de nos expiations. Le prolétaire crut se venger en imposant à votre orgueil, par ses suffrages, l'autocratie d'un héros. Vous aviez semé la résistance, vous recueillîtes le despotisme. La Liberté fut remplacée par la Gloire, la plus funeste, la plus sotte des divinités. Pendant quinze ans la tribune fut muette, la bourgeoisie humiliée, la Révolution enchaînée. Enfin, grâce à vous, la Charte de 1814, arrachée, non octroyée, quoi qu'on ait dit, la relança de nouveau sur le monde ; quinze ans ne s'étaient pas écoulés que l'ancien régime trouvait aux journées de juillet son Waterloo.

En 1848, le peuple, appuyé comme en 93 sur vos patriotiques baïonnettes, chasse des Tuileries un vieux fourbe, et proclame la République. En cela, il ne fit que se rendre l'interprète de vos sentiments, tirer la conséquence légitime de votre longue opposition. Mais le peuple n'avait point encore été initié à la vie politique : pour la seconde fois le gouvernement de la révolution lui échappa. Et comme en 93, cette outrecuidance fut pour vous un nouveau sujet de colère.

Quel mal avait-il fait, cependant, ce peuple inoffensif, pendant son interrègne de trois mois, qu'à peine réintégrés au pouvoir, vous vous montrâtes si ardents réactionnaires ? Le Gouvernement provisoire n'avait songé qu'à consoler votre amour-propre, calmer vos inquiétudes. Sa première pensée fut de vous rappeler au conseil de famille ; son unique désir, de vous rendre la tutelle du prolétariat.

À LA BOURGEOISIE

Le peuple laissa faire, applaudit. Est-ce donc par représailles de cette bonhomie traditionnelle, ou pour cause d'usurpation de titre, que, rétablis dans votre prépondérance politique, vous avez traité ces révolutionnaires naïfs comme une troupe de maraudeurs et de vauriens ? que vous avez fusillé, transporté, envoyé aux pontons, de pauvres ouvriers poussés à la révolte par la peur de la famine, et dont l'hécatombe servait de marchepied à trois ou quatre intrigues dans la Commission exécutive et dans l'Assemblée ? Bourgeois, vous fûtes cruels et ingrats : aussi la répression qui suivit les journées de juin a crié vengeance. Vous vous êtes faits complices de la réaction : vous subissez la honte.

Maintenant ont reparu les intrigants politiques, les corrompus de tous les régimes, objets de votre éternelle haine. Les cagots vous ont coiffés de leur éteignoir ; les amis de l'étranger vous ont fait commanditer leur politique antinationale ; les valets de toutes les tyrannies que vous avez vaincues vous associent chaque jour à leurs vengeances liberticides. En trois ans, vos prétendus sauveurs vous ont couverts de plus d'ignominie qu'un demi siècle d'avortements n'avait laissé de misère au prolétariat. Et ces hommes à qui votre aveugle passion a laissé prendre un pouvoir sans limites, ils vous insultent et vous bernent ; ils vous déclarent ennemis de tout ordre, incapables de discipline, infectés de philosophisme, de libéralisme, de socialisme ; ils vous traitent de *révolutionnaires !*

Acceptez, Bourgeois, ce nom comme le titre de votre gloire et le gage de votre réconciliation avec le prolétariat. Réconciliation, je vous le dis, c'est *révolution.* L'ennemi s'est établi dans votre domaine : que ses insultes vous servent de cri de ralliement. Vous, les aînés de la Révolution, qui avez vu naître et mourir tant de despotismes, depuis les Césars jusqu'aux cadets des Bourbons, vous ne pouvez faillir à votre destinée. Le cœur me dit que vous ferez encore quelque chose. Le peuple vous attend, comme en 89, 93, 1830, 1848. La Révolution vous tend les bras : sauvez le peuple, sauvez-vous vous-mêmes, comme faisaient vos pères, par la Révolution.

Pauvre Révolution ! tout le monde lui jette la pierre. Ceux qui ne la calomnient pas s'en méfient, et travaillent de leur mieux à lui donner le change. L'un vous parle de proroger les pouvoirs du président ; l'autre vous entretient de la fusion des deux branches,

Pierre-Joseph Proudhon

et de la nécessité d'en finir au plus vite par ce dilemme, monarchie ou démocratie. Celui-ci plaide pour la Constitution de 1848 ; celui-là se prononce pour la Législation directe… On dirait une conjuration d'empiriques contre l'idée de février.

Si cette politique pouvait servir à quelque chose, si elle était douée de la moindre vertu de conservation et de paix, je me tairais. Je n'aurais garde, Bourgeois, de troubler votre quiétude. Mais, qu'on l'affirme ou qu'on la nie, la Révolution fond sur vous avec une rapidité de mille lieues par seconde. Il ne s'agit pas de la discuter : il faut vous préparer à la recevoir ; il faut avant tout la connaître.

Dans les loisirs d'une longue prison, tandis que le Pouvoir, brisant ma plume de journaliste, me tient séquestré de la polémique quotidienne, mon âme révolutionnaire s'est remise à voyager dans le pays des Idées.

J'ai rapporté de mes pérégrinations d'au delà les préjugés de notre vieux monde, quelques graines, dont la culture ne peut manquer de réussir en nos terrains préparés. Permettez-moi de vous en offrir aujourd'hui un échantillon. À vous, Bourgeois, les honneurs de cette semence, dont le premier fruit sera de vous remettre en mémoire la seule chose dont il importe en ce temps de vous occuper, et qu'on oublie de partout, la Révolution. Et puissent après moi de plus hardis explorateurs, encouragés par mon exemple, achever enfin la découverte si longtemps rêvée, de la République démocratique et sociale !

Salut et fraternité,
P.-J. PROUDHON.
Conciergerie, 10 juillet 1851.

IDÉE GÉNÉRALE

DE
LA RÉVOLUTION
AU DIX-NEUVIÈME SIÈCLE.

Ça ira !...

Trois choses sont à observer en toute histoire révolutionnaire :

Le régime antérieur, que la révolution a pour but d'abolir, et qui, par sa volonté de se conserver, devient contre-révolution ;

Les partis, qui prenant la révolution à des points de vue, suivant des préjugés et des intérêts divers, s'efforcent, chacun de son côté, de l'attirer à eux et de l'exploiter à leur profit ;

La révolution en elle-même, ou la solution.

L'histoire parlementaire, philosophique et dramatique de la révolution de 1848 pourrait déjà fournir matière à des volumes. Je me bornerai à traiter, d'une manière détachée, quelques-unes des questions que permettent d'éclairer nos connaissances actuelles. Ce que je dirai suffira, je l'espère, pour expliquer la marche, et faire conjecturer l'avenir de la Révolution au dix-neuvième siècle.

Première étude. — *Les réactions déterminent les révolutions.*

Deuxième étude. — *Y a-t-il raison suffisante de révolution au dix-neuvième siècle ?*

Troisième étude. — *Du principe d'Association.*

Quatrième étude. —*Du principe d'Autorité.*

Cinquième étude. — *Liquidation sociale.*

Sixième étude. — *Organisation des forces économiques.*

Septième étude. — *Dissolution du Gouvernement dans l'organisme économique.*

Ce n'est pas un récit, c'est un plan spéculatif, tableau intellectuel de la Révolution.

Mettez là-dedans de l'espace et du temps, des dates, des noms, des manifestations, des épisodes, des harangues, des paniques, des batailles, des proclamations, des tours de main, des évolutions parlementaires, des vengeances, des duels, etc., etc. : vous aurez la Révolution en chair et en os, comme dans Buchez ou Michelet.

Pour la première fois, le public aura pu juger l'esprit et l'ensemble d'une révolution avant qu'elle s'accomplît : qui sait ce que nos pères se seraient épargné de désastres, si, abstraction faite des hasards, des partis et des hommes, ils avaient pu lire, par avance leur propre destinée ?

J'aurai soin, dans cet exposé, de m'attacher le plus qu'il me sera possible à la preuve de fait. Et parmi les faits je choisirai toujours les plus connus et les plus simples : c'est le seul moyen de faire que la révolution sociale, qui n'a été jusqu'ici qu'une apocalypse, devienne enfin une réalité.

PREMIÈRE ÉTUDE

LES RÉACTIONS DÉTERMINENT LES RÉVOLUTIONS.

C'est une opinion généralement répandue de nos jours, parmi les hommes du mouvement aussi bien que parmi ceux de la résistance, qu'une révolution, bien attaquée à son origine, peut être arrêtée, refoulée, esquivée ou dénaturée ; qu'il ne faut à cela que deux choses, la ruse et la force. Un des écrivains les plus judicieux de ce temps, M. Droz, de l'Académie française, a fait exprès une histoire des années du règne de Louis XVI pendant lesquelles, selon lui, on aurait pu prévenir et empêcher la révolution. Et parmi les révolutionnaires de l'époque, l'un des plus intelligents, Blanqui, est également dominé par l'idée qu'avec une énergie et une habileté suffisante le pouvoir peut mener le peuple comme bon lui semble, étouffer le droit, anéantir l'esprit révolutionnaire. Toute la politique du tribun de Belle-Isle, — je prie ses amis de prendre la qualification en bonne part, — de même que celle de l'académicien, procède de la peur qu'il a de voir la réaction triompher, peur que j'ose appeler, quant à moi, ridicule. Ainsi la réaction, germe de despotisme, est au cœur de tous les hommes ; elle nous apparaît à la fois aux deux extrémités de l'horizon politique. Ce n'est pas l'une des moindres causes de nos malheurs.

Empêcher une révolution ! mais est-ce que cela ne vous semble pas une menace à la Providence, un défi jeté à l'inflexible destin, tout ce qu'on peut imaginer, en un mot, de plus absurde ? Empêchez donc la matière de peser, la flamme de brûler, le soleil de luire !

J'essayerai de montrer, par ce qui se passe sous nos yeux, que comme l'instinct de réaction est inhérent à toute institution sociale, le besoin de révolution est également irrésistible ; que tout parti politique, quel qu'il soit, peut devenir tour à tour, suivant la circonstance, expression révolutionnaire ou expression réactionnaire ; que ces deux termes, réaction et révolution, corrélatifs l'un de l'autre et s'engendrant réciproquement, sont, aux conflits près, essentiels à l'Humanité : en sorte que pour éviter les écueils qui menacent de droite et de gauche la société, le seul moyen, c'est, au rebours de ce que la Législative actuelle s'est vantée de faire, que la réaction transige perpétuellement avec la révolution. Accumuler les griefs, et si j'ose employer cette comparaison, emmagasiner, par la compression, la force révolutionnaire, c'est se condamner à franchir d'un saut tout l'espace que la prudence commandait de parcourir en détail, et mettre à la place du progrès continu, le progrès par bonds et saccades.

Qui ne sait que les plus puissants parmi les souverains se sont illustrés en se faisant, dans la mesure des circonstances où ils vivaient, révolutionnaires ? Alexandre de Macédoine, qui ramena la Grèce à l'unité ; Jules César, qui fonda l'empire romain sur les ruines de la république hypocrite et vénale ; Clovis, dont la conversion fut le signal de l'établissement définitif du christianisme dans les Gaules, et jusqu'à certain point la cause de la fusion des hordes franques dans l'océan gaulois ; Charlemagne, qui commença la centralisation des alleux, et marqua le point de départ de la féodalité ; Louis le Gros, cher au Tiers-État, pour la faveur qu'il accorda aux Communes ; saint Louis, qui organisa les corporations d'arts et métiers ; Louis XI et Richelieu, qui achevèrent la défaite des barons, firent tous, à divers degrés, acte de révolution. Il n'y a pas jusqu'à l'exécrable Saint-Barthélemy qui, dans l'esprit du peuple, d'accord en cela avec Catherine de Médicis, dirigée contre les seigneurs plutôt que contre la Réforme, n'ait été une manifestation violente contre le régime féodal. Ce n'est qu'en 1614, à la dernière réunion des états généraux, que la monarchie française parut abjurer son rôle d'initiatrice et trahit sa propre tradition : le 21 janvier 1793 fut l'expiation de sa félonie.

Il serait aisé de multiplier les exemples : tout le monde, avec la

Pierre-Joseph Proudhon

moindre connaissance de l'histoire, y suppléera.

Une révolution est une force contre laquelle aucune autre puissance, divine ou humaine, ne peut prévaloir, dont la nature est de se fortifier et de grandir par la résistance même qu'elle rencontre. On peut diriger, modérer, ralentir une révolution : j'ai dit tout à l'heure que la plus sage politique consiste à lui céder pied à pied, afin que l'évolution éternelle de l'Humanité, au lieu de se faire par vastes enjambées, s'accomplisse insensiblement et sans bruit. On ne refoule point une révolution, on ne la trompe pas, on ne saurait la dénaturer, ni à plus forte raison la vaincre. Plus vous la comprimez, plus vous augmentez son ressort, et rendez son action irrésistible. C'est à tel point qu'il est parfaitement égal, pour le triomphe d'une idée, qu'elle soit persécutée, vexée, écrasée dans ses commencements, ou qu'elle se développe et se propage sans obstacle. Comme l'antique Némésis, que ni les prières ni les menaces ne pouvaient émouvoir, la révolution s'avance, d'un pas fatal et sombre, sur les fleurs que lui jettent ses dévots, dans le sang de ses défenseurs, et sur les cadavres de ses ennemis.

Quand les conspirations s'arrêtèrent en 1822, quelques-uns crurent que la Restauration avait vaincu la Révolution. Aussi est-ce à cette époque, sous le ministère Villèle, et lors de l'expédition d'Espagne, que l'insulte lui fut prodiguée. Pauvres fous ! la Révolution avait passé : elle vous attendait à 1830.

Quand les sociétés secrètes, en 1839, après la tentative de Blanqui et de Barbès, furent dispersées, on crut encore à l'immortalité de la jeune dynastie : il semblait que le progrès fût à ses ordres. Les années qui suivirent furent les plus florissantes du règne. Ce fut pourtant à partir de 1839 que commença, dans la bourgeoisie par la coalition, dans le peuple par la commotion du 12 mai, la grande désaffection qui vint aboutir aux journées de février. Peut-être, avec plus de prudence, ou plus d'audace, aurait-on réussi à prolonger de quelques années l'existence de cette royauté devenue flagramment réactionnaire : la catastrophe, retardée, n'eût été que plus violente.

Après février, on a vu tour à tour jacobins, girondins, bonapartistes, orléanistes, légitimistes, jésuites, tous les partis d'autrefois, j'ai presque dit toutes les factions successivement contre-révolutionnaires du temps passé, entreprendre de terrasser une révolution qu'ils ne comprenaient seulement pas. Un moment la coalition fut complète : je n'oserais affirmer que le parti républicain en soit bien revenu. Eh bien, qu'elle persiste, qu'elle s'obstine : la déroute sera universelle. Plus aura été reculée l'inévitable échéance, plus il sera payé pour le retard : cela est aussi élémentaire dans la pratique des révolutions, qu'un axiome en géométrie. La révolution ne démord pas : et par une raison toute simple, c'est qu'elle ne peut pas avoir tort.

Toute l'évolution se pose d'abord comme plainte du peuple, accusation contre un état de choses vicieux, dont les plus pauvres sentent les premiers la douleur. Il n'est pas dans la nature des masses de se révolter, si ce n'est contre ce qui leur fait peine, au physique ou au moral. Y a-t-il là matière à répression, vengeance, persécution ? Quelle folie ! Un gouvernement qui fait consister sa politique à éluder le vœu des masses et à refouler leur plainte, se dénonce lui-même : c'est le malfaiteur qui combat ses remords par de nouveaux forfaits. À chaque attentat, la conscience gronde plus terrible, jusqu'à ce qu'enfin la raison du coupable se trouble, et le livre au bourreau.

Pour conjurer les périls d'une révolution, il n'est qu'un moyen, je l'ai déjà dit : c'est d'y faire droit. Le peuple souffre, est mécontent de son sort : c'est un malade qui gémit, un enfant au berceau qui crie. Allez au-devant de lui, écoutez ses griefs, étudiez-en la cause, les conséquences ; faites, s'il y a lieu, la part de l'exagération ; puis occupez-vous immédiatement, sans relâche, de soulager le patient. La révolution, alors, s'accomplira sans fracas, comme le développement naturel et heureux de l'ancien ordre de choses. Personne ne la verra, ne s'en doutera. Le peuple reconnaissant vous nommera son bienfaiteur, son représentant, son chef. C'est ainsi que Louis XVI fut salué, en 1789, par l'Assemblée nationale et par le peuple, *Restaurateur des libertés publiques*. À cette heure de gloire, Louis XVI, plus puissant que son aïeul Louis XIV, pouvait consolider pour des siècles sa dynastie : la révolution se présentait à lui comme un instrument de règne. L'insensé ne sut y voir qu'un empiétement sur ses droits ! Il porta jusqu'à l'échafaud cet inconcevable aveuglement.

Hélas ! il faut croire qu'une révolution pacifique est chose trop

Pierre-Joseph Proudhon

idéale pour que notre belliqueuse humanité s'en accommode. Rarement on voit les événements suivre le cours le plus naturel, le moins dommageable : aussi bien, les prétextes ne manquent pas. Comme la révolution a son principe dans la violence des besoins, la réaction trouve le sien dans, l'autorité de la coutume. Toujours le *statu quo* veut prescrire contre la misère : c'est ce qui fait que la réaction au début obtient la même majorité que la révolution à la fin. Dans cette marche en sens opposé, où ce qui fait le profit de l'une tourne sans cesse au détriment de l'autre, combien il est à craindre qu'il ne se livre de rudes combats !…

Deux causes donc s'opposent à l'accomplissement régulier des révolutions : les intérêts établis et l'orgueil du gouvernement.

Par une fatalité qui s'expliquera plus tard, ces deux causes agissent toujours de connivence : de sorte que la richesse et le pouvoir, avec la tradition, étant d'un côté ; la misère, la désorganisation et l'inconnu de l'autre, le parti satisfait ne voulant pas faire de concession, le parti souffrant ne pouvant plus se résigner, le conflit devient peu à peu inévitable.

C'est alors qu'il est curieux de suivre les péripéties de cette lutte, où toutes les chances défavorables semblent d'abord pour le mouvement, tous les éléments de succès, au contraire, pour la résistance. Ceux qui ne voient les choses qu'à la superficie, incapables de comprendre un dénoûment qu'aucune prudence ne pouvait, ce leur semble, deviner, ne manquent pas d'accuser de leur mécompte le hasard, le crime de celui-ci, la maladresse de celui-là, tous les caprices de la fortune, toutes les passions de l'humanité. Les révolutions, qui pour les contemporains beaux-esprits sont des monstres, semblent encore aux historiens qui plus tard les racontent des jugements de Dieu. Que n'a-t-on pas dit de la révolution de 89 ? Sur cette révolution qui s'est affirmée successivement par huit constitutions, qui a repétri de fond en comble la société française et détruit jusqu'au souvenir de l'ancienne féodalité, l'incertitude dure encore. On n'a pu se faire à l'idée de sa nécessité historique ; on ne comprend pas ses merveilleuses victoires. C'est en haine de ses principes, de ses tendances, que s'est organisée en partie la réaction actuelle. Et parmi ceux qui défendent le fait accompli de 89, un grand nombre crient haro sur les continuateurs : échappés, s'imaginent-ils, par miracle d'une première révolution, ils ne

PREMIÈRE ÉTUDE

veulent pas courir le risque d'une seconde ! Tous s'entendent donc pour réagir, certains de la victoire comme ils croient l'être du droit, et multipliant autour d'eux les périls par les moyens mêmes qu'ils prennent pour y échapper.

Quel enseignement, quelle démonstration serait capable de les tirer d'erreur, si leur expérience ne les convainc pas ?

Je prouverai dans les différentes parties de cet écrit, et je vais dès à présent établir de la manière la plus victorieuse, que la révolution n'a marché, depuis trois ans, que par la réaction rouge, tricolore, blanche, qui l'a accueillie ; et quand je dis marché, je prends le mot dans le sens de la détermination de l'idée, comme de la propagation du fait. Si la révolution n'existait pas, sachez-le bien, la réaction l'inventerait. L'Idée conçue vaguement sous l'aiguillon du besoin, puis dégrossie, formulée par la contradiction, devient rapidement un droit. Et comme les droits sont solidaires, qu'on ne peut en nier un seul sans sacrifier en même temps tous les autres, il en résulte qu'un gouvernement de réaction est entraîné par le fantôme qu'il poursuit à un arbitraire sans fin, et qu'à force de vouloir sauver la société de la révolution, il intéresse à cette révolution la société tout entière. C'est ainsi que l'ancienne monarchie, renvoyant d'abord Turgot, puis Necker ; s'opposant à toutes les réformes, mécontentant tiers-état, parlements, clergé, noblesse, créa, je veux dire fit entrer dans le monde des faits, la révolution, qui, depuis ce jour, n'a cessé de croître et embellir, et d'étendre ses conquêtes.

Un phénomène analogue s'est produit depuis février. Est-ce qu'enfin nos adversaires de toute couleur, comprenant l'absurdité de leur entreprise, ne se décideront pas à faire retraite ?

En 1848, le prolétariat, intervenant tout à coup dans la querelle engagée entre la bourgeoisie et la couronne, fait entendre son cri de misère. Quelle était la cause de celte misère ? le manque de travail, disait-il. Le peuple demandait donc du travail : sa protestation n'allait pas au delà. Ceux qui venaient de proclamer en son nom la République, lui ayant promis de le faire travailler, il embrassa avec ardeur la cause républicaine. À défaut d'un intérêt plus positif, le peuple acceptait un assignat sur la République. C'était assez pour la lui faire prendre sous sa protection. Qui aurait cru que dès le lendemain ceux qui avaient souscrit la cédule ne songeraient plus

Pierre-Joseph Proudhon

qu'à la brûler ? Du travail, et par le travail du pain, telle fut, en 1848, la pétition des classes ouvrières : telle fut la base inébranlable donnée par elles à la République, telle est la Révolution.

Autre chose fut donc, le 25 février 1848, la proclamation de la République, acte d'une minorité plus ou moins intelligente, plus ou moins usurpatrice ; et autre chose la question révolutionnaire du travail, qui fit de cette République un intérêt, et lui donna seule, aux yeux des masses, une valeur réelle. Non, la République de février n'est pas la révolution : elle est le gage de la révolution, il n'a pas tenu à ceux qui ont gouverné cette République, depuis le premier jusqu'au dernier, que le gage ne pérît : c'est au peuple à voir, dans ses prochains comices, à quelles conditions désormais il leur en remettra le dépôt.

D'abord, cette demande de travail ne parut point aux nouveaux chefs, dont aucun jusqu'alors ne s'était occupé d'économie politique, avoir rien d'exorbitant. Elle était pour eux, au contraire, un sujet de félicitations mutuelles. Quel peuple que celui qui, le jour de son triomphe, ne demande ni pain ni spectacles, comme autrefois la canaille romaine : *panem et circenses*, mais seulement du travail ! Quelle garantie de moralité, de discipline, de docilité, dans les classes laborieuses ! Quel gage de sécurité pour un gouvernement ! Ce fut de la meilleure foi du monde et dans les plus louables sentiments, il faut l'avouer, que le Gouvernement provisoire proclama le *droit au travail !* Ses paroles, sans doute, attestaient son ignorance ; mais l'intention y était. Et que ne peut-on faire du peuple français avec des manifestations d'intentions ? Il n'était bourgeois si hargneux qui ne fût prêt, à ce moment, si on lui remettait le pouvoir, de donner de l'ouvrage à tout le monde. *Droit au travail !* Le Gouvernement provisoire revendiquera devant la postérité la gloire de cette parole fatidique, qui ratifia la chute de la monarchie constitutionnelle, sanctionna la République, et engagea la Révolution.

Mais ce n'est pas tout de promettre : il faut tenir.

En y regardant de plus près, on s'aperçut bien vite que le droit au travail était chose plus scabreuse qu'on n'avait cru. Après bien des débats, le gouvernement, qui dépensait 1, 500 millions chaque année rien qu'à faire de l'ordre, fut contraint d'avouer qu'il ne lui restait pas un centime dont il pût assister les ouvriers ; qu'il lui faudrait, pour les occuper, et conséquemment les payer, établir de nouveaux impôts, ce qui faisait cercle vicieux, puisque lesdits impôts seraient acquittés par ceux-là mêmes qu'il s'agissait de secourir ; que d'ailleurs il n'appartenait point à l'État de faire concurrence à l'industrie privée, qui déjà manquait d'aliment et sollicitait pour elle-même des débouchés ; qu'en outre, les travaux entrepris sous la direction de l'autorité coûtant généralement plus qu'ils ne valent, l'initiative industrielle de l'État, quelle qu'elle fût, ne pouvait aboutir qu'à aggraver la position des travailleurs. En conséquence, par ces motifs et d'autres non moins péremptoires, le Gouvernement donnait à entendre qu'il n'y avait rien à faire, qu'il fallait se résigner, maintenir l'ordre, prendre patience et confiance !

Le gouvernement, il faut le reconnaître, avait jusqu'à certain point raison. Pour assurer à tous le travail et par conséquent l'échange, il faut, ainsi que nous le ferons voir, changer la direction, modifier l'économie de la société : chose grave, qui sortait de la compétence du Gouvernement provisoire et sur laquelle il était de son devoir de consulter préalablement le Pays. Quant aux plans qui dès lors se proposèrent et aux conférences quasi-officielles où l'on amusa, à cette occasion, le chômage des ouvriers, ils ne méritent pas plus les honneurs de l'histoire que de la critique. Ce furent autant de prétextes à la réaction qui bientôt, au sein du parti républicain même, se manifesta.

Mais où commença le tort des hommes du pouvoir, ce qui exaspéra les prolétaires, et qui, d'une simple question de travail, fera, en moins de dix ans peut-être, la plus intégrale des révolutions, ce fut quand on vit le Gouvernement, au lieu de provoquer, comme Louis XVI, les recherches des publicistes, au lieu d'appeler l'attention des citoyens et de solliciter sur la grande question du travail et de la misère l'expression de leurs vœux, se renfermer durant quatre mois dans un silence hostile ; quand on le vit hésiter sur la reconnaissance des droits naturels de l'homme et du citoyen ; se méfier de la liberté, surtout de celle de la presse et des réunions populaires ; résister à la sollicitation des patriotes touchant le cautionnement et le timbre ; surveiller les clubs au lieu de les organiser et de les diriger ; créer, à toute éventualité, un corps de prétoriens dans la garde mobile ; cajoler le clergé ;

Pierre-Joseph Proudhon

rappeler à Paris les troupes, dans le but de les faire fraterniser avec le peuple ; donner le signal de la haine contre le*Socialisme*, nom nouveau que prenait la Révolution ; puis, soit incurie, soit incapacité, soit infortune, soit intrigue ou trahison, soit toutes ces causes ensemble, pousser à Paris, à Rouen, des masses sans salaires à une lutte désespérée ; enfin, après la victoire, n'avoir plus qu'une pensée, une idée, étouffer *per fas et nefas* la plainte des travailleurs, la protestation de février.

Il suffit de parcourir la série des décrets du Gouvernement provisoire et de la Commission exécutive, jusqu'à la dictature de Cavaignac, pour se convaincre que pendant cette période de quatre mois la répression a été prévue, préparée, organisée, et la révolte directement ou indirectement provoquée par le Pouvoir.

La pensée réactionnaire, que le peuple ne l'oublie jamais, a été conçue au sein même du parti républicain, par des hommes que les souvenirs d'Hébert, de Jacques Roux, de Marat, épouvantaient, et qui, en combattant des manifestations sans portée, croyaient de bonne foi sauver la Révolution. C'est le zèle gouvernemental qui, divisant les membres du Gouvernement provisoire en deux camps ennemis, conduisit ceux-ci à désirer contre la révolution une grande journée, afin de régner par l'éclat de la victoire ; ceux-là, à préférer le déploiement d'une force supérieure, les diversions de la politique et de la guerre, afin de ramener le calme par la fatigue et la stérilité de l'agitation. Se pouvait-il autrement ? Non, puisque chaque nuance, prenant son emblème pour celui de la vraie république, se dévouait patriotiquement à l'élimination de ses rivales, réputées par elle ou trop modérées ou trop ardentes. La Révolution ne pouvait manquer d'être prise entre ces cylindres : elle était trop petite alors, et placée trop bas, pour être aperçue de ses redoutables gardiens.

Aussi, lorsque je rappelle ces faits, ce n'est pas pour le vain plaisir de stigmatiser des hommes, plus malavisés que coupables, que le cours des choses me paraît ramener au Pouvoir ; c'est afin de leur remettre en mémoire que comme la Révolution les a usés une première fois, elle les userait une seconde, s'ils persistaient dans la voie de méfiance et de dénigrement occulte qu'ils ont d'abord suivie vis-à-vis d'elle.

PREMIÈRE ÉTUDE

Ainsi, par l'effet du préjugé gouvernemental et de la tradition propriétaire dont l'union intime fait toute la théorie politique et économique du vieux libéralisme, le gouvernement, — je ne fais aucune allusion aux personnes, j'entends par ce mot le faisceau des pouvoirs, après comme avant les journées de juin, — le gouvernement, dis-je, alors que la justice et la prudence lui commandaient d'en référer au Pays sur la demande des classes ouvrières, s'est cru le droit de trancher négativement, en haine de quelques utopistes plus bruyants que redoutables, la question la plus vitale des sociétés modernes. Là fut sa faute : que là soit aussi sa leçon.

De ce moment il fut avéré que la République, même de la veille, même issue de 93, pouvait n'être pas la même chose, au dix-neuvième siècle, que la Révolution. Et si le socialisme, tant calomnié alors par ceux-là mêmes qui depuis, reconnaissant leur erreur, viennent tour à tour invoquer son alliance ; si le socialisme, dis-je, avait soulevé cette querelle ; si, au nom du travailleur trompé, de la Révolution trahie, il s'était prononcé contre la République, jacobine ou girondine, c'est tout un, cette République se fût affaissée dans l'élection du 10 décembre ; la Constitution de 1848 n'eût été qu'une transition à l'empire. Le socialisme avait des vues plus hautes : d'un sentiment unanime il a sacrifié ses griefs, et s'est prononcé, quand même, pour le régime républicain. Par cet acte il a aggravé, momentanément, ses dangers, plutôt qu'il ne s'est acquis du secours : la suite montrera si sa tactique a été heureuse.

Voilà donc le conflit engagé entre des intérêts tout-puissants, habiles, inexorables, qui, par l'organe d'anciens tribuns, se prévalent des traditions de 89 et 93 ; — et une révolution au berceau, divisée d'avec elle-même, qu'aucun antécédent historique n'honore, qu'aucune formule ne rallie, qu'aucune idée ne détermine !

Ce qui mettait, en effet, le comble aux périls du socialisme, c'est qu'il ne pouvait dire ce qu'il était, articuler une seule proposition, exposer ses griefs, motiver ses conclusions. Qu'est-ce que le socialisme, demandait-on ? Et vingt définitions différentes s'élevant aussitôt, étalaient comme à l'envi le néant de la cause. Le fait, le droit, la tradition, le sens commun, tout se réunissait contre elle. Ajoutez cet argument irrésistible sur un peuple élevé dans le culte des anciens révolutionnaires, et qui se colporte encore tout bas, que

Pierre-Joseph Proudhon

le socialisme n'est ni de 89 ni de 93 ; qu'il ne date pas de la grande époque ; que Mirabeau, Danton le dédaignèrent ; que Robespierre le fit guillotiner, après l'avoir flétri ; que c'était une dépravation de l'esprit révolutionnaire, une déviation de la politique suivie par nos pères !… Si, à ce moment, il s'était rencontré au Pouvoir un seul homme qui eût su comprendre la Révolution, il pouvait, profitant du peu de faveur qu'elle rencontrait, en modérer l'essor à son gré. La Révolution accueillie d'en haut, au lieu de se précipiter au pas de course, se fût lentement déroulée pendant un siècle.

Les choses ne se pouvaient passer ainsi. Les idées se définissent par leurs contraires : c'est par la réaction que se définira la révolution. Nous manquions de formules : le Gouvernement provisoire, la Commission exécutive, la dictature de Cavaignac, la présidence de Louis-Bonaparte, se sont chargés de nous en procurer. Les sottises des gouvernements font la science des révolutionnaires : sans cette légion de réacteurs qui nous a passé sur le corps, nous ne pourrions dire, socialistes, où nous allons, et qui nous sommes.

Je déclare de nouveau que je n'incrimine les intentions de qui que ce soit. Je fais profession de croire toujours à la bonté des intentions humaines : sans cette bonté, que deviendrait l'innocence des hommes d'État ? pourquoi aurions-nous aboli la peine de mort en matière politique ? La réaction tomberait bientôt, elle serait sans moralité comme sans raison, elle ne servirait de rien à notre éducation révolutionnaire, si elle n'était le produit de convictions ardentes, si ses représentants, sortis de toutes les opinions, ne formaient une chaîne immense, commençant à la crête de la Montagne, pour finir à l'extrême Légitimité.

C'est le caractère de la Révolution au dix-neuvième siècle, de se dégager jour par jour des excès de ses adversaires et des fautes de ses défenseurs, sans que personne puisse se vanter d'avoir été, à tous les moments de la lutte, d'une parfaite orthodoxie. Tous, tant que nous sommes, nous avons failli en 1848 ; et c'est justement pour cela que depuis 1848 nous avons fait tant de chemin.

À peine le sang de juin était desséché, la Révolution, vaincue sur la place publique, recommença de tonner, plus explicite, plus accusatrice, dans les journaux et les réunions populaires. Trois mois ne s'étaient pas écoulés, que le gouvernement, surpris de cette opiniâtreté indomptable, réclamait de l'Assemblée Constituante de nouvelles armes. L'accès de juin n'était pas calmé, assurait-il ; sans une loi contre la presse et les clubs, il ne pouvait répondre de l'Ordre, et préserver la société.

Il est de l'essence d'une réaction de manifester, à mesure que la révolution la presse, ses mauvais penchants. Ce que certain membre du Gouvernement provisoire, maintenant rentré en grâce auprès du peuple, avait pensé, dans le secret de ses confidences, les ministres de Cavaignac le disaient tout haut.

Mais il est aussi de la nature des partis déchus d'entrer dans l'Opposition : le socialisme pouvait donc compter que ses adversaires de la veille, au moins en partie, feraient maintenant avec lui cause commune. Ce fut ce qui arriva.

Les ouvriers, bon nombre même de bourgeois, continuaient à demander du travail. Les affaires n'allaient pas ; les paysans se plaignaient de la cherté des baux et de la dépréciation des denrées : ceux qui avaient combattu l'insurrection, qui s'étaient prononcés contre le socialisme, sollicitaient en récompense des lois de subvention pour le présent, de garantie pour l'avenir. Le gouvernement ne sut voir en tout cela qu'une épidémie volante, effet des circonstances malheureuses où l'on se trouvait, une sorte de choléra-morbus intellectuel et moral, qu'il fallait traiter par la saignée et les calmants.

Ainsi le gouvernement se trouvait gêné par les institutions ! Le droit ne suffisait pas à le défendre : il lui fallait l'arbitraire. Le socialisme, au contraire, chose inquiétante, se déclarant républicain, s'était établi dans la légalité, comme dans une forteresse. Et il en fut ainsi depuis, à chaque effort tenté par la réaction : la loi était toujours pour les révolutionnaires, toujours contre les conservateurs. Jamais ne s'était vu pareil guignon. Ce mot d'un ancien ministre de la monarchie, *la légalité nous tue*, redevenait vrai sous le gouvernement républicain. Il fallait en finir avec la légalité, ou reculer devant la révolution !

Les lois de répression furent accordées, puis, à diverses reprises, rendues plus rigoureuses. À l'heure où j'écris, le droit de réunion est aboli, la presse révolutionnaire n'existe plus. Quel fruit le gouvernement a-t-il retiré de cette médication antiphlogistique ?

Pierre-Joseph Proudhon

D'abord la liberté de la presse fut rendue solidaire du droit au travail. La révolution grossit ses rangs de tous les vieux amis des libertés publiques, qui se refusaient à croire que le bâillonnement de la presse fût un remède efficace à la contagion des esprits. Puis, la propagande des journaux suspendue, la propagande orale commença : c'est-à-dire qu'aux violences de la réaction furent opposés les grands moyens révolutionnaires. En deux ans, la Révolution a fait plus de ravage par cette communication intime de tout un peuple qu'elle n'en eût obtenu par un demi-siècle de dissertations quotidiennes. Tandis que la réaction se venge sur la lettre moulée, la révolution triomphe par la parole : le malade, qu'on avait cru guérir de la fièvre, est agité de transports !

Ces faits sont-ils vrais ? n'en sommes-nous pas tous les jours témoins ? La réaction, en attaquant successivement toutes les libertés, n'a-t-elle pas affirmé autant de fois la Révolution ? Et ce roman que j'ai l'air d'écrire, dont l'absurdité laisse loin derrière elle les contes de Perraut, n'est-il pas de l'histoire contemporaine ? La Révolution n'a tant prospéré que depuis que les hommes d'État les plus éminents se sont conjurés contre elle, et que ses organes ont disparu de la scène. Désormais tout ce que l'on entreprendra contre la Révolution la fortifiera : citons seulement les faits principaux.

En quelques mois, la maladie révolutionnaire avait infecté les deux tiers de l'Europe. Ses principaux foyers étaient, en Italie, Rome et Venise ; au delà du Rhin, la Hongrie. Le gouvernement de la république française, afin de réprimer plus sûrement chez lui la Révolution, ne recule point devant un pacte avec l'étranger. La Restauration avait fait contre les libéraux la guerre d'Espagne ; la réaction de 1849 fit contre la *démocratie-socialiste*, — j'emploie à dessein ces deux mots qui marquent le progrès qu'avait fait en un an la Révolution, — l'expédition de Rome. Des fils de Voltaire, héritiers des jacobins, — pouvait-on moins attendre de ces acolytes de Robespierre ? — avaient conçu les premiers l'idée de porter secours au pape, de marier ensemble la République et le Catholicisme ; ce furent les jésuites qui la réalisèrent. Battue à Rome, la démocratie-socialiste essaya de protester à Paris : elle fut dissipée sans combat.

Qu'est-ce que la réaction y a gagné ? qu'à la haine des rois s'est ajoutée dans le cœur du peuple la haine des prêtres, et que la guerre au principe gouvernemental s'est compliquée, dans toute l'Europe, de la guerre au principe chrétien. En 1848, il ne s'agissait, au dire des docteurs, que d'une surexcitation politique ; bientôt, par l'inopportunité des remèdes, l'affection passe à l'état économique ; la voici qui se déclare religieuse ! N'est-ce pas à désespérer de la médecine ? Quels réactifs employer désormais ?...

C'était le cas évidemment pour des politiques doués du plus simple bon sens de faire retraite : ce fut juste le moment qu'ils choisirent pour pousser la réaction à outrance. Non, dirent-ils, une nation n'a pas le droit de s'empoisonner, de s'assassiner. Le gouvernement a vis-à-vis d'elle charge d'âme : ses devoirs sont ceux du tuteur et du père ; il doit en exercer les droits. Le salut du peuple est la loi suprême ! Fais ce que dois, advienne que pourra !

Il fut résolu que le Pays serait purgé, saigné, cautérisé, à merci et miséricorde. Un vaste système sanitaire fut organisé, suivi avec un zèle, un dévouement, qui eussent fait honneur à des apôtres. Hippocrate, sauvant Athènes de la peste, ne parut pas plus magnanime. Constitution, corps électoral, garde nationale, conseils municipaux, université, armée, police, tribunaux, tout fut passé aux flammes. La bourgeoisie, cette éternelle amie de l'ordre, accusée d'inclinations libérales, fut enveloppée dans la même suspicion que le prolétariat. Le gouvernement alla jusqu'à dire, par la bouche de M. Rouher, qu'il ne se tenait pas lui-même pour sain, que son origine lui était une souillure, qu'il portait en soi le virus révolutionnaire : *Ecce in iniquitatibus conceptus sum !*... De suite, on se mit à l'œuvre.

L'enseignement laïc, né du libre examen, relevant exclusivement de la Raison, n'était pas sûr. Le gouvernement comprit qu'il était urgent de le replacer sous l'autorité de la Foi. Les instituteurs primaires, soumis aux curés, sacrifiés aux ignorantins ; les collèges communaux successivement livres aux congrénanistes ; l'instruction publique placée sous la haute surveillance du clergé ; d'éclatantes destitutions opérées dans le professorat sur la dénonciation des évêques, annoncèrent au monde que l'enseignement, comme la presse, avait cessé d'être libre. Qu'a-t-on obtenu par ce traitement ? Rien de timide, en général, comme les hommes voués à l'éducation de la jeunesse ; le gouvernement, avec ses frictions jésuitiques, les a rejetés tous dans la Révolution.

Pierre-Joseph Proudhon

Puis ce fut le tour de l'armée.

Sortie du peuple, recrutée chaque année dans son sein, en contact perpétuel avec lui, rien ne serait moins sûr, en présence du peuple soulevé et de la constitution violée, que son obéissance. Une diète intellectuelle, l'interdiction de la pensée, de la parole, de la lecture, en matière politique et sociale, jointe à un isolement complet, furent prescrits. Aussitôt que dans un régiment apparaît le moindre symptôme de contagion, il est immédiatement épuré, éloigné de la capitale et des centres populeux, envoyé disciplinairement en Afrique. Il est difficile de connaître l'opinion du soldat : ce qui est sûr, au moins, c'est que le régime auquel il est depuis plus de deux ans soumis, lui a prouvé, de la manière la moins équivoque, que le gouvernement ne veut ni de la République, ni de la Constitution, ni de la liberté, ni du droit au travail, ni du suffrage universel ; que le plan des ministres est de rétablir en France l'ancien régime, comme ils ont rétabli à Rome le gouvernement des prêtres, et qu'ils comptent sur lui !… Le soldat, sournois, avalera-t-il cette potion ? Le gouvernement l'espère : la question est là !…

C'est à la garde nationale que le parti de l'ordre avait dû, en avril, mai et juin 1848, ses premiers succès. Mais la garde nationale, en combattant l'émeute, n'avait nullement entendu servir la contre-révolution. Plus d'une fois elle le donna à entendre. Elle fut jugée malade. Sa dissolution, d'abord, son désarmement, ensuite, non pas en masse, la dose serait trop forte, mais en détail, est de tous les soins du gouvernement celui qui le préoccupe le plus. Contre une garde nationale armée, organisée, prête au combat, la science réactionnaire, ne connaît pas de préservatif. Le gouvernement ne se peut croire en sûreté tant qu'il existera en France un seul soldat citoyen. Gardes nationaux ! vous êtes les incurables de la liberté et du progrès : allez à la Révolution.

Comme tous les monomanes, le gouvernement est on ne peut plus logique dans son idée. Il la suit avec une persévérance, une ponctualité merveilleuse. Il a parfaitement compris que la cure nationale, européenne, dont il s'est fait le Purgon, pourrait bien n'être pas arrivée à terme quand sonnera l'heure des comices populaires, et qu'alors le pauvre patient, rendu fou par les remèdes, est capable de briser ses liens, d'assommer ses gardes, et de compromettre en une heure de rage le fruit de trois années de traitement. Une rechute

PREMIÈRE ÉTUDE

serait donc imminente. Déjà, en mars et avril 1850, sur la question électorale, *monarchie* ou *république*, c'est-à-dire révolution ou *statu quo*, une majorité imposante s'était déclarée pour la révolution. Comment conjurer un tel danger, sauver le peuple de ses propres fureurs ?

Il faut maintenant, dirent les doctes, procéder par révulsion. Partageons le peuple en deux catégories, l'une comprenant tous les citoyens présumés, d'après leur état, les plus révolutionnaires : ils seront exclus du suffrage universel ; — l'autre, tous ceux qui, par position, doivent incliner davantage au *statu quo* : ceux-ci formeront seuls le corps électoral. Quand même, par cette suppression, nous aurions éliminé des listes trois millions d'individus, qu'importe, si les sept autres millions acceptent leur privilége ? Avec sept millions d'électeurs et l'armée, nous sommes sûrs de vaincre la révolution : et la religion, l'autorité, la famille, la propriété, sont sauvées.

Furent présents à cette consultation dix-sept notables ès sciences morales et politiques, consommés, disait-on, dans l'art de mater les révolutions et les révolutionnaires. L'ordonnance, présentée à l'Assemblée Législative, fut homologuée le 31 mai.

Par malheur il était impossible, dans l'espèce, de faire une loi de privilége qui fût en même temps une liste de suspects. La loi du 31 mai, frappant à tort et à travers et dans une proportion à peu près égale sur les socialistes et les conservateurs, ne servit qu'à irriter davantage la révolution, en rendant la réaction plus odieuse. Dans les sept millions d'électeurs conservés, quatre peuvent appartenir à la démocratie : ajoutez trois millions d'exclus mécontents, et vous aurez, au moins en ce qui regarde le droit électoral, la force relative de la révolution et de la contre-révolution. Aussi, voyez la misère ! ce sont justement les électeurs de l'ordre, en faveur desquels a été imaginée la loi du 31 mai, qui sont les premiers à la maudire ; ils l'accusent de tous leurs maux présents, et de ceux, bien plus grands, qu'ils redoutent pour l'avenir ; ils en demandent à grands cris, dans leurs journaux, le rappel. Et la meilleure raison de croire que cette loi ne sera jamais exécutée, c'est qu'elle est parfaitement inutile, le gouvernement ayant plus d'intérêt à s'y soustraire qu'à la défendre. Est-ce assez de mécomptes, assez de scandales ?

La réaction, depuis trois ans, a fait pousser la révolution comme

Pierre-Joseph Proudhon

en serre chaude. Elle a créé, par sa politique d'abord équivoque, puis louvoyante, enfin hautement absolutiste et terroriste, un parti révolutionnaire innombrable, là où auparavant on ne comptait pas un homme. Et pourquoi tout cet arbitraire, grand Dieu ? Dans quel but toutes ces violences ? À qui en avait-on ? Quel monstre, ennemi de la civilisation et de la société, pensait-on combattre ? La révolution de 1848, cette révolution qui ne se définissait seulement pas, savait-on si elle était dans le droit ou contre le droit ? Qui l'avait étudiée ? Qui pouvait, la main sur la conscience, l'accuser ? Déplorable hallucination ! Le parti révolutionnaire, sous le Gouvernement provisoire et la Commission exécutive, n'existait encore que dans l'air ; l'idée, sous ses formules mystiques, se cherchait encore. C'est la réaction qui, à force de déclamer contre le spectre, a fait de ce spectre un corps vivant, un géant qui, au premier geste, peut l'écraser. Ce que moi-même je ne concevais qu'à peine, avant les journées de juin, ce que je n'ai compris que depuis, jour par jour, et sous le feu de l'artillerie réactionnaire, j'ose maintenant l'affirmer avec certitude : la Révolution est définie ; elle se sait, elle est faite.

À présent, réacteurs, vous en êtes aux moyens héroïques. Vous avez poussé la violence jusqu'à l'odieux, l'arbitraire jusqu'au mensonge, l'abus de votre faculté législative jusqu'à la déloyauté. Vous avez prodigué le mépris et l'outrage, vous avez recherché la guerre civile et le sang. Tout cela a produit autant d'effet sur la révolution que des coups de flèches sur un hippopotame. Ceux qui ne vous haïssent pas vous méprisent : ils ont tort. Vous êtes d'honnêtes gens, remplis de tolérance et de philanthropie, animés d'excellentes intentions, mais dont l'esprit et la conscience sont sens dessus dessous. J'ignore ce qu'il vous plaira de résoudre, si vous continuerez de battre la charge sur la révolution, ou si, comme je le vois venir, vous vous déciderez à traiter avec elle. Mais, au cas où vous choisiriez le premier parti, je vais vous dire ce que vous avez à faire : vous jugerez vous-mêmes ce que vous avez à attendre.

Le peuple, suivant vous, est frappé d'aliénation mentale. Vous avez mission de le guérir : le salut public est votre unique loi, votre suprême devoir. Comptables devant la postérité, vous vous déshonoreriez en désertant le poste où vous a placés la Providence. Vous avez le droit, vous avez la force, votre résolution est indiquée.

PREMIÈRE ÉTUDE

Tous les moyens réguliers de gouvernement ayant échoué, votre politique se résume désormais dans ce seul mot : la FORCE.

La force, afin d'empêcher le suicide de la société, cela signifie que vous devez arrêter toute manifestation, toute pensée révolutionnaire ; mettre à la nation la camisole de fer ; tenir en état de siége les quatre-vingt-six départements ; suspendre généralement et en tous lieux l'action des lois ; attaquer le mal dans sa source, en expulsant du pays, de l'Europe, les auteurs et fauteurs d'idées anarchiques et antisociales ; préparer la restauration des institutions anciennes, en conférant au gouvernement un pouvoir discrétionnaire sur la propriété, l'industrie, le commerce, etc., jusqu'à parfaite guérison.

Ne marchandez pas avec l'arbitraire, ne disputez point sur le choix de la dictature. Monarchie légitime, quasi-légitime, fusion des branches, solution impériale, révision totale ou partielle, tout cela, croyez-moi, est sans importance. Le parti le plus prompt sera pour vous le plus sûr. Songez que ce n'est pas la forme du gouvernement qui est en question : c'est la société. Votre unique soin doit être de bien prendre vos mesures, parce que si, au dernier moment, la Révolution vous échappe, vous êtes perdus.

Si le prince actuellement chargé du pouvoir exécutif était président à vie ; si en même temps l'Assemblée, incertaine des électeurs, pouvait se proroger, comme autrefois la Convention, jusqu'à la convalescence du malade, la solution semblerait peut-être trouvée. Le gouvernement n'aurait qu'à se tenir coi, et faire célébrer des messes, pour la guérison du Peuple, dans toutes les églises de France. Il aurait peu à faire contre l'insurrection. La légalité, dans ce pays formaliste, est si puissante, qu'il n'est servitude, avanie, que nous ne soyons prêts à endurer dès qu'on nous parle *Au nom de la loi.*

Mais aux termes du pacte fondamental, Louis Bonaparte sort de charge fin avril 1852 ; quant à l'Assemblée, ses pouvoirs expirent le 29 mai suivant, au plus fort de l'ardeur révolutionnaire. Tout est compromis, si les choses se passent comme le prescrit la Constitution. Ne perdez pas une minute : *Caveant consules !*

Puis donc que la Constitution fait en ce moment tout le péril, qu'il n'y a pas de solution légale possible, que le gouvernement

Pierre-Joseph Proudhon

ne peut compter sur l'appui d'aucune partie de la nation, que la gangrène a tout envahi, vous ne devez, à peine de forfaiture et de lâcheté, prendre conseil que de vous-mêmes et de l'immensité de vos devoirs.

Il faut, en premier lieu, que la Constitution soit par vous, d'AUTORITÉ revisée ; du même coup, Louis Bonaparte prorogé, d'AUTORITÉ, dans ses pouvoirs.

Cette prorogation ne suffit pas, les élections de 1852 pouvant donner une assemblée démagogique dont le premier acte serait de mettre en accusation leprésident réélu et ses ministres. Il faut encore que le président, en même temps qu'il sera prorogé par l'Assemblée, la proroge à son tour, et d'AUTORITÉ.

À ces premiers actes de dictature, les conseils généraux et municipaux, dûment renouvelés, seront priés d'envoyer leur adhésion, à peine de dissolution immédiate, et d'envoi de commissaires.

Il est probable que cette double prorogation du président et de l'Assemblée sera suivie de quelque mouvement : c'est une chance à courir, une bataille à livrer, une victoire, à remporter.

À vaincre sans péril on triomphe sans gloire !

Décidez-vous.

Puis il faut abroger, avec la loi du 31 mai, le suffrage universel, revenir au système de M. de Villèle et au double vote ; mieux encore, supprimer tout à fait le régime représentatif, en attendant le reclassement de la nation par ordres, et le rétablissement, sur des bases plus solides, de la féodalité.

Supposant alors que la Révolution, violemment provoquée, ne bronche pas, ou si elle bronche, qu'elle soit écrasée ; qu'aux actes usurpatoires de la majorité les deux cents représentants républicains ne répondent point par une déclaration de mise hors la loi, rédigée, signée et publiée d'avance ; qu'ensuite de cette déclaration, les auteurs du coup d'État ne soient pas frappés dans les rues, à domicile, partout où la main vengeresse des patriotes conjurés les pourra atteindre ; que la population ne se soulève pas en masse, à Paris et dans les départements ; qu'une partie des troupes, sur lesquelles la réaction fonde son espérance, ne se joigne pas aux insurgés ; que deux ou trois cent mille soldats suffisent pour tenir en respect les révolutionnaires de trente-sept mille communes, à qui le coup d'État servira de signal ; qu'à défaut de soulèvement, le refus de l'impôt, la cessation du travail, l'interruption des transports, la dévastation, l'incendie, toutes les fureurs prévues par l'auteur du *Spectre rouge*, ne mettent pas la contre-révolution à son tour en état de blocus ; qu'il suffise au chef du pouvoir exécutif, élu de quatre cents conspirateurs, aux quatre-vingt-six préfets, aux quatre cent cinquante-neuf sous-préfets, aux procureurs généraux, présidents, conseillers, substituts, capitaines de gendarmerie, commissaires de police, et à quelques milliers de notables, leurs complices, de se présenter aux masses, le décret d'usurpation à la main, pour les faire rentrer dans le devoir ;

Supposant, dis-je, qu'aucune de ces conjectures, si redoutables, si probables, ne se réalise, il faut encore, si vous tenez à ce que votre œuvre se consolide :

1° Déclarer l'état de siége général, absolu, et pour un temps illimité ;

2° Décréter la transportation au delà des mers de cent mille individus ;

3° Doubler l'effectif de l'armée et la tenir constamment sur pied de guerre ;

4° Augmenter les garnisons, la gendarmerie ; armer les forteresses, élever en chaque canton un château fort, intéresser le militaire à la réaction, en formant de l'armée une caste qui, dotée et anoblie, puisse en partie se recruter elle-même ;

5° Reformer le peuple par corporations d'arts et métiers, impénétrables les unes aux autres ; supprimer la libre concurrence ; créer dans le commerce, l'industrie, l'agriculture, la propriété, la finance, une bourgeoisie privilégiée qui donne la main à l'aristocratie d'épée et de robe ;

6° Expurger, brûler les neuf dixièmes des bibliothèques, les livres de science, de philosophie et d'histoire ; anéantir les vestiges du mouvement intellectuel depuis quatre siècles, remettre la direction des études et les archives de la civilisation exclusivement aux

Pierre-Joseph Proudhon

jésuites ;

7° Pour couvrir ces dépenses, et reconstituer au profit de la nouvelle noblesse, comme aussi des églises, séminaires et couvents, des propriétés spéciales et inaliénables, augmenter l'impôt d'un milliard, contracter de nouveaux emprunts, etc, etc., etc.

Voilà, en résumé, par quelle politique, par quel ensemble de mesures à la fois organiques et répressives la réaction, si elle veut être logique et suivre jusqu'au bout sa fortune, doit continuer son entreprise. C'est une régénération sociale qui, reprenant la civilisation au quatorzième siècle, recommence la féodalité à l'aide des éléments nouveaux que fournit le génie moderne et l'expérience des révolutions. Hésiter, s'arrêter à moitié chemin, c'est perdre honteusement le fruit de trois années d'efforts, et courir à un désastre certain, irréparable.

Y avez-vous réfléchi, réacteurs ? Avez-vous calculé la force acquise sous cette pression de trois ans par la Révolution ? Vous êtes-vous dit que le monstre avait poussé ses ongles et ses dents, et que si vous ne venez à bout de l'étouffer, il vous dévorera ?

Si la réaction, comptant sur la sagesse du pays, attend 1852, elle est perdue. Sur ce point tout le monde est à peu près d'accord, dans le peuple et dans le gouvernement, parmi les conservateurs et les républicains.

Si elle se borne à proroger les pouvoirs du président, elle est perdue.

Si, après avoir prorogé par un même décret les pouvoirs de l'Assemblée, elle conserve la loi du 31 mai et le suffrage universel, elle est perdue.

Si elle laisse dans le pays les cent mille républicains socialistes les plus énergiques, elle est perdue.

Si elle abandonne l'armée à son mode de recrutement et à sa faiblesse numérique actuelle, elle est perdue.

Si, après avoir recréé la caste militaire, elle ne reconstitue suivant le principe féodal l'industrie et le commerce, elle est perdue.

Si elle ne rétablit la grande propriété et le droit d'aînesse, elle est perdue.

Si elle ne réforme dans son entier le système d'enseignement et d'éducation publique, si elle n'efface de la mémoire des hommes jusqu'au souvenir des révolutions passées, elle est perdue.

Si, pour payer les dépenses qu'entraînent de si grandes choses, elle ne double l'impôt et ne réussit à le faire payer, elle est perdue.

De toutes ces mesures indispensables, dont une seule omise vous replongerait aussitôt dans l'abîme, pouvez-vous essayer seulement la première ? Oseriez-vous notifier au peuple cette résolution inconstitutionnelle : *Louis Bonaparte est prorogé dans ses pouvoirs ?…*

Non, vous ne pouvez rien, vous n'oserez rien, royalistes, impérialistes, bancocrates, malthusiens, jésuites, qui avez usé et abusé de la force contre l'idée. Vous avez perdu, sans profit pour votre conservation, l'honneur et le temps. Prorogez, ne prorogez pas ; revisez tout ou ne revisez rien ; appelez Chambord, Joinville, ou laissez-vous aller à la République : tout cela est parfaitement insignifiant. Si ce n'est en 1852, ce sera en 1856, vous aurez une convention nationale. L'idée révolutionnaire triomphe ; pour la combattre encore, il ne vous reste d'autre position que la légalité républicaine, que vous ne cessez depuis trois ans de violer. Votre unique refuge est dans cette république de néant, qui, en 1848, s'efforça d'être modérée et honnête, comme si l'honneur et la modération pouvaient se trouver là où font défaut les principes, et dont vous avez étalé aux yeux du monde la nudité ignominieuse. La voyez-vous déjà, tantôt sous l'apparence des sentiments les plus pacifiques, tantôt sous le masque des déclamations les plus ampoulées, vous appeler à elle et vous tendre les bras ? Allez donc à cette République constitutionnelle, parlementaire, gouvernementale, confite en jacobinisme et en doctrine, qui, soit qu'elle invoque le nom de Sieyès, soit qu'elle se réclame de Robespierre, n'en est pas moins la formule de la contre-révolution. Après avoir épuisé la violence, il vous reste la ruse : c'est là aussi que nous nous apprêtons à vous joindre.

Mais je dis aux républicains de février, à ce parti, sans distinction de nuances, à qui la révolution peut reprocher quelques erreurs, mais pas une félonie :

C'est vous qui, en 1848, après avoir posé, à votre insu, la question révolutionnaire, avez donné presque aussitôt, par vos rivalités

Pierre-Joseph Proudhon

ambitieuses, par votre politique routinière, par vos fantaisies rétrospectives, le signal de la réaction.

Vous voyez ce qu'elle a produit.

Avant la bataille de juin, la révolution avait à peine conscience d'elle-même : c'était une aspiration vague des classes ouvrières vers une condition moins malheureuse. À toutes les époques on a entendu des plaintes pareilles : s'il y avait tort à les dédaigner, il n'y avait pas non plus de quoi en prendre l'alarme.

Grâce à la persécution qu'elle a endurée, la Révolution aujourd'hui se sait. Elle peut dire sa raison d'être ; elle est à même de se définir, de se déduire ; elle connaît son principe, ses moyens, son but ; elle possède sa méthode et son critérium. Elle n'a eu besoin, pour se comprendre, que de suivre la filiation des idées de ses différents adversaires. En ce moment elle se dégage des fausses doctrines qui l'obscurcissent, des partis et des traditions qui l'encombrent : libre et brillante, vous allez la voir s'emparer des masses et les précipiter vers l'avenir avec un élan irrésistible.

La Révolution, au point où nous sommes parvenus, consommée dans la pensée, n'est plus qu'une affaire d'exécution. Il est trop tard pour éventer cette mine : quand le pouvoir, revenu en vos mains, changerait vis-à-vis d'elle sa politique, s'il ne changeait en même temps de principe, il n'obtiendrait pas plus de résultat. La Révolution, je vous l'ai dit, a poussé ses molaires : la réaction n'a été pour elle qu'une crise de dentition. Il lui faut maintenant une nourriture solide : quelques lambeaux de liberté, quelques satisfactions données à ses premiers griefs, quelques concessions aux intérêts qu'elle représente, ne serviraient qu'à irriter sa faim. La Révolution veut être : or, être, pour elle, c'est régner.

Voulez-vous, enfin, servir cette grande cause, vous dévouer, corps et âmes, à la Révolution ?

Vous pouvez, il en est temps encore, redevenir les chefs et les modérateurs du mouvement, sauver votre Pays d'une crise douloureuse, émanciper sans froissements le prolétariat, vous rendre les arbitres de l'Europe, décider les destinées de la civilisation et de l'Humanité.

Je sais bien que tel est votre fervent désir : je ne vous parle pas d'intentions. Je demande des actes, des gages.

PREMIÈRE ÉTUDE

Des gages à la Révolution, non des harangues ; des plans de rénovation économique, non des théories gouvernementales : voilà ce que veut, ce qu'attend de vous le prolétariat. Du gouvernement ! Ah ! nous en aurons toujours de reste. Il n'y a rien de plus contre-révolutionnaire, sachez-le bien, que le gouvernement. Quelque libéralisme qu'il affecte, de quelque nom qu'il se couvre, la Révolution le répudie ; sa mission est de le dissoudre dans l'organisation industrielle.

Prononcez-vous donc, une fois, catégoriquement, jacobins, girondins, montagnards, terroristes, indulgents, qui tous avez mérité le même blâme, et qui avez besoin d'un mutuel pardon. La fortune vous redevenant favorable, quel programme sera le vôtre ? Il ne s'agit pas de ce que vous voudriez avoir fait à une autre époque ; il s'agit de ce que vous allez faire dans des conditions qui ne sont plus les mêmes. Affirmez-vous, oui ou non, la Révolution ?...

DEUXIÈME ÉTUDE

Y A-T-IL RAISON SUFFISANTE DE RÉVOLUTION AU DIX-NEUVIÈME SIÈCLE ?

I. Loi de *tendance* dans la Société. — La Révolution, en 1789, n'a fait que la moitié de son œuvre.

Une révolution est, dans l'ordre des faits moraux, un acte de justice souveraine, procédant de la nécessité des choses, qui par conséquent porte en soi sa justification, et auquel c'est un crime à l'homme d'État de résister. Telle est la proposition que nous avons établie dans une première étude.

Actuellement la question est de savoir si l'idée qui se produit comme formule de révolution n'est point chimérique ; si son objet est réel ; si l'on ne prend pas une fantaisie ou une exagération populaire pour une protestation juste et sérieuse. La seconde proposition que nous avons à examiner est donc la suivante :

Y a-t-il aujourd'hui, dans la société, raison suffisante de révolution ?

Pierre-Joseph Proudhon

Car si cette raison n'existait pas, si nous combattions pour une cause imaginaire, si le peuple, comme l'on dit, ne se plaignait que de graisse, le devoir du magistrat serait peut-être simplement de détromper la multitude, qu'on a vue parfois s'émouvoir sans raison, comme l'écho à la voix de celui qui l'appelle.

En deux mots, le *casus* révolutionnaire est-il posé, en ce moment, par la nature des choses, l'enchaînement des faits, le jeu des institutions, le progrès des besoins et des idées, l'ordre de la Providence ?

Cela doit pouvoir se juger d'un coup d'œil. S'il y fallait une longue philosophie, des dissertations de bénédictin, la cause pourrait exister, mais seulement en germe, en possibilité d'être. Argumenter d'une pareille cause serait faire de la prophétie, non de la pratique et de l'histoire.

Je prendrai, pour résoudre cette question, une règle aussi simple que décisive, que me fournit la pratique des révolutions. C'est que les révolutions ont pour motif, non pas tant le mal-être que ressent à un moment donné la société, que la continuité de ce mal-être, laquelle tend à faire disparaître et à neutraliser le bien.

En sorte que le procès qu'instruit une révolution, le jugement que plus tard elle exécute, s'adresse moins aux faits qu'aux *tendances* : comme si la société, s'inquiétant peu des principes, se dirigeait surtout par des *fins*.....

En général, le bien et le mal, le plaisir et la douleur, sont indissolublement mêlés dans la destinée humaine. Toutefois, à travers des oscillations continuelles, le bien semble l'emporter sur le mal, et somme toute, à notre jugement, il y a progrès marqué vers le mieux.

La raison des masses est constituée d'après cette donnée. Ni optimiste, ni pessimiste, le peuple n'admet d'absolu nulle part. Comme il croit qu'il reste toujours, après chaque réforme, un abus à détruire, un vice à combattre, il se borne à chercher le mieux, le moins mauvais, et travaille à sa propre sanctification par le travail, l'étude et les mœurs. Sa règle de conduite est donc TENDANCE AU BIEN-ÊTRE ET À LA VERTU ; il ne se révolte que lorsqu'il y a pour lui *Tendance à la misère et à la corruption*.

Ainsi, il n'y eut pas de révolution au dix-septième siècle, bien que la pensée rétrograde qui s'était manifestée en 1614 fût déjà le principe de la politique royale ; bien que, au témoignage de la Bruyère, Racine, Fénelon, Vauban, Boisguillebert, la misère fût effroyable. Entre autres motifs de résignation, il n'était pas prouvé que cette misère fût autre chose que l'effet accidentel de causes temporaires : le peuple se souvenait même d'avoir été, il n'y avait pas si longtemps, beaucoup plus malheureux. La monarchie absolue ne pouvait lui paraître, sous Louis XIV, pire que la féodalité. Il prenait patience.

Il n'y eut pas non plus de révolution sous Louis XV, si ce n'est dans la région intellectuelle. La corruption des principes, visible aux philosophes, demeura cachée aux masses, dont la logique ne sépare jamais l'idée du fait. L'expérience populaire, sous Louis XV, était loin d'être à la hauteur de la critique des philosophes : la nation supposait encore qu'avec un prince rangé et honnête homme ses maux pourraient avoir un terme. Aussi Louis XVI fut-il salué par elle avec amour, tandis que Turgot, le réformateur rigoriste, fut accueilli sans la moindre sympathie. L'appui de l'opinion manqua à ce grand citoyen : en 1776, on put dire qu'un homme de bien, qui voulait opérer pacifiquement les réformes, avait été trahi par le peuple. Il n'avait pas tenu à lui que la Révolution, prise dehaut, ne s'accomplît sans bruit, je dirais presque sans révolutionnaires.

Il fallut quinze ans de gâchis, sous un monarque personnellement irréprochable, pour prouver aux plus simples que le mal était, non point accidentel, mais constitutionnel, la désorganisation systématique, non fortuite, et que la situation, au lieu de s'améliorer, allait chaque jour, par la fatalité des institutions, de mal en pis. La publication du *Livre rouge*, en 1790, fut la démonstration par chiffres de cette vérité. C'est alors que la Révolution devint populaire, inévitable.

La question que nous avons prise pour texte de cette étude, *Y a-t-il raison suffisante de révolution au dix-neuvième siècle ?* se traduit donc en celle-ci : *Quelle est, de nos jours, la tendance de la société ?*

Dès lors, comme c'est moins le nombre et la gravité des faits qu'il importe de signaler, que leur signification tendentielle, peu de pages suffiront à motiver la réponse que je n'hésite point à consigner ici : La société, telle qu'elle a pu se développer librement depuis un demi-siècle, sous les préoccupations de 89-93, la tutelle de l'empire, les garanties de 1814, 1830 et 1848, est dans une voie radicalement et progressivement mauvaise.

Plaçons-nous au point de départ de cette société, à l'année 1789.

La Révolution, en 1789, avait à la fois à détruire et à fonder. Elle avait à abolir l'ancien régime, mais en produisant une organisation nouvelle, dont le plan et les caractères devaient être en tout l'opposé de l'ordre antérieur, d'après la règle révolutionnaire : *Toute négation dans la Société implique une affirmation subséquente et contradictoire.*

De ces deux choses la Révolution n'accomplit à grand'peine que la première ; l'autre a été complétement oubliée. De là cette espèce d'impossibilité de vivre, qui travaille la société française depuis 60 ans.

Ainsi, le régime féodal ayant été aboli dans la nuit du 4 août, le principe de la liberté et de l'égalité civile proclamé, la conséquence était qu'à l'avenir la société devait s'organiser, non plus pour la politique et la guerre, mais pour le travail. Qu'était-ce, en effet, que l'organisation féodale ? une organisation toute militaire. Qu'est-ce que le travail ? la négation du combat. Abolir la féodalité, c'était se condamner à une paix perpétuelle, non-seulement au dehors, mais au dedans. Par ce seul acte, toute la vieille politique d'État à État, tous les systèmes d'équilibre européen, étaient abrogés : la même égalité, la même indépendance que la Révolution promettait de faire régner entre les citoyens, devait exister de nation à nation, de province à province, de cité à cité…

Ce qu'il s'agissait donc d'organiser après le 4 août n'était pas le gouvernement, puisqu'en faisant du gouvernement, on ne faisait autre chose que rétablir les anciens cadres ; c'était l'économie des nations et la balance des intérêts. Puisque, d'après la loi nouvelle, la naissance ne comptait plus dans la condition du citoyen, que le travail seul était tout, que la propriété elle-même en relevait ; quant aux affaires extérieures, puisque les rapports des nations entre elles devaient se réformer d'après les mêmes principes, attendu que le droit civil, le droit public, et le droit des gens, sont identiques entre eux et adéquats : il était évident que le problème de la révolution consistait, après avoir aboli en France et en Europe le régime féodal

DEUXIÈME ÉTUDE

ou militaire, à constituer partout à sa place le régime égalitaire ou industriel. Les progrès de l'agriculture qui se manifestèrent immédiatement après le partage des biens nationaux, l'essor industriel que prit la nation après la chute de l'empire, l'intérêt croissant qui s'est attaché depuis 1830, et dans tous les pays, aux questions économiques, ont prouvé que c'était bien sur ce terrain de l'économie politique que l'effort de la Révolution devait se diriger.

Cette conclusion, si manifeste, si immédiate de l'acte négatif du 4 août 1789, ne fut comprise d'aucun de ceux qui, jusqu'en 1814, s'en firent les interprètes.

Toutes les idées étaient à la politique. La contre-révolution aidant, le parti révolutionnaire forcé momentanément de se mettre sur la défensive et de s'organiser pour la guerre, la nation fut de nouveau livrée aux gens d'épée et aux légistes. On eût dit que noblesse, clergé, monarchie, n'avaient disparu que pour faire place à des gouvernants d'une autre race, constitutionnels anglomanes, républicains classiques, démocrates policiers, infatués des Romains, des Spartiates, surtout et beaucoup de leurs propres personnes, au demeurant fort peu soucieux des véritables besoins du Pays, qui, n'y comprenant plus rien, les laissa s'entretuer à leur aise, et finit par s'attacher à la fortune d'un soldat.

Pour exprimer en deux mots toute ma pensée, quelque peu édifiante qu'elle paraisse, les révolutionnaires faillirent à leur propre mission, dès la prise de la Bastille comme ils y ont failli le lendemain de février, et par les mêmes causes : l'absence de notions économiques, le préjugé gouvernemental, la méfiance où ils se tenaient du prolétariat. En 93, les nécessités de la résistance à l'invasion exigeant une énorme concentration de forces, la déviation fut consommée. Le principe de centralisation, largement appliqué par le Comité de Salut public, passa en dogme chez les jacobins, qui le transmirent à l'empire et aux gouvernements venus à la suite. Telle est la tradition malheureuse qui a déterminé, en 1848, la marche rétrograde du Gouvernement provisoire, et qui fait encore à ce moment toute la science, qui alimente toute la politique du parti républicain.

Ainsi, l'organisation économique, qu'appelait comme conséquence

Pierre-Joseph Proudhon

nécessaire l'abolition définitive de la féodalité, ayant été dès le premier jour laissée sans direction ; la politique reprenant, dans toutes les têtes, le pas sur l'industrie ; Rousseau et Montesquieu donnant l'exclusion à Quesnay et Adam Smith : il dut s'ensuivre que la nouvelle société, à peine conçue, demeurât à l'état embryonnaire ; qu'au lieu de se développer dans l'économie, conformément à sa loi, elle languît dans le constitutionnalisme ; que sa vie fût une contradiction perpétuelle ; qu'à la place de l'ordre qui lui est propre, elle offrît partout corruption systématique et misère légale ; enfin que le pouvoir, expression de cette société, reproduisant dans son institution, avec la fidélité la plus scrupuleuse, l'antinomie des principes, se trouvât dans le cas de combattre toujours la nation, et la nation dans la nécessité de frapper sans cesse le pouvoir.

En résumé, la Société que devait créer la Révolution en 89 n'existe pas : elle est à faire. Ce que nous avons eu depuis soixante ans n'est qu'un ordre factice, superficiel, couvrant à peine l'anarchie et la démoralisation la plus épouvantable.

Nous ne sommes point accoutumés à chercher si avant les causes des perturbations sociales et des Révolutions. Les questions économiques surtout nous répugnent : le peuple, depuis la grande lutte de 93, a été tellement distrait de ses véritables intérêts, les esprits si fort déroutés par les agitations de la tribune, de la place publique et de la presse, qu'on est presque sûr, en quittant la politique pour l'économie, d'être aussitôt abandonné de ses lecteurs, et de n'avoir plus pour confident de ses idées que son papier. Il faut pourtant nous convaincre qu'en dehors de la sphère aussi stérile qu'absorbante du parlementarisme, il en est une autre, incomparablement plus vaste, où se jouent nos destinées ; qu'au-dessus de ces fantômes politiques, dont les figures captivent notre imagination, il y a les phénomènes de l'économie sociale, qui, par leur harmonie ou leur discordance, produisent tout le bien et le mal des sociétés. Que le lecteur daigne donc me suivre seulement un quart d'heure dans les considérations très-générales où je suis forcé d'entrer : cela fait, je promets de le ramener à la politique.

II. Anarchie des forces économiques. Tendance de la société à la misère.

DEUXIÈME ÉTUDE

J'appelle *forces économiques* certains principes d'action, tels que la *Division du travail*, la *Concurrence*, la *Force collective*, l'*Échange*, le *Crédit*, la *Propriété*, etc., qui sont au Travail et à la Richesse, ce que la distinction des classes, le système représentatif, l'hérédité monarchique, la centralisation administrative, la hiérarchie judiciaire, etc., sont à l'État.

Si ces forces sont tenues en équilibre, soumises aux lois qui leur sont propres, et qui ne dépendent en aucune façon de l'arbitraire de l'homme, le Travail peut être dit organisé, et le bien-être de tous garanti. Si au contraire elles sont laissées sans direction et sans contre-poids, le Travail est en pleine anarchie : les effets utiles des forces économiques sont mêlés d'une égale quantité d'effets nuisibles ; le déficit balance le bénéfice ; la société en tant que foyer, agent ou sujet de production, circulation et consommation, est dans un état croissant de souffrance.

Il ne paraît pas jusqu'ici que l'ordre dans une société puisse être conçu autrement que sous l'une de ces deux formes, la forme politique et la forme économique, entre lesquelles, au surplus, il y a antipathie et contradiction essentielle.

L'anarchie des forces économiques, la lutte qu'elles soutiennent contre le système gouvernemental, seul obstacle à leur organisation, et avec lequel elles ne peuvent se concilier et se fondre : telle est la cause réelle, profonde, du malaise qui tourmente la société française, et qui s'est surtout aggravé depuis la seconde moitié du règne de Louis-Philippe.

J'ai rempli, il y a sept ans, deux volumes in-8° du récit de ces perturbations et des effrayants conflits qui en proviennent. Cet ouvrage, resté sans réponse de la part des économistes, n'a pas été mieux accueilli de la démocratie sociale. Si je me permets cette observation, c'est seulement pour montrer, par mon exemple, combien peu de faveur obtiennent en général les recherches d'économie politique ; combien, par conséquent, l'époque est encore peu révolutionnaire.

Aussi me bornerai-je donc à rappeler très-brièvement quelques faits des plus généraux, afin de donner au lecteur un aperçu de cet ordre de puissances et de phénomènes, demeuré jusqu'à ce jour voilé à tous les regards, et dont la création peut seule mettre fin au drame gouvernemental.

Tout le monde connaît la *division du travail*.

C'est, dans une industrie donnée, une distribution de la main-d'œuvre, au moyen de laquelle chaque personne faisant toujours la même opération, ou un petit nombre d'opérations, le produit, au lieu de sortir intégralement des mains d'un seul ouvrier, devient l'œuvre commune et collective d'un grand nombre.

Suivant Adam Smith, qui le premier démontra scientifiquement cette loi, et tous les économistes, la division est le grand levier de l'industrie moderne. C'est à elle principalement qu'il faut attribuer la supériorité des peuples civilisés sur les peuples sauvages. Sans la division du travail, l'emploi des machines ne serait pas allé au delà des plus anciens et des plus vulgaires outils ; les miracles de la mécanique et de la vapeur ne nous eussent jamais été révélés ; le progrès eût été fermé à la société ; la révolution française elle-même, manquant d'issue, n'eût été qu'une révolte stérile : elle n'aurait jamais abouti. Par la division, au contraire, le produit du travail monte au décuple et au centuple, l'économie politique s'élève à la hauteur d'une philosophie, le niveau intellectuel des nations va toujours grandissant. La première chose qui devait donc attirer l'attention du législateur dans une société fondée en haine du régime féodal et guerrier, destinée par conséquent à s'organiser pour le travail et la paix, c'était la séparation des fonctions industrielles, la Division du travail.

Il n'en a pas été ainsi. Cette puissance économique est laissée à toutes les subversions du hasard et de l'intérêt. La division du travail, devenant toujours plus parcellaire et restant sans contrepoids, l'ouvrier a été livré à un machinisme toujours plus dégradant. C'est un effet de la division du travail, quand elle est appliquée comme cela se pratique de nos jours, non-seulement de rendre l'industrie incomparablement plus productive, mais en même temps d'appauvrir le travailleur, dans son corps et dans son âme, de tout ce qu'elle crée de richesse à l'entrepreneur et au capitaliste. Voici comment se résume sur ce grave objet un observateur non suspect, M. de Tocqueville :

« À mesure que le principe de la division du travail reçoit une application plus complète, l'ouvrier devient plus faible, plus borné et plus dépendant. L'art fait des progrès, l'artisan rétrograde. »

J.-B. Say avait dit déjà :

« Un homme qui ne fait pendant toute sa vie qu'une même opération, parvient à coup sûr à l'exécuter plus promptement et mieux qu'un autre homme ; mais en même temps il devient moins capable de toute autre occupation soit physique, soit morale ; ses autres facultés s'éteignent, et il en résulte une dégénération dans l'homme considéré individuellement. C'est un triste témoignage à se rendre que de n'avoir jamais fait que la dix-huitième partie d'une épingle… En résultat, on peut dire que la séparation des travaux est un habile emploi des forces de l'homme, qu'elle accroît prodigieusement les produits de la société, mais qu'elle ôte quelque chose à la capacité de chaque homme pris individuellement. »

Tous les économistes sont d'accord de ce fait, l'un des plus graves que la science dénonce ; et s'ils n'y insistent pas avec la véhémence qu'ils mettent d'habitude dans leur polémique, c'est, il faut le dire à la honte de l'esprit humain, qu'ils n'imaginent pas que cette corruption de la plus grande des forces économiques puisse être évitée.

Ainsi, plus la division du travail et la puissance des machines augmente, plus l'intelligence du travailleur décroît et la main-d'œuvre tend à se réduire. Mais plus la valeur de l'ouvrier s'abaisse et la demande de travail faiblit, plus le salaire diminue, plus la misère augmente. Et ce ne sont pas quelques centaines d'hommes qui sont victimes de cette perturbation industrielle, ce sont des millions.

En Angleterre, on a vu successivement, par la division du travail et la puissance des machines, le nombre des ouvriers dans certains ateliers diminuer du tiers, de moitié, des trois quarts, des cinq sixièmes ; puis les salaires, décroissant dans la même proportion, tomber de la moyenne de 3 francs par jour à 50 et 30 centimes. Des expulsions de bouches inutiles ont été opérées par des propriétaires sur des provinces entières. Partout la femme, puis l'enfant, ont pris la place de l'homme dans les manufactures. La consommation, dans un peuple appauvri, ne pouvant aller du même pas que la production, celle-ci est obligée d'attendre : il en résulte des chômages réguliers de six semaines, trois mois et six mois par année. La statistique de ces chômages, pour les ouvriers parisiens, a été récemment publiée par un ouvrier, Pierre Vinçard : le détail en est navrant. La modicité du salaire étant en raison de la durée du chômage, on arrive à cette conclusion que certaines ouvrières, gagnant 1 franc par jour, par la raison qu'elles ne chôment que six mois, doivent vivre avec 50 centimes. Voilà le régime auquel est soumise, à Paris une population de 320, 000 âmes. Et il est permis de juger de la situation des classes ouvrières, sur tous les points de la République, d'après cet échantillon.

Les conservateurs philanthropes, partisans des anciennes mœurs, accusent de cette anomalie le système industriel : ils voudraient qu'on en revînt au régimeféodal-agricole. Je dis que ce n'est pas l'industrie qu'il faut accuser, mais l'anarchie économique ; je soutiens que le principe a été faussé, qu'il y a ici désorganisation de forces, et que c'est à cela qu'il faut attribuer la tendance fatale dans laquelle est emportée la société.

Autre exemple.

La *Concurrence* est, après la division du travail, un des agents les plus énergiques de l'industrie, en même temps qu'une de ses garanties les plus précieuses. C'est pour elle, en partie, qu'a été faite la première révolution. Les associations ouvrières, formées à Paris depuis quelques années, lui ont récemment donné une sanction nouvelle, en établissant chez elles le travail aux pièces et abandonnant, sur expérience, l'idée absurde de l'égalité des salaires. La concurrence est la loi même du marché, le condiment de l'échange, le sel du travail. Supprimer la concurrence, c'est supprimer la liberté même, c'est commencer la restauration de l'ancien régime par en bas, en replaçant le travail sous le régime de favoritisme et d'abus dont 89 l'a affranchi.

Or, la concurrence, manquant de formes légales, de raison supérieure et régulatrice, s'est pervertie à son tour, comme la division du travail. D'un côté comme de l'autre il y a corruption de principe, anarchie et tendance au mal. Cela paraîtra hors de doute, si l'on songe que sur trente-six millions d'âmes qui composent le peuple français, dix millions au moins appartiennent à la classe salariée, à laquelle la concurrence est interdite, et n'ont de lutte qu'entre eux, pour leur maigre salaire. En sorte que la concurrence qui, dans la pensée de 89, devait être de droit commun, est aujourd'hui chose d'exception et de privilége : ceux-là seuls à qui leurs capitaux permettent de devenir entrepreneurs, peuvent exercer leurs droits à la concurrence.

Il en résulte que la concurrence, ainsi que l'ont reconnu MM. Rossi, Blanqui, Dupin et une foule d'autres, au lieu de servir à démocratiser l'industrie, à soutenir le travailleur, à garantir la sincérité du commerce, n'aboutit qu'à former une aristocratie mercantile et territoriale plus rapace mille fois que l'aristocratie nobiliaire ; que par elle tous les profits de la production passent du côté des capitaux ; que le consommateur, sans défense contre les fraudes commerciales, est rançonné par le spéculateur, et la condition des ouvriers de plus en plus précaire. « J'affirme, s'écrie à ce propos Eugène Buret, que la classe ouvrière est abandonnée corps et âme au bon plaisir de l'industrie. » Et ailleurs : « Les plus faibles efforts de la spéculation peuvent faire varier le prix du pain de 5 centimes et au delà par livre, ce qui représente 620,500,000 francs pour trente-six millions d'hommes. »

On a vu naguère, lorsque le préfet de police, répondant au vœu général, autorisa la vente de la viande à la criée, ce que peut pour le bien-être du peuple la libre concurrence, et combien cette garantie est encore parmi nous illusoire. Il n'a pas moins fallu que l'énergie de toute une population et le concours du pouvoir pour vaincre le monopole des bouchers.

Accusez la nature humaine, nous disent les économistes ; n'accusez pas la concurrence. — Sans doute ; aussi n'accusé-je point la concurrence. Mais je ferai observer que la nature humaine ne fait pas non plus le mal pour le mal, et je demande comment elle a perverti sa voie ? Quoi ! la concurrence devait nous rendre de plus en plus égaux et libres, et voici qu'elle nous subalternise les uns aux autres, qu'elle rend le travailleur progressivement esclave ! Il y a ici corruption du principe, oubli de la loi. Ce ne sont pas là de simples accidents du travail, c'est tout un système d'infortunes.

On plaint les ouvriers qui exercent des professions dangereuses ou insalubres ; on voudrait, par compassion pour leur sort, que la civilisation pût se passer de leurs services. Ces misères, inhérentes

Pierre-Joseph Proudhon

à certaines opérations, ne sont rien en comparaison du fléau de l'anarchie économique.

Citons un dernier exemple.

De toutes les forces économiques, la plus vitale, dans une société que les révolutions ont créée pour l'industrie, c'est le *crédit*. La bourgeoisie propriétaire, industrielle, marchande, le sait bien : tous ses efforts depuis 89, sous la Constituante, la Législative, la Convention, le Directoire, l'Empire, la Restauration, la monarchie de Juillet, n'ont tendu, au fond, qu'à ces deux choses, le crédit et la paix. Que n'a-t-elle pas fait pour se rallier l'intraitable Louis XVI ? Que n'a-t-elle pas pardonné à Louis-Philippe ? — Le paysan le sait aussi : de toute la politique il ne comprend, comme le bourgeois, que ces deux choses : la diminution de l'usure et de l'impôt. Quant à la classe ouvrière, si merveilleusement douée pour le progrès, telle est l'ignorance où elle a été entretenue sur la cause réelle de ses souffrances, que c'est à peine si, depuis février, elle commence à bégayer le mot de crédit et à voir dans ce principe la plus grande des forces révolutionnaires. En fait de crédit, l'ouvrier ne connaît que deux choses : la taille du boulanger et le Mont-de-piété.

Le crédit est à une nation vouée au travail ce que la circulation du sang est à l'animal, l'organe de la nutrition, la vie même. Il ne peut s'interrompre que lecorps social ne soit en péril. S'il est une institution qui, après l'abrogation des droits féodaux et le nivellement des classes, se recommandât avant toute autre aux législateurs, assurément c'était le crédit. Eh bien ! aucune de nos déclarations de droits, si pompeuses ; aucune de nos constitutions, si prolixes sur la distinction des pouvoirs et les combinaisons électorales, n'en a parlé. Le crédit, comme la division du travail, l'application des machines, la concurrence, a été abandonné à lui-même ; le pouvoir FINANCIER, bien autrement considérable que l'*exécutif*, le *législatif* et le *judiciaire*, n'a pas même eu l'honneur d'une mention dans nos différentes chartes. Livré, par un décret de l'empire du 23 avril 1803, à une compagnie de traitants, il est resté jusqu'à ce jour à l'état de puissance occulte ; à peine si l'on peut citer, en ce qui le concerne, une loi de 1807, laquelle fixe le taux de l'intérêt à cinq pour cent. Après comme avant la révolution, le crédit s'est comporté comme il a pu, ou, pour mieux dire, comme il a plu aux détenteurs en chef du numéraire. Du reste, il est juste

DEUXIÈME ÉTUDE

de dire que le gouvernement, en sacrifiant le pays, n'a rien réservé pour soi ; comme il faisait pour les autres, il a fait pour lui-même : à cet égard nous n'avons rien à lui reprocher.

Qu'est-il résulté de cette incroyable négligence ?

D'abord, que l'accaparement et l'agiotage, s'exerçant de préférence sur le numéraire, qui est à la fois l'instrument des transactions industrielles, et la marchandise la plus recherchée et conséquemment la plus productive et la plus sûre, le commerce de l'argent s'est rapidement concentré aux mains de quelques monopoleurs, dont l'arsenal est la Banque ;

Que dès lors le Pays et l'État ont été inféodés à une coalition de capitalistes ;

Que, grâce à l'impôt perçu par cette bancocratie sur toutes les affaires agricoles et industrielles, la propriété s'est progressivement hypothéquée de 12 milliards, et l'État de plus de 6 milliards ;

Que les intérêts payés par la nation pour cette double dette, frais d'actes, renouvellements, commissions, retenues à l'emprunt compris, s'élèvent à 1,200 millions au moins par année ;

Que cette somme énorme de 1,200 millions de francs n'exprime pas encore tout ce que les producteurs ont à payer à l'exploitation financière, et qu'il convient d'y ajouter une somme de 7 à 800 millions, pour escomptes, avances de fonds, retards de payement, actions de commandite, dividendes, obligations sous seing privé, frais de justice, etc. ;

Que la propriété, rançonnée par la Banque, dans ses relations avec l'industrie, a dû suivre les mêmes errements, se faire agioteuse à son tour et usurière vis-à-vis du travail, et que c'est ainsi que les baux et loyers ont atteint un taux prohibitif, qui chasse le cultivateur de son champ et l'ouvrier de son domicile. Si bien qu'aujourd'hui ceux dont le travail crée toutes choses, ne peuvent ni acheter leurs propres produits, ni se procurer un mobilier, ni posséder une habitation, ni dire jamais : Cette maison, ce jardin, cette vigne, ce champ est à moi.

Tout au contraire, il est de nécessité économique, dans le système actuel du crédit et avec la désorganisation croissante des forces industrielles, que le pauvre, en travaillant davantage, soit toujours plus pauvre, et le riche, sans travailler, toujours plus riche, ainsi qu'il est facile de s'en convaincre par le calcul suivant.

Sur 10 milliards environ de valeurs produites chaque année et destinées à la consommation, 6 milliards, s'il faut en croire l'estimation d'un savant économiste, M. Chevé, sont prélevés par le parasitisme, c'est-à-dire la finance, la propriété abusive, le budget et ses satellites ; le reste, soit 4 milliards, est laissé aux travailleurs. Un autre savant économiste, M. Chevalier, divisant le produit présumé du pays par trente-six millions d'habitants, a trouvé que le revenu, par tête et par jour, était en moyenne de 65 centimes ; et comme de ce chiffre il faut déduire de quoi payer l'intérêt, la rente, l'impôt et les frais qu'ils entraînent, M. de Morogues, encore un autre savant économiste, a conclu de là que la consommation journalière, pour une grande partie des citoyens, était au-dessous de 25 centimes. Or, puisque les redevances, de même que l'impôt, vont sans cesse grandissant, tandis que par la désorganisation économique le travail et le salaire diminuent, il s'ensuit que, d'après les susdits savants économistes, le bien-être matériel des classes laborieuses suit une progression décroissante que l'on peut représenter par la série des nombres 65, 60, 55, 50, 45, 40, 35, 30, 25, 20, 15, 10, 5, 0 ; - 5 - 10 - 15, etc. Cette loi d'appauvrissement est le corollaire de celle de Malthus : on en trouvera les éléments dans tous les livres de statistique.

Certains utopistes attaquent la concurrence ; d'autres récusent la division du travail et tout le régime industriel ; les ouvriers, dans leur brutale ignorance, s'en prennent aux machines. Personne jusqu'à ce jour ne s'est avisé de nier l'utilité et la légitimité du crédit. Il est incontestable cependant que la dépravation de ce principe est la cause la plus active de la misère des masses ; sans elle, les fâcheux effets de la division du travail, de l'emploi des machines, de la concurrence, se feraient à peine sentir ; ils n'existeraient même pas. N'est-il pas sensible que la tendance de la société est au mal, à la misère, et cela, non par la faute des hommes, mais par l'anarchie de ses propres éléments ?

On dit que c'est abuser de la dialectique ; que les capitaux, la terre, les maisons ne se peuvent louer pour rien ; que tout service doit être payé, etc. — Soit. Je veux croire que la prestation d'une valeur, de même que le travail qui l'a créée, est un service qui mérite récompense. Dès qu'il s'agit du bien d'autrui, j'aime mieux outrepasser le droit que de rester en deçà : mais cela change-t-il le fait ? Je soutiens que le crédit est trop cher ; qu'il en est de l'argent comme de la viande, que le préfet de police nous fait livrer aujourd'hui à 15 et 20 centimes meilleur marché que chez les étalagistes ; comme des transports qu'on aurait à 80 p. % au-dessous des cours, si les chemins de fer et la navigation savaient ou pouvaient faire jouir le Pays de leurs immenses moyens. Je dis qu'il serait possible, facile, de faire baisser le prix du crédit de 75 à 90 p. %, sans faire tort aux prêteurs, et qu'il ne tient qu'à la nation et à l'État que cela soit. Qu'on n'argumente donc plus d'une prétendue impossibilité juridique. Il en est des droits seigneuriaux des capitalistes comme de ceux des nobles et des couvents : rien de plus aisé que de les abolir ; et je le répète, il faut, pour le salut même de la propriété, qu'ils soient abolis.

Croit-on que les révolutionnaires de 89, 92, 93, 94, qui portèrent avec tant d'ardeur la cognée sur le tronc féodal, n'en eussent extirpé jusqu'aux moindres racines, s'ils avaient prévu qu'à l'ombre de leur équivoque gouvernementalisme, elles allaient pousser de pareils rejetons ?

Croit-on qu'au lieu de rétablir les justices seigneuriales et les parlements sous d'autres noms et d'autres formes, de refaire l'absolutisme en le baptisant du nom de Constitution, d'asservir les provinces comme auparavant, sous prétexte d'unité et de centralisation ; de sacrifier de nouveau toutes les libertés, en leur donnant pour compagnon inséparable un prétendu *ordre public*, qui n'est qu'anarchie, corruption et force brutale ; croit-on, dis-je, qu'ils n'eussent acclamé le nouveau régime, achevé la révolution, si leur regard avait pénétré dans cet organisme que leur instinct cherchait, mais que l'état des connaissances et les préoccupations du moment ne leur permettaient pas de deviner ?...

Ce n'est point assez que la société actuelle, par la déviation de ses principes, tende incessamment à appauvrir le producteur, à soumettre, chose contradictoire, le travail au capital ; elle tend encore à faire des ouvriers une race d'ilotes, inférieure, comme autrefois, à la caste des hommes libres ; elle tend à ériger en dogme politique et social l'asservissement de la classe laborieuse et la nécessité de sa misère.

Pierre-Joseph Proudhon

Quelques faits, choisis entre des milliers, nous dévoileront cette tendance fatale.

De 1806 à 1811, suivant M. Chevalier, la consommation annuelle du vin, à Paris, était de 170 litres par personne : elle n'est plus que de 95. Supprimez les droits qui, avec les frais accessoires, ne vont pas à moins de 30 à 35 c. par litre chez le détaillant ; et la consommation remontera de 95 litres à 200 ; et le vigneron, qui ne sait que faire de ses produits, les pourra vendre. Mais il faudrait, pour atteindre ce but, ou réduire le budget, ou reporter l'impôt sur la classe riche ; et comme ni l'un ni l'autre ne paraît praticable, que d'ailleurs il n'est pas bon que l'ouvrier boive trop de vin, attendu que l'usage du vin est incompatible avec la modestie qui convient aux hommes de cette classe, les droits ne seront pas réduits, on les élèvera plutôt.

D'après un écrivain que ses opinions conservatrices mettent à l'abri de tout reproche d'exagération, M. Raudot, la France, malgré le tarif élevé de ses douanes, est réduite à acheter annuellement à l'étranger pour 9 millions de bêtes ovines et bovines destinées aux abattoirs. Malgré cette importation, la quantité de viande offerte à la consommation ne dépasse pas 20 kilogrammes, en moyenne, par tête et par an, soit 54 grammes, un peu moins de deux onces par jour. Or, si l'on songe que sur cette faible quantité, 85 villes, bourgs et chefs-lieux de départements, dont la population n'atteint pas 3 millions d'habitants, en absorbent le quart, il faut conclure que la majorité des Français ne mange jamais de viande, ce qui est effectivement vrai.

C'est en vertu de cette politique que le vin, la viande, se trouvent aujourd'hui exclus de la liste des objets de première nécessité, et que tant de gens, en France comme en Irlande, ne mangent que des pommes de terre, des châtaignes, du sarrazin ou des gaudes.

Les effets de ce régime sont tels que la théorie pouvait les attendre. Partout, en Europe, la constitution du travailleur s'est affaiblie. En France, les conseils de révision ont constaté que depuis cinquante ans, la taille moyenne a diminué de plusieurs millimètres, et c'est principalement sur la classe ouvrière, sur l'humanité souffrante que porte cette réduction. Avant 89, la taille requise pour le service militaire, dans l'infanterie, était de 5 pieds 1 pouce. Depuis, par suite de la diminution de la stature et de l'affaiblissement de la santé, autant que de l'excessive consommation d'hommes, cette taille a été réduite à 4 pieds 10 pouces. Quant aux exemptions de service, pour défaut de taille et infirmités, elles ont été de 1830 à 1839, de 45 et 1/2, et de 1839 à 1848, de 50 1/2 pour %.

La durée de la vie moyenne s'est accrue, il est vrai, mais aux dépens de cette même classe, comme le prouvent, entre autres, les tables de mortalité de la ville de Paris, où la proportion des décès pour le douzième arrondissement est de 1 sur 26 habitants, tandis que pour le premier elle n'est que de 1 sur 52.

Peut-on douter qu'il y ait tendance au mal, au moins pour ce qui regarde les travailleurs, dans la société actuelle ? Ne semble-t-il pas qu'elle ait été faite exprès, non pas, comme le voulait Saint-Simon, pour l'amélioration physique, morale et intellectuelle du peuple, mais pour sa misère, son ignorance et sa dépravation ?

La moyenne des élèves reçus chaque année à l'École Polytechnique est, je crois, de 176. Suivant M. Chevalier, elle pourrait être vingt fois plus forte, et ce n'est point exagérer. Mais que ferait notre société capitaliste de 3,520 polytechniciens que lui vomirait l'École à la fin de chaque année scolaire ? J'insiste sur cette question : Qu'en ferait-elle ?

Lorsque le règlement a prescrit de n'admettre que 176 élèves au lieu de 3,520 qui pourraient être reçus, c'est qu'il n'est pas possible au gouvernement, à l'industrie féodale, de pourvoir, dans les conditions voulues, plus de 176 de ces jeunes gens : tout le monde comprend cela. On ne cultive pas la science pour la science ; on n'apprend pas la chimie, le calcul intégral, la géométrie analytique, la mécanique, pour devenir ensuite un ouvrier ou un laboureur. La multitude des capacités, loin de servir le Pays et l'État, leur est un inconvénient. Il faut donc, pour éviter des déclassements périlleux, que l'instruction soit distribuée suivant le taux des fortunes ; qu'elle soit faible ou même nulle pour la classe la plus nombreuse et la plus vile, médiocre pour la classe moyenne, supérieure seulement pour le petit nombre de sujets riches, destinés à représenter, par leurs talents, l'aristocratie d'où ils sortent. C'est ce que le clergé catholique, fidèle à ses dogmes, fidèle aux traditions féodales, a dans tous les temps fort bien compris : la loi qui lui a livré

Pierre-Joseph Proudhon

l'Université et les écoles n'a été qu'un acte de justice.

Ainsi, l'enseignement ne peut être universel, ni surtout libre : dans une société restée féodale, ce serait un contre-sens. Il faut, pour maintenir la subordination dans les masses, restreindre l'éclosion des capacités, réduire la population des collèges, trop nombreuse et trop remuante ; retenir dans une ignorance systématique les millions de travailleurs que réclament les travaux répugnants et pénibles ; user, enfin, de l'enseignement comme n'en usant pas, c'est-à-dire le diriger dans le sens de l'abrutissement et de l'exploitation du prolétariat.

Et comme si le mal, de même que le bien, devait avoir sa sanction, le Paupérisme, ainsi prévu, préparé, organisé par l'anarchie économique, a trouvé la sienne : elle est dans la statistique criminelle. Voici quelle a été depuis 25 ans la progression du chiffre des affaires poursuivies à la requête du ministère public et des prévenus :

	Affaires	Prévenus
1827	34,908	47,443
1846	80,891	101,433
1847	95,914	124,159

Pour les tribunaux correctionnels, la progression a marché de même :

	Affaires	Prévenus
1829	108,390	159,740
1845	152,923	197,913
1847	184,922	239,291

Quand l'ouvrier a été abruti par la division parcellaire du travail, le service des machines, l'instruction ignorantiste ; quand il a été découragé par la vilité du salaire, démoralisé par le chômage, affamé par le monopole ; quand il n'a plus ni pain ni pâte, ni sou ni

DEUXIÈME ÉTUDE

maille, ni feu ni lieu, alors il mendie, il maraude, il filoute, il vole, il assassine ; après avoir passé par les mains des exploiteurs, il passe par celles des justiciers. Est-ce clair ?…

À présent, je rentre dans la politique.

III. Anomalie du Gouvernement : Tendance à la tyrannie et à la corruption.

C'est par le contraste de l'erreur que la vérité s'empare des intelligences. Au lieu de la liberté et de l'égalité économique, la Révolution nous a légué, sous bénéfice d'inventaire, l'autorité et la subordination politique. L'État, chaque jour grandi, doté de prérogatives et d'attributions sans fin, s'est chargé de faire pour notre bonheur ce que nous devions attendre d'une tout autre influence. Comment s'est-il acquitté de sa tâche ? Quel rôle le gouvernement, abstraction faite de son organisation particulière, a-t-il joué dans les cinquante dernières années ? Quelle a été sa tendance ? Là est maintenant la question.

Jusqu'en 1848, les hommes d'État appartenant soit à l'opposition, soit au ministère, et dont l'influence dirigeait l'esprit public et le pouvoir, ne paraissent pas avoir eu conscience de la fausse direction de la société, en ce qui concerne surtout les classes laborieuses. La plupart même se faisaient un mérite et un devoir de s'occuper de temps en temps de l'amélioration de leur sort. L'un réclamait pour les instituteurs ; l'autre parlait contre l'emploi prématuré, immoral, des enfants dans les manufactures. Celui-ci demandait le dégrèvement des droits sur le sel, les boissons, la viande ; cet autre provoquait l'abolition complète des octrois et des douanes. L'élan était général, dans les hautes régions du pouvoir, vers les questions économiques et sociales. Nul ne voyait que ces réformes, dans l'état actuel des institutions, étaient d'innocentes chimères ; qu'il ne fallait pas moins, pour les réaliser, qu'une création nouvelle, en autres termes une révolution.

Depuis le 24 février, les gens de gouvernement, participants du privilége, se sont ravisés. La politique d'oppression et d'appauvrissement continu, qu'ils avaient jusqu'alors suivie, sans le savoir, je dirai même malgré eux, a été adoptée par plusieurs, cette

Pierre-Joseph Proudhon

fois, en pleine connaissance de cause.

Le gouvernement est l'organe de la société.

Ce qui se passe en elle de plus intime, de plus métaphysique, s'accuse dans le Pouvoir avec une franchise toute militaire, une crudité fiscale. Il y a longtemps qu'un homme d'État a dit qu'un gouvernement ne pouvait exister sans une dette publique et un gros budget. Cet aphorisme, dont l'Opposition eut le tort de se scandaliser, est l'expression financière de la tendance rétrograde et subversive du Pouvoir : nous pouvons en mesurer à présent la profondeur. Ilsignifie que le Gouvernement, institué pour la direction de la société, est le miroir de la société.

Au 1er avril 1814, les intérêts de la dette publique étaient de

	63,307,637
31 juillet 1830	199,417,208
1er janvier 1847	237,113,366
1er janvier 1851	271,000,000

La dette publique, tant pour l'État que pour les villes, qu'il est juste de considérer ici comme des appendices de l'autorité centrale, est environ moitié de la somme totale des créances hypothécaires et chirographaires qui pressurent le pays ; toutes deux, sous la même impulsion, se sont accrues d'un mouvement parallèle. La tendance est flagrante : où nous mène-t-elle ? à la banqueroute.

Le premier budget régulier depuis le Directoire est celui de 1802. À dater de cette époque, les dépenses se sont successivement accrues, dans la même progression que la dette du pays et celle de l'État.

1802	589,500,000
1818	863,853,109
1829	1,014,914,432
1840	1,298,514,449 72
1848	1,692,181,111 48

DEUXIÈME ÉTUDE

En cinquante ans, le budget des dépenses a presque triplé ; l'augmentation moyenne annuelle est d'environ 24 millions. Il serait par trop niais d'attribuer cette augmentation, comme l'ont fait tour à tour, sous la restauration et la monarchie de juillet, l'opposition dynastique et la conspiration républicaine, à l'incapacité des ministres, à leur politique plus ou moins intelligente et libérale. Expliquer par l'insuffisance des hommes un phénomène aussi constant, aussi régulier que l'accroissement du budget, alors surtout que cet accroissement a son corrélatif dans le progrès des hypothèques et des inscriptions au grand-livre, est aussi absurde que d'expliquer la peste d'Orient ou la fièvre jaune par l'ignorance des médecins. C'est l'hygiène qu'il faut attaquer ; c'est votre régime économique qui appelle une réforme.

Ainsi le Gouvernement, considéré comme organe de l'ordre et garantie des libertés, suit la même marche que la société ; il tombe de plus en plus dans la gêne, il s'endette et tend à la banqueroute. Nous allons voir encore, que comme la société, livrée à l'anarchie de ses éléments, tend à reconstituer les castes antiques le Gouvernement de son côté tend à se concerter avec cette aristocratie nouvelle, et à consommer l'oppression du prolétariat.

De cela seul, en effet, que les puissances de la société ont été laissées par la Révolution à l'état inorganique, il résulte une inégalité de conditions qui n'a plus seulement, comme autrefois, sa cause dans l'inégalité naturelle des facultés ; mais qui se fait un nouveau prétexte des accidents de la société, et ajoute parmi ses titres, aux caprices de la nature, les injustices de la fortune. Le privilége, aboli par la loi, renaît ainsi du défaut d'équilibre : ce n'est plus un simple effet de la prédestination divine, c'est encore une nécessité de la civilisation.

Une fois justifié dans l'ordre de la nature et dans celui de la Providence, que manque-t-il au privilége pour assurer définitivement son triomphe ? de mettre les lois, les institutions, le Gouvernement, en harmonie avec lui-même : c'est à quoi il va tendre de toutes ses forces.

D'abord, comme aucune loi ne le défend, en tant du moins qu'il découle de l'une de ces deux causes, la nature et la fortune, il peut se dire parfaitement légal : à ce titre déjà il a droit au respect des citoyens et à la protection du Gouvernement.

Quel est le principe qui régit là société actuelle ? *Chacun chez soi, chacun pour soi ; Dieu,* LE HASARD, *pour tous.* Le privilége résultant du hasard, d'un coup de commerce, de tous ces moyens aléatoires que fournit l'état chaotique de l'industrie, est donc chose providentielle, que tout le monde doit respecter.

Quel est, d'un autre côté, le mandat du Gouvernement ? De protéger et défendre chacun dans sa personne, son industrie, sa propriété. Or si, par la nécessité des choses, la propriété, la richesse, le bien-être vont tout d'un côté, la misère de l'autre, il est clair que le Gouvernement se trouvé constitué, en fait, pour la défense de la classe riche contre la classe pauvre. Il faut donc, pour la perfection de ce régime, que ce qui existe *en fait,* soit défini et consacré *en droit :* c'est précisément ce que veut le Pouvoir et ce que démontre d'un bout à l'autre l'analyse du budget.

Je vais au hasard.

Le Gouvernement provisoire a révélé que l'augmentation des traitements de fonctionnaires de 1830 à 1848 formait une somme de 65 millions. En supposant que la moitié seulement de cette somme fût affectée à des emplois de création nouvelle, la moyenne des traitements étant par hypothèse de 1,000 fr., c'est un supplément de 32,500 employés que le Gouvernement s'est donné sous la monarchie de Juillet. Aujourd'hui le total des fonctionnaires, d'après M. Raudot, est de 568,365 : sur neuf hommes, il y en a un qui vit du budget de l'État et des communes. Qu'on crie à la dilapidation tant qu'on voudra, je ne croirai jamais qu'une création de 32,500 fonctionnaires n'ait été qu'un acte de gaspillage. Quel intérêt le roi, les ministres, tous les individus antérieurement placés et dotés y avaient-ils ? N'est-il pas plus juste de dire que l'agitation des classes laborieuses devenant avec le temps plus redoutable, et conséquemment le péril pour la classe privilégiée toujours plus grand, le pouvoir, la force qui réprime et protège, devait se fortifier d'autant, à peine de se voir renversée au premier moment ?

L'examen des budgets de la guerre et de la marine confirme cette opinion.

De 1830 à 1848, — j'emprunte ce détail au journal *Europe et*

DEUXIÈME ÉTUDE

Amérique, — les budgets réunis de la marine et de la guerre se sont progressivement élevés, du chiffre de 323,980,000 à celui de 535,837,000 fr. La moyenne annuelle a été de 420 millions ; la moyenne d'accroissement de 12 millions. Le total général, pour dix-huit ans, est 7,554 millions.

Dans la même période, le budget de l'instruction publique a monté de 2,258,000 à 19,298,000 fr. Le total général est 232,802,000 fr. Différence avec le budget de la guerre, 7,321,198,000 fr.

Ainsi, tandis que le Gouvernement dépensait 13 millions en moyenne pour entretenir sous le nom d'instruction publique l'ignorance populaire, il dépensait 420 millions, trente-deux fois autant, pour contenir, par le fer et le feu, cette ignorance, si la rage de la misère venait à la faire éclater. C'est ce que les politiques du temps ont nommé la *paix armée.* Le même mouvement s'est manifesté dans les autres ministères, je veux dire que leur budget s'est toujours accru en raison directe des services qu'ils rendaient à la cause du privilége, et inverse de ceux qu'ils pouvaient rendre aux producteurs. Or, quand on accorderait que les hautes capacités administratives et financières, qui pendant ces dix-huit ans gouvernèrent la France, n'avaient nullement l'intention qu'accusent ces rapprochements budgétaires, ce qui après tout importe peu, il n'en demeurerait pas moins vrai que le système d'appauvrissement et de compression par l'État s'est développé avec une spontanéité, une certitude qui ont pu fort bien se passer de la complicité des hommes d'État. Encore une fois, il ne s'agit point ici des intentions personnelles. Au-dessus de l'esprit des hommes, il y a l'esprit des choses : c'est celui-là dont le philosophe, toujours bienveillant pour ses semblables, se préoccupe.

Si la disposition du budget des dépenses est curieuse, celle du budget des recettes n'est pas moins instructive. Je n'entre pas dans le détail : le caractère général suffit. C'est dans la généralité que se trouve la vérité.

On a prouvé depuis 1848, et par chiffres, qu'en remplaçant le système des impôts existants par une taxe unique, ayant pour base le capital, et proportionnelle à la fortune de chacun, soit par exemple 1 pour 100, l'impôt serait réparti avec une égalité presque idéale, réunissant à la fois les avantages de la proportionnalité et de la progression, sans aucun de leurs inconvénients. Dans ce système, le travail serait peu ou point frappé ; le capital, au contraire, méthodiquement atteint. Là où le capital ne serait pas protégé par le travail du capitaliste, il serait compromis ; tandis que l'ouvrier dont l'avoir ne s'élèverait pas à une quantité imposable ne payerait rien. La justice dans l'impôt : ce serait le *nec plus ultrà* de la science fiscale. Mais ce serait du gouvernement à rebours ; la proposition fut huée, et finalement délaissée par ses propres fauteurs.

Le système d'impôt actuellement suivi est juste le contraire de celui-là. Il est conçu de manière que le producteur paye tout, le capitaliste rien. En effet, alors même que ce dernier est inscrit pour une somme quelconque au livre du percepteur, ou qu'il rembourse les droits établis par le fisc sur les objets de consommation, il est clair que son revenu se composant exclusivement de la prélibation de ses capitaux, non de l'échange de ses produits, ce revenu demeure franc d'impôt, puisque celui-là seul qui produit paye.

Cela devait être, et le Gouvernement est ici parfaitement d'accord avec la Société. L'inégalité des conditions qui résulte de l'anarchie économique étant prise pour une indication, une loi de la Providence, le Gouvernement ne peut mieux faire que de suivre et de seconder la Providence : c'est pour cela que non content de défendre le privilége, il lui vient encore en aide en ne lui demandant rien du tout. Donnez-lui le temps, et du privilége le Gouvernement fera, sous les noms de Noblesse, Bourgeoisie, ou tout autre, une Institution.

Il y a donc pacte entre le Capital et le Pouvoir pour faire contribuer exclusivement le travailleur ; et le secret de ce pacte consiste simplement, comme je l'ai dit, au lieu d'établir la taxe sur les capitaux, à la mettre sur les produits. À l'aide de ce déguisement, le capitaliste-propriétaire a l'air de payer pour ses terres, pour sa maison, pour son mobilier, pour ses mutations, pour ses voyages, pour sa consommation, etc., comme le reste des citoyens. Aussi dit-il que son revenu, qui sans impôt serait de 3,000, 6,000, 10,000 ou 20,000 fr., n'est plus, grâce à l'impôt, que de 2,500, 4,500, 8,000 ou 15,000 fr. Et là-dessus il se récrie avec plus d'indignation que ses locataires contre la grosseur du budget.

DEUXIÈME ÉTUDE

Pure équivoque. Le capitaliste ne paye rien : le Gouvernement partage avec lui, voilà tout. Ils font cause commune. Quel est donc le travailleur qui ne s'estimât heureux d'être couché au grand-livre pour 2,000 fr. de rente, à la seule condition d'en laisser le quart à l'amortissement ?...

Il est au budget des recettes un chapitre qui m'a toujours semblé la pierre d'attente de l'ancien régime, c'est celui de l'enregistrement.

Ce n'est point assez que le producteur paye la faculté que lui laisse le fisc de fabriquer, cultiver, vendre, acheter, transporter, etc. ; l'enregistrement lui interdit tant qu'il peut la propriété. Tant pour la succession d'un père, tant pour celle d'un oncle, tant pour une location, tant pour une acquisition. Comme si le législateur de 89 avait eu pour but de reconstituer l'inaliénabilité des immeubles à l'instar des droits féodaux ! Comme s'il avait voulu rappeler sans cesse au vilain affranchi par la nuit du 4 août, qu'il était de condition servile ; qu'à lui n'appartenait pas de posséder la glèbe ; que tout cultivateur est de plein droit, sauf concession du souverain, emphytéote et mainmortable ! Prenons garde : il y a des gens qui ont conservé religieusement ces idées ; ces gens-là sont nos maîtres, et les amis de tous ceux qui nous prêtent sur hypothèque...

Les partisans du régime gouvernemental repoussent de toute l'énergie de leurs convictions cette critique qui, au lieu de s'en prendre aux hommes, s'attaquant aux institutions, compromet et menace dans son existence ce qu'ils considèrent comme leur héritage.

Est-ce la faute, s'écrient-ils, de nos institutions représentatives ? est-ce la faute du principe constitutionnel, ou celle de ministres incapables, corrompus, dilapidateurs, si une partie de ces milliards, enlevés au prix de tant de sacrifices à la propriété, à l'agriculture, à l'industrie, n'ont servi qu'à entretenir des sinécures et solder des consciences ? est-ce la faute de cette magnifique centralisation, si l'impôt, devenu exorbitant, pèse plus lourdement sur l'ouvrier que sur le propriétaire ; si, avec une subvention annuelle de 420 millions, nos ports se trouvent dégarnis de navires, nos chantiers de matériaux ; si, en 1848, après la révolution de février, l'armée était sans approvisionnements, la cavalerie sans chevaux, les places de guerre en mauvais état ; si nous ne pouvions mettre sur pied de guerre plus de soixante mille hommes ? N'est-ce pas le cas, au contraire, d'accuser la volonté, non le système ? Et dès lors, que deviennent vos déclamations sur la tendance de la société et du gouvernement ?

À merveille. Aux vices intrinsèques, aux inclinations féodales de l'ordre politique, nous allons ajouter la corruption. Ceci, loin d'affaiblir mon raisonnement, le corrobore. La corruption s'allie fort bien avec la tendance générale du Pouvoir ; elle fait partie de ses moyens, elle est un de ses éléments.

Que veut le système ?

Maintenir avant tout la féodalité capitaliste dans la jouissance de ses droits ; assurer, augmenter la prépondérance du capital sur le travail ; renforcer, s'il est possible, la classe parasite, en lui ménageant partout, à l'aide des fonctions publiques, des créatures, et au besoin des recrues ; reconstituer peu à peu et anoblir la grande propriété ; — Louis-Philippe, sur la fin de son règne, ne s'était-il pas mis à délivrer des lettres de noblesse ? — récompenser ainsi, par des voies indirectes, certains dévouements que le tarif officiel des places ne pourrait satisfaire ; rattacher tout, enfin, secours, récompenses, pensions, adjudications, concessions, exploitations, autorisations, places, brevets, priviléges, offices ministériels, sociétés anonymes, administrations municipales, etc., etc., au patronage suprême de l'État.

Telle est la raison de cette vénalité, dont les scandales sous le dernier règne nous ont si fort surpris, mais dont la conscience publique se fût moins étonnée peut-être si l'on avait pu en divulguer le mystère. Tel est le but ultérieur de cette centralisation qui, sous prétexte d'intérêt général, exploite, pressure les intérêts locaux et privés, en vendant au plus offrant et dernier enchérisseur la justice qu'ils réclament.

La corruption, sachez-le donc, est l'âme de la centralisation. Il n'y a monarchie ou démocratie qui tienne. Le gouvernement est immuable dans son esprit et dans son essence ; s'il se mêle d'économie publique, c'est pour consacrer par la faveur et par la force ce que le hasard tend à établir. Prenons pour exemple la douane.

DEUXIÈME ÉTUDE

Les droits de douane, tant à l'importation qu'à l'exportation, non compris les sels, produisent à l'État 160 millions. 160 millions pour protéger le travail national ! Apercevez-vous la jonglerie ? Supposez que la douane n'existe pas ; que la concurrence belge, anglaise, allemande, américaine, envahisse de tous côtés notre marché, et qu'alors l'État fasse aux industriels français la proposition suivante : Lequel préférez-vous, pour sauvegarder vos intérêts, ou de me payer 160 millions, ou de les recevoir ? Pensez-vous que les industriels choisissent le premier parti ? c'est justement celui que le Gouvernement leur impose. Aux frais ordinaires que nous coûtent les produits de l'étranger et ceux que nous lui faisons parvenir, l'État ajoute 160 millions, qui lui servent, à lui, de pot-de-vin : voilà ce que c'est que la douane. Et la question est aujourd'hui si fort embrouillée, qu'il n'y a personne, dans toute la République, qui osât proposer d'abolir d'un seul coup ce tribut absurde.

Eh bien ! cette somme de 160 millions, soi-disant perçue pour la protection du travail national, est loin encore d'exprimer tout l'avantage que le Gouvernement tire de la douane.

Le département du Var est peu riche en bestiaux ; il manque de viande, et ne demanderait pas mieux que de faire venir des bœufs de Piémont, pays frontière. Le gouvernement, protecteur de l'élève national, ne le permet pas. Qu'est-ce que cela signifie ? Que les maquignons de la Camargue ont plus de crédit auprès du ministère que les consommateurs du Var : n'y cherchez pas d'autre cause.

L'histoire du département du Var est celle des quatre-vingt-cinq autres. Tous ont des intérêts spéciaux, par conséquent antagonistes, et qui cherchent un arbitre. Ce sont ces intérêts, bien plus que l'armée, qui font la force du Gouvernement. Aussi, voyez : le Gouvernement s'est fait concesseur de mines, de canaux, de chemins de fer, de la même manière que la cour, avant 89, vendait les brevets de colonels, les capitaineries et les bénéfices. Je veux croire que tous les personnages qui ont passé aux affaires depuis 1830 sont restés purs, un seul excepté ; mais n'est-il pas évident que si, par l'ineffable intégrité du caractère français, les prévaricateurs ont été rares, la prévarication est organisée, elle existe ?

Toulon, assis sur la mer, a perdu son droit de pêche, sait-on comment ? La ville de Marseille convoitant le monopole de cette lucrative industrie, le Gouvernement prétendit que les filets des pêcheurs de Toulon entravaient la circulation des vaisseaux de l'État ! C'est pourquoi les habitants de Toulon font venir aujourd'hui leur poisson de Marseille.

Depuis longtemps la batellerie réclame l'abolition des droits de navigation sur les canaux, produit insignifiant pour le fisc, mais entrave désastreuse pour le commerce. Le Gouvernement objecte qu'il n'est pas libre, qu'il lui faut une loi de rachat, que d'ailleurs il y a un projet d'affermage. Le fin mot, c'est d'abord qu'il y a des actions de jouissance, lesquelles actions espèrent se faire racheter fort cher ; puis, que si les droits de navigation étaient abolis, la batellerie pourrait faire concurrence aux chemins de fer, dont les concessionnaires, fort bien en ministères, n'ont nul intérêt à réduire leurs tarifs. Soupçonneriez-vous M. Léon Faucher, M. Fould, M. Magne, voire même le président de la République, de faire argent de leurs attributions, et cet argent, de le mettre dans leur poche ? Non pas moi. Je dis seulement que si l'homme du pouvoir a la volonté de prévariquer, il le peut, et que tôt ou tard il le fera. Que dis-je ? On en viendra à faire de la vénalité l'une des prérogatives du Gouvernement. Le tigre dévore parce qu'il est organisé pour dévorer ; et vous ne voulez pas qu'un gouvernement organisé pour la corruption fasse de la corruption ?…

Il n'y a pas jusqu'aux établissements de bienfaisance qui ne servent merveilleusement les vues de l'autorité.

La bienfaisance est la plus forte chaîne par laquelle le privilége et le Gouvernement chargé de le défendre, tiennent le prolétariat. Avec la bienfaisance, plus douce au cœur des hommes, plus intelligible au pauvre que les lois abstruses de l'économie politique, on se dispense de la justice. Les bienfaiteurs abondent, au catalogue des saints ; on n'y trouve pas un justicier. Le Gouvernement, comme l'Église, place la fraternité fort au-dessus du droit. Ami des pauvres tant qu'on voudra, il exècre les calculateurs. À propos de la discussion sur les monts-de-piété, le *Journal des Débats* rappelait qu'il existait déjà plus de huit cents hospices cantonaux, donnant à entendre qu'avec le temps on en aurait partout. Les monts-de-piété, ajoutait-il, suivent le même progrès ; chaque ville veut avoir le sien, elle l'obtiendra. Aussi ne puis-je concevoir l'indignation de la feuille bourgeoise contre les deux honorables socialistes qui

DEUXIÈME ÉTUDE

proposaient d'établir tout de suite en chaque canton un mont-de-piété. Jamais proposition ne fut plus digne de la faveur des *Débats*. La maison de prêt sur gage, le prêt fût-il gratuit, est le vestibule de l'hôpital. Et qu'est-ce que l'hôpital ? le temple de la Misère.

Par ses trois ministères de l'agriculture et du commerce, des travaux publics et de l'intérieur, par les impôts de consommation et par la douane, le Gouvernement a la main sur tout ce qui vient et ce qui va, ce qui se produit et se consomme, sur toutes les affaires des particuliers, des communes et des départements ; il maintient la tendance de la société vers l'appauvrissement des masses, la subalternisation des travailleurs, et la prépondérance toujours plus grande des fonctions parasites. Par la police il surveille les adversaires du système ; par la justice il les condamne et les réprime ; par l'armée il les écrase ; par l'instruction publique il distribue, dans la proportion qui lui convient, le savoir et l'ignorance ; par les cultes il endort la protestation au fond des cœurs ; par les finances il solde, à la charge des travailleurs, les frais de cette vaste conjuration.

Sous la monarchie de juillet, je le répète, les hommes du pouvoir, pas plus que les masses, n'eurent l'intelligence de la pensée qu'ils servaient. Louis-Philippe, M. Guizot et consorts, faisaient les choses avec une naïveté de corruption qui leur était propre, usant à merveille des voies et moyens, mais n'apercevant pas distinctement la fin. Depuis que le prolétariat a fait entendre, au lendemain de février, sa voix formidable, le système a commencé d'être compris, il s'est posé avec audace dans son dogmatisme effronté ; il s'est appelé de son nom patronymique, MALTHUS, et de son prénom, Loyola. Au fond, rien n'a été changé par l'événement de février, pas plus que par ceux de 1830, 1814, 1793, à l'ordre de choses prétendu *constitutionnel* fondé en 1791. Louis-Bonaparte, qu'il le sache ou l'ignore, continue Louis-Philippe, les Bourbons, Napoléon et Robespierre.

Ainsi, en 1851 comme en 88, et par des causes analogues, il y a dans la société tendance prononcée à la misère. Aujourd'hui comme alors, le mal dont se plaint la classe travailleuse n'est point l'effet d'une cause temporaire et accidentelle : c'est le résultat d'une déviation systématique des forces sociales.

Pierre-Joseph Proudhon

Cette déviation date de loin ; elle est antérieure même à 89, elle a son principe dans les profondeurs de l'économie générale du pays. La première révolution, luttant contre des abus plus apparents, ne put agir qu'à la surface. Après avoir détruit la tyrannie, elle ne sut fonder l'ordre, dont les ruines féodales qui jonchaient la patrie lui cachaient les éléments. Aussi, cette révolution, dont l'histoire nous paraît si complète, pure négation, ne sera devant la postérité que le premier acte, l'aurore de la grande Révolution qui doit remplir le dix-neuvième siècle.

La secousse de 89-93, après avoir aboli, avec le despotisme monarchique, les derniers restes de la féodalité, proclamé l'unité nationale, l'égalité devant la loi et devant l'impôt, la liberté de la presse et des cultes, et intéressé le peuple, autant qu'elle le pouvait faire, par la vente des biens nationaux, n'a laissé aucune tradition organique, aucune création effective. Elle n'a même réalisé aucune de ses promesses. En proclamant la liberté des opinions, l'égalité devant la loi, la souveraineté du peuple, la subordination du pouvoir au pays, la Révolution a fait de la Société et du Gouvernement deux choses incompatibles, et c'est cette incompatibilité qui a servi de cause ou de prétexte à cette concentration liberticide, absorbante, que la démocratie parlementaire admire et loue parce qu'il est de sa nature de tendre au despotisme, la CENTRALISATION.

Voici comment s'expliquait, à ce propos, M. Royer-Collard, dans son discours sur la liberté de la presse (*Chambre des députés*, discussion des 19-24 janvier 1822) :

« Nous avons vu la vieille société périr, et avec elle une foule d'institutions démocratiques et de magistratures indépendantes qu'elle portait dans son sein, faisceaux puissants de droits privés, vraies républiques dans la monarchie. Ces institutions, ces magistratures ne partageaient pas, il est vrai, la souveraineté, mais elles lui opposaient partout des limites que l'honneur défendait avec opiniâtreté. Pas une n'a survécu, et nulle autre ne s'est élevée à leur place ; la Révolution n'a laissé debout que *des individus*. La dictature qui l'a terminée a consommé, sous ce rapport, son ouvrage. De cette société en poussière est sortie la centralisation ; il ne faut pas chercher ailleurs son origine. La centralisation n'est pas arrivée, comme d'autres doctrines, le front levé, avec l'autorité d'un principe ; elle a pénétré modestement, comme une conséquence,

DEUXIÈME ÉTUDE

une nécessité. En effet, là où il n'y a que des individus, toutes les affaires qui ne sont pas les leurs sont les affaires publiques, les affaires de l'État. Là où il n'y a pas de magistrats indépendants, il n'y a que des délégués du pouvoir. C'est ainsi que nous sommes devenus *un peuple d'administrés* sous la main de fonctionnaires responsables, centralisés eux-mêmes dans le pouvoir dont ils sont les ministres. La Société a été léguée dans cet état à la Restauration.

» La Charte avait donc à constituer tout à la fois le Gouvernement et la Société. La Société a été, non oubliée ou négligée, sans doute, mais ajournée. La Charte n'a constitué que le Gouvernement ; elle l'a constitué par la division de la souveraineté et la multiplicité des pouvoirs. Mais pour qu'une nation soit libre, il ne suffit pas qu'elle soit gouvernée par plusieurs pouvoirs. Le partage de la souveraineté opéré par la Charte est sans doute un fait important et qui a de fort grandes conséquences, relativement au pouvoir royal qu'il modifie ; mais le Gouvernement qui en résulte, quoique divisé dans ses éléments est un dans son action, et s'il ne rencontre au dehors aucune barrière qu'il doive respecter, il est absolu, la nation et ses droits sont sa propriété. Ce n'est qu'en fondant la liberté de la presse comme droit public que la Charte a rendu la Société à elle-même...... »

Ce que disait M. Royer-Collard de la royauté de 1814 est vrai, à plus forte raison encore, de la République de 1848.

La République avait à fonder la Société ; elle n'a songé qu'au Gouvernement. La centralisation se fortifiant toujours, tandis que la Société n'avait à lui opposer aucune institution, les choses sont arrivées, par l'exagération des idées politiques et le néant des idées sociales, au point que Société et Gouvernement ne peuvent plus vivre ensemble, les conditions de l'une étant d'asservir et subalterniser l'autre.

Ainsi, tandis que le problème posé en 89 semblait *officiellement* résolu, au fond il n'y avait de changé que la métaphysique gouvernementale, ce que Napoléon nommait *idéologie*. La liberté, l'égalité, le progrès, avec toutes leurs conséquences oratoires, se lisent dans le texte des constitutions et des lois ; il n'en est vestige dans les institutions. Une féodalité ignoble, basée sur l'agiotage mercantile et industriel, le chaos des intérêts, l'antagonisme des principes, la dépravation du droit, a remplacé l'ancienne hiérarchie des classes ; les abus ont quitté la physionomie qu'ils avaient avant 89, pour reprendre une autre organisation ; ils n'ont diminué ni de nombre ni de gravité. À force de préoccupations politiques, nous avons perdu de vue l'économie sociale. C'est ainsi que le parti démocratique lui-même, l'héritier de la première révolution, en est venu à vouloir réformer la Société par l'initiative de l'État, créer des institutions par la vertu prolifique du Pouvoir, corriger l'abus, en un mot, par l'abus même.

Cette fascination dominant les intelligences, la Société tourne dans un cercle de déceptions, poussant le capital à une agglomération toujours plus écrasante, l'État à une extension toujours plus tyrannique de ses prérogatives, la classe travailleuse à une déchéance physique, morale et intellectuelle, irréparable.

Dire que la Révolution de 89, n'ayant rien fondé, ne nous a point affranchis, mais seulement changés de misère ; dire, en conséquence, qu'une Révolution nouvelle, organisatrice et réparatrice, est nécessaire pour combler le vide creusé par la première : c'est pour beaucoup de gens avancer une proposition paradoxale, scandaleuse, pleine de troubles et de désastres. Les partisans plus ou moins nantis du régime constitutionnel n'en conviennent pas ; les démocrates attachés à la lettre de 93, et qu'une pareille besogne épouvante, s'y opposent. Suivant les uns et les autres, il n'existe que des souffrances accidentelles, dues surtout à l'incapacité des dépositaires du pouvoir, et qu'une démocratie vigoureuse guérirait. De là l'inquiétude, pour ne pas dire l'antipathie que leur inspire la Révolution, et cette politique réactionnaire où ils se sont engagés après février.

Cependant l'évidence des faits est telle, les statistiques et les enquêtes ont si fort élucidé la matière, qu'il y a désormais sottise ou mauvaise foi à argumenter d'une politique meilleure, là où tout accuse la contradiction et l'impuissance du Gouvernement.

C'est à la place même de ce régime gouvernemental, féodal et militaire, imité de celui des anciens rois, qu'il faut élever l'édifice nouveau des institutions industrielles ; c'est à la place de cette centralisation matérialiste et absorbante des pouvoirs politiques, que nous devons créer la centralisation intellectuelle et libérale

DEUXIÈME ÉTUDE

66

des forces économiques. Travail, commerce, crédit, éducation, propriété, morale publique, philosophie, beaux-arts, tout enfin, nous en fait une loi.

Je conclus :

Il y a raison suffisante de révolution au dix-neuvième siècle.

TROISIÈME ÉTUDE

DU PRINCIPE D'ASSOCIATION.

La Révolution de 89 avait à fonder le régime industriel, après avoir fait table rase du régime féodal. En se retournant vers les théories politiques, elle nous a plongés dans le chaos économique.

Au lieu d'un ordre naturel, conçu selon la science et le travail, nous avons eu un ordre factice, à l'ombre duquel se sont développés des intérêts parasites, des mœurs anormales, des ambitions monstrueuses, des préjugés hors le sens commun, qui tous, aujourd'hui, se prétendent légitimes, invoquent une tradition de soixante années, et ne voulant ni abdiquer ni se modifier, se posent, les uns à l'égard des autres à l'état d'antagonisme, et vis-à-vis du progrès à l'état de réaction.

Cet état de choses, dont le principe, le moyen et le but est la GUERRE, ne pouvant répondre aux exigences d'une civilisation tout industrielle, la Révolution en résulte nécessairement.

Mais, comme tout en ce monde est matière à agiotage, le besoin d'une révolution se révélant aux masses fait surgir aussitôt dans tous les partis des théories, des écoles, des sectes, qui s'emparent du forum, captent la faveur du peuple par des exhibitions plus ou moins curieuses, et, sous couleur d'améliorer son sort, de revendiquer ses droits, de le rétablir dans l'exercice de son autorité, travaillent ardemment à leur propre fortune

Avant donc de rechercher la solution du problème posé aux sociétés modernes, il convient d'apprécier la valeur des théories offertes à la pâture populaire, bagage obligé de toutes les révolutions. Dans un travail de la nature de celui-ci, l'utopie ne saurait être passée sous silence, d'un côté, parce que, comme expression des partis et des sectes, elle joue un rôle dans le drame ; en second lieu, parce que l'erreur n'étant le plus souvent qu'une mutilation ou contrefaçon de la vérité, la critique des vues partielles rend plus facile l'intelligence de l'idée générale.

Faisons-nous d'abord une règle de critique à l'égard des théories révolutionnaires, comme nous nous sommes fait un *criterium* sur l'hypothèse même de la révolution.

Demander s'il y a raison suffisante de révolution au dix-neuvième siècle, c'est, avons-nous dit, demander quelle est la tendance de la société actuelle.

Et nous avons répondu : La société étant engagée dans une voie fatalement et progressivement désastreuse, ainsi qu'il résulte de toutes les statistiques, de toutes les enquêtes, de tous les comptes-rendus, et que les partis, quoique sur des considérations différentes, l'avouent, une révolution est inévitable.

Tel a été notre raisonnement sur l'utilité et la nécessité de la Révolution. En le pressant davantage, nous allons en faire sortir la règle dont nous avons besoin.

Puisque c'est la *tendance* de la Société qui est mauvaise, le problème de la Révolution consistera donc à changer cette tendance, à la redresser, comme on redresse, à l'aide d'un support, un jeune arbre ; à lui faire prendre une autre direction, comme on détourne une voiture après l'avoir tirée de la fausse ornière. En ce redressement doit consister toute l'innovation révolutionnaire : il ne peut être question de toucher à la Société elle-même, que nous devons considérer comme un être supérieur doué d'une vie propre, et qui par conséquent exclut de notre part toute idée de reconstitution arbitraire.

Cette première donnée est tout à fait dans les instincts du peuple.

Le peuple, en effet, et la pratique constante des révolutions le révèle, n'est nullement utopiste. La fantaisie et l'enthousiasme ne le possèdent qu'à de rares et courts intervalles. Il ne cherche point, avec les anciens philosophes, le Souverain Bien, ni avec les socialistes modernes le Bonheur ; il n'a aucune foi à l'Absolu, et repousse loin, comme mortel à sa nature, tout système *à priori* et définitif. Son sens profond lui dit que l'absolu, pas plus que le *statu*

TROISIÈME ÉTUDE

quo, ne peut entrer dans les institutions humaines. L'absolu, pour lui, c'est la vie même, la diversité dans l'unité. Comme il n'accepte pas de formule dernière, qu'il a besoin d'aller toujours, il s'ensuit que la mission de ses éclaireurs consiste uniquement à lui agrandir l'horizon et déblayer le chemin.

Cette condition fondamentale de la solution révolutionnaire ne paraît pas jusqu'ici avoir été comprise.

Les systèmes abondent ; les projets pleuvent. L'un organise l'atelier ; l'autre, ce à quoi il tient davantage, le gouvernement. On connaît les hypothèses sociétaires des Saints-Simoniens, de Fourier, Cabet, Louis Blanc, etc. Tout récemment, le public a reçu la rosée de MM. Considérant, Rittinghausen, E. Girardin, sur la forme de la souveraineté. Mais personne, à ma connaissance, ne s'est dit que la question, aussi bien pour la politique que pour l'économie, était *tendentielle*, beaucoup plus que constitutionnelle ; qu'il s'agissait avant tout de nous orienter, non de dogmatiser ; en un mot, que la solution consistait à tirer la Société du sentier périlleux où elle se précipite, pour lui faire prendre la grande route du sens commun et du bien-être, qui est sa loi.

Aucune des théories socialistes et gouvernementales que l'on propose n'a saisi ce point capital de la question. Loin de là, elles en sont toutes la négation formelle. L'esprit d'exclusion, d'absolutisme, de réaction, est le caractère commun de leurs auteurs. Avec eux la Société ne vit pas, elle est sur le banc de dissection. Sans compter que les idées de ces messieurs ne remédient à rien, ne garantissent quoi que ce soit, n'ouvrent aucune perspective, laissent l'intelligence plus vide, l'âme plus fatiguée qu'auparavant.

Au lieu donc d'examiner les systèmes, ce qui deviendrait un travail sans fin, et qui pis est sans conclusion possible, nous allons, à l'aide de notre critérium, examiner leur point de départ. Nous chercherons, au point de vue de la révolution actuelle, ce que les principes contiennent, ce qu'ils peuvent rendre : car il est évident que si les principes ne contiennent rien, ne peuvent rien donner, il est inutile de passer aux systèmes. Ceux-ci se trouveront, de fait, jugés : les plus beaux seront les plus absurdes.

Je commence par l'Association.

Si je ne voulais que flagorner le prolétariat, la recette ne serait pas difficile. Au lieu d'une critique du principe sociétaire, je ferais un panégyrique des sociétés ouvrières ; j'exalterais leurs vertus, leur constance, leurs sacrifices, leur esprit de charité, leur merveilleuse intelligence ; je célébrerais les miracles de leur dévouement, je préconiserais leurs triomphes. Que n'aurais-je point à dire sur ce sujet, cher à tous les cœurs démocrates ? Les sociétés ouvrières ne servent-elles pas en ce moment de berceau à la révolution sociale, comme les communautés évangéliques servirent jadis de berceau à la catholicité ? ne sont-elles pas l'école toujours ouverte, à la fois théorique et pratique, où l'ouvrier apprend la science de la production et de la distribution des richesses ; où il étudie, sans livres et sans maîtres, d'après sa seule expérience, les lois de cette organisation industrielle, but final de la révolution de 89, que n'entrevirent seulement pas nos plus grands et nos plus fameux révolutionnaires ? Quel texte, pour moi, aux manifestations d'une sympathie facile, qui pour être toujours sincère, je le suppose, n'en est pas pour cela plus désintéressée ! Avec quel orgueil je rappellerais que moi aussi j'ai voulu fonder une association, plus qu'une association, l'agence centrale, l'organe circulatoire des associations ouvrières ! Et comme je maudirais ce gouvernement, qui, sur un budget de 1500 millions, ne trouve pas un centime dont il puisse disposer en faveur des pauvres travailleurs !…

J'ai mieux que cela à offrir aux associations. Je suis convaincu qu'à cette heure elles donneraient cent compliments pour une idée, et ce sont des idées que je leur apporte. Je refuserais leurs suffrages, si je ne devais les obtenir que par des flatteries. Que ceux de leurs membres qui liront ces pages daignent seulement se souvenir qu'en traitant de l'association, c'est un principe, moins que cela, une hypothèse que je discute ; ce n'est point telle ou telle entreprise qui, malgré son titre, n'en est nullement responsable, et dont le succès, en fait, n'en dépend pas. Je parle de l'Association, non des associations, quelles qu'elles soient.

J'ai toujours regardé l'Association en général, la fraternité, comme un engagement équivoque, qui, de même que le plaisir, l'amour, et beaucoup d'autres choses, sous l'apparence la plus séduisante, renferme plus de mal que de bien. C'est peut-être un effet du tempérament que j'ai reçu de la nature : je me méfie de la fraternité à l'égal de la volupté. J'ai vu peu d'hommes se louer de l'une et de

TROISIÈME ÉTUDE

l'autre. En particulier, l'Association présentée comme institution universelle, principe, moyen et but de la Révolution, me paraît cacher une arrière-pensée d'exploitation et de despotisme. J'y vois une inspiration du régime gouvernemental, restauré en 91, renforcé en 93, perfectionné en 1804, érigé en dogme et en système de 1814 à 1830, et reproduit dans ces derniers temps., sous le nom de *gouvernement direct,* avec un entraînement qui montre bien jusqu'où va parmi nous l'illusion des esprits.

Appliquons le *critérium.*

Que veut aujourd'hui la société ?

Que son inclination au péché et à la misère devienne un mouvement vers le bien-être et la vertu.

Que faut-il pour opérer ce changement ?

Rétablir l'équilibre dans les forces économiques.

L'association est-elle l'équilibre de forces ?

Non.

L'Association est-elle seulement une force ?

Non.

Qu'est-ce donc que l'Association ?

Un *dogme.*

L'Association est si bien, aux yeux de ceux qui la proposent comme expédient révolutionnaire, un *dogme,* quelque chose d'arrêté, de complet, d'absolu, d'immuable, que tous ceux qui ont donné dans cette utopie ont abouti, sans exception, à un SYSTÈME. En faisant rayonner une idée fixe sur les diverses parties du corps social, ils devaient arriver, et ils sont arrivés en effet, à reconstruire la société sur un plan imaginaire, à peu près comme cet astronome qui, par respect pour ses calculs, refaisait le système du monde.

Ainsi l'école saint simonienne, dépassant la donnée de son fondateur, a produit un système ; Fourier, un système ; Owen, un système ; Cabet, un système ; Pierre Leroux, un système ; Louis Blanc, un système : comme Babœuf, Morelly, Thomas Morus, Campanella, Platon, et autres, leurs devanciers, partis chacun d'un principe unique, avaient enfanté des systèmes. Et tous ces systèmes, exclusifs les uns des autres, le sont également du progrès. Périsse l'humanité plutôt que le principe ! c'est la devise des utopistes

Pierre-Joseph Proudhon

comme des fanatiques de tous les siècles.

Le socialisme, interprété de la sorte, est devenu une religion, qui aurait pu, il y a cinq ou six cents ans, passer pour un progrès sur le catholicisme, mais qui au dix-neuvième siècle est ce qu'il y a de moins révolutionnaire.

Non, l'Association n'est point un principe directeur, pas plus qu'une force industrielle ; l'Association, par elle-même, n'a aucune vertu organique ou productrice, rien, enfin, qui, à l'exemple de la division du travail, de la concurrence, etc., rende le travailleur plus expéditif et plus fort, diminue les frais de production, tire d'éléments moindres une valeur plus considérable, ou qui, à l'exemple de la hiérarchie administrative, offre une velléité d'harmonie et d'ordre.

Pour justifier cette proposition, j'ai besoin de citer d'abord quelques faits, à titre d'exemples. Je prouverai ensuite, d'une part, que l'Association n'est point une force industrielle ; en second lieu, et comme corollaire, qu'elle n'est point un principe d'ordre.

J'ai prouvé quelque part, dans les *Confessions d'un révolutionnaire*, que le commerce, indépendamment du service rendu par le fait matériel du transport, est par lui-même une excitation directe à la consommation, partant une cause de production, un principe de création des valeurs. Cela peut sembler au premier abord paradoxal, mais cela est démontré par l'analyse économique : l'acte métaphysique de l'échange, aussi bien que le travail, mais d'une autre manière que le travail, est producteur de réalité et de richesse. Au reste, cette assertion n'aura plus rien qui étonne, si l'on réfléchit que production ou création ne signifie que changement de formes, et qu'en conséquence les forces créatrices, le travail lui-même, sont immatérielles. Aussi c'est à juste titre que le commerçant, enrichi par des spéculations réelles, dépouillées de tout agiotage, jouit de sa fortune acquise : cette fortune est aussi légitime que celle que le travail a produite. Et l'antiquité païenne, de même que l'Église, a flétri injustement le commerce, sous prétexte que ses bénéfices n'étaient pas la rémunération d'un service positif. L'échange, encore une fois, cette opération purement morale, qui s'accomplit par le consentement réciproque des parties, abstraction faite du voiturage et des distances, n'est pas seulement une transposition ou substitution, c'est aussi une création.

TROISIÈME ÉTUDE

Le commerce donc étant par lui-même producteur d'utilité, les hommes dans tous les temps s'y sont livrés avec ardeur : pas n'eut besoin le législateur d'en prêcher le mérite et d'en recommander la pratique. Supposons, ce qui n'est pas absolument absurde, que le commerce n'existât point ; qu'avec nos immenses moyens d'exécution industrielle, nous n'eussions aucune idée de l'échange : on conçoit qu'alors celui qui viendrait apprendre aux hommes à permuter leurs produits et commercer entre eux, leur rendrait un service immense. L'histoire de l'humanité ne fait mention d'aucun révolutionnaire qui pût être comparé à celui-là. Les hommes divins qui jadis inventèrent la charrue, la vigne, le blé, n'eussent été rien auprès de celui qui, en ce moment, inventerait le commerce.

Autre exemple.

L'union des forces, qu'il ne faut pas confondre avec l'association, ainsi que nous le montrerons tout à l'heure, est également, comme le travail et l'échange, productive de richesse. C'est une puissance économique dont j'ai, je crois, le premier fait ressortir l'importance, dans mon premier mémoire sur la *Propriété*. Cent hommes, unissant ou combinant leurs efforts, produisent, en certains cas, non pas cent fois comme un, mais deux cents fois, trois cents fois, mille fois. C'est ce que j'ai nommé *force collective*. J'ai même tiré de ce fait un argument, resté comme tant d'autres sans réponse, contre certains cas d'appropriation : c'est qu'il ne suffit plus alors de payer simplement le salaire à un nombre donné d'ouvriers pour acquérir légitimement leur produit : il faudrait payer ce salaire double, triple, décuple, ou bien rendre à chacun d'eux tour à tour un service analogue.

La force collective, voilà donc encore un principe qui, dans sa nudité métaphysique, n'en est pas moins producteur de richesse. Aussi le trouve-t-on appliqué dans tous les cas où le travail individuel, répété autant de fois qu'on voudra, resterait impuissant. Aucune loi, cependant, ne prescrit cette application. Il est même à remarquer que les utopistes sociétaires n'ont nullement songé à s'en prévaloir. C'est qu'en effet la force collective est un acte impersonnel ; l'association un engagement volontaire ; entre l'un et l'autre il peut y avoir rencontre, il n'y a pas identité.

Supposons encore, comme dans le cas précédent, que la société travailleuse ne se compose que d'ouvriers isolés, ne sachant point à l'occasion combiner et masser leurs moyens : l'industriel qui viendrait tout à coup leur apprendre ce secret, ferait plus à lui seul pour le progrès des richesses que la vapeur et les machines, puisque seul il rendrait possible l'emploi des machines et de la vapeur. Ce serait un des plus grands bienfaiteurs de l'humanité, un révolutionnaire véritablement hors ligne.

Je passe sur d'autres faits de même nature, que je pourrais également citer, tels que la concurrence, la division du travail, la propriété, etc., et qui tous constituent ce que j'appelle des *forces économiques*, des principes producteurs de réalité. On trouvera au long la description de ces forces dans les ouvrages des économistes, qui, avec leur absurde dédain de la métaphysique, ont démontré, sans s'en douter, par la théorie des forces industrielles, le dogme fondamental de la théologie chrétienne, la création *de nihilo*.

Il s'agit maintenant de savoir si l'Association est une de ces forces, essentiellement immatérielles, qui, par leur action, deviennent productives d'utilité et source de bien-être ; car il est évident que ce n'est qu'à cette condition que le principe sociétaire, — je ne fais ici aucune distinction d'écoles, — peut se produire comme solution du problème du prolétariat.

L'Association, en un mot, est-elle une puissance économique ? Voilà quelque vingt ans qu'on la préconise, qu'on en annonce merveilles. Comment se fait-il que personne n'en démontre l'efficacité ? L'efficacité de l'Association serait-elle, par hasard, plus difficile à démontrer que celle du commerce, celle du crédit, ou de la division du travail ?

Je réponds, quant à moi, catégoriquement : Non, l'Association n'est point une force économique. L'Association est de sa nature stérile, nuisible même, car elle est une entrave à la liberté du travailleur. Les auteurs responsables des utopies fraternitaires, auxquelles tant de gens se laissent encore séduire, ont attribué sans motif, sans preuves, au *contrat de société*, une vertu et une efficacité qui n'appartient qu'à la force collective, à la division du travail, ou à l'échange. Le public n'a point aperçu la confusion : de là, le hasard des constitutions de sociétés, leurs fortunes si diverses, et les incertitudes de l'opinion.

TROISIÈME ÉTUDE

Lorsqu'une société, industrielle ou commerciale, a pour but, soit de mettre en œuvre une des grandes forces économiques, soit d'exploiter un fonds dont la nature exige qu'il reste indivis, un monopole, une clientèle : la société formée pour cet objet peut avoir un résultat prospère ; mais ce résultat elle ne le crée pas en vertu de son *principe*, elle le doit à ses *moyens*. Cela est si vrai, que toutes les fois que le même résultat peut être obtenu sans association, on préfère ne pas s'associer. L'association est un lien qui répugne naturellement à la liberté, et auquel on ne consent à se soumettre qu'autant qu'on y trouve une indemnité suffisante, en sorte qu'on peut opposer à toutes les utopies sociétaires cette règle pratique : Ce n'est jamais que malgré lui, et parce qu'il ne peut faire autrement, que l'homme s'associe.

Distinguons donc entre le *principe* d'association, et les *moyens*, variables à l'infini, dont une société, par l'effet de circonstances extérieures, étrangères à sa nature, dispose, et parmi lesquels je range au premier rang les forces économiques. — Le *principe*, c'est ce qui ferait fuir l'entreprise, si l'on n'y trouvait pas d'autre motif ; les *moyens*, c'est ce qui fait qu'on s'y résout, dans l'espoir d'obtenir, par un sacrifice d'indépendance, un avantage de richesse.

Examinons, en effet, ce principe : nous viendrons ensuite aux moyens.

Qui dit association, dit nécessairement solidarité, responsabilité commune, fusion, vis-à-vis des tiers, des droits et des devoirs. C'est bien ainsi que l'entendent toutes les sociétés fraternitaires, et même les harmoniennes, malgré leur rêve de *concurrence émulative*.

Dans l'association, qui fait ce qu'il peut fait ce qu'il doit : pour l'associé faible ou paresseux, et pour celui-là seulement, on peut dire que l'association est productive d'utilité. De là l'égalité des salaires, loi suprême de l'association.

Dans l'association tous répondent pour tous : le plus petit est autant que le plus grand ; le dernier venu a le même droit que le plus ancien. L'association efface toutes les fautes, nivelle toutes les inégalités : de là, la solidarité de la maladresse comme de l'incapacité.

La formule de l'association est donc celle-ci, c'est Louis Blanc qui l'a donnée :

De chacun suivant ses facultés,

À chacun suivant ses besoins.

Le Code, dans ses diverses définitions de la société civile et commerciale, est d'accord avec l'orateur du Luxembourg : toute dérogation à ce principe est un retour à l'individualisme.

Ainsi expliquée par les socialistes et les juristes, l'Association peut-elle se généraliser, devenir la loi universelle et supérieure, le droit public et civil de toute une nation, de l'humanité elle-même ?

Telle est la question posée par les diverses écoles sociétaires, qui, tout en variant leur réglementation, se prononcent toutes, à l'unanimité, pour l'affirmative.

Et c'est à cela que je réponds : Non, le contrat d'association, sous quelque forme que ce soit, ne peut jamais devenir la loi universelle, parce qu'étant de sa nature improductif et gênant, applicable seulement dans des conditions toutes spéciales, ses inconvénients croissant beaucoup plus vite que ses avantages, il répugne également et à l'économie du travail, et à la liberté du travailleur. D'où je conclus qu'une même société ne saurait embrasser jamais ni tous les ouvriers d'une même industrie, ni toutes les corporations industrielles, ni à plus forte raison, une nation de 36 millions d'hommes ; partant, que le principe sociétaire ne contient pas la solution demandée.

J'ajoute que l'association, non-seulement n'est pas une force économique, mais qu'elle n'est applicable que dans des conditions spéciales, dépendantes de ses *moyens*. Il est facile de se rendre compte aujourd'hui, par les faits, de cette seconde proposition, et par là de déterminer le rôle de l'association au dix-neuvième siècle.

Le caractère fondamental de l'association, avons-nous dit, est la solidarité.

Or, quelle raison peut conduire des ouvriers à se rendre solidaires les uns des autres, à aliéner leur indépendance, à se placer sous la loi absolue d'un contrat, et qui pis est d'un gérant ?

Cette raison peut être très-diverse ; mais toujours elle est objective, extérieure à la société.

On s'associe, tantôt pour conserver une clientèle, formée d'abord par un entrepreneur unique, mais que les héritiers risqueraient de perdre en se séparant ; — tantôt pour exploiter en commun une industrie, un brevet, un privilége, etc., qu'il n'est pas possible de faire valoir autrement, ou qui rendrait moins à chacun s'il tombait dans la concurrence ; tantôt par l'impossibilité d'obtenir autrement le capital nécessaire ; tantôt, enfin, pour niveler et répartir des chances de perte par naufrage, incendie, services répugnants et pénibles, etc.

Allez au fond, et vous trouverez que toute société qui prospère le doit à une cause objective, qui lui est étrangère et ne tient nullement à son essence : sans cela, je le répète, la société, quelque savamment organisée qu'elle fût, ne vivrait pas.

Ainsi, dans le premier des cas que nous venons de signaler, la société a pour but d'exploiter une vieille réputation, qui fait seule le plus clair de ses bénéfices ; dans le second, elle est fondée sur un monopole, c'est-à-dire sur ce qu'il y a de plus exclusif et anti-social ; dans le troisième, la commandite, c'est une force économique que la société met en action, soit la force collective, soit la division du travail ; dans le quatrième, la société se confond avec l'assurance : c'est un contrat aléatoire, inventé précisément pour suppléer à l'absence ou à l'inertie de la fraternité.

Dans aucune de ces circonstances, on ne voit la société subsister par la vertu de son principe ; elle dépend de ses moyens, d'une cause externe. Or, c'est un principe premier, vivifiant, efficace, qu'on nous a promis, et dont nous avons besoin.

On s'associe encore pour l'économie de consommation, afin d'éviter le préjudice des achats au détail. C'est le moyen que conseille M. Rossi aux petits ménages, à qui leurs ressources ne permettent pas d'acheter en gros. Mais cette espèce d'association, qui est celle des acheteurs de viande à la criée, témoigne contre le principe. Donnez au producteur, par l'échange de ses produits, la facilité de s'approvisionner en gros ; ou ce qui revient au même, organisez le commerce de détail dans des conditions qui lui laissent à peu de chose près les mêmes avantages de bon marché qu'à la vente en gros, et l'association devient inutile. Les gens aisés n'ont pas besoin d'entrer dans ces groupes : ils y trouveraient plus d'ennui que de profit.

Et remarquez encore qu'en toute société ainsi constituée sur une base positive, la solidarité du contrat ne s'étend jamais au delà du strict nécessaire. Les associés répondent l'un pour l'autre devant les tiers et devant la justice, oui, mais seulement en ce qui concerne les affaires de la société ; hors de là ils restent insolidaires. C'est d'après cette règle que plusieurs associations ouvrières de Paris, qui d'abord avaient voulu, par excès de dévouement, enchérir sur l'usage et s'étaient constituées d'après le principe de l'égalité des salaires, ont été forcées d'y renoncer. Partout aujourd'hui les associés sont à leurs *pièces,* en sorte que là où la mise sociale consiste surtout en travail, chacun étant rémunéré, en salaire et bénéfice, au prorata de son produit, l'association ouvrière n'est pas autre chose que la contre-partie de la commandite : c'est une commandite où la mise de fonds, au lieu de consister en argent, est faite en travail, ce qui est la négation de la fraternité même. Dans toute association, en un mot, les associés, en cherchant par l'union des forces et des capitaux certains avantages dont ils n'espèrent pas jouir sans cela, s'arrangent pour avoir le moins de solidarité et le plus d'indépendance possible. Cela est-il clair ? et n'est-ce pas le cas de s'écrier, comme saint Thomas : *Conclusum est adversùs manichœos ?*

Oui, l'association, formée spécialement en vue du lien de famille et de la loi de dévouement, et en dehors de toute considération économique extérieure, de tout intérêt prépondérant, l'association pour elle-même, enfin, est un acte de pure religion, un lien surnaturel, sans valeur positive, un mythe.

C'est ce qui devient surtout frappant à l'examen des diverses théories d'associations proposées à l'acceptation des adeptes.

Fourier, par exemple, et après lui Pierre Leroux, assurent que si les travailleurs se groupent d'après certaines affinités organiques et mentales dont ils donnent les caractères, ils croîtront, par cela seul, en énergie et capacité ; que l'élan du travailleur, si pénible en l'état ordinaire, deviendra allègre et joyeux ; que le produit, tant individuel que collectif, sera de beaucoup augmenté ; qu'en cela consiste la vertu productrice de l'association, qui pourrait dès lors figurer au rang des forces économiques. Le *travail attrayant* est la formule convenue pour désigner ce résultat merveilleux de l'association. C'est tout autre chose, comme l'on voit, que le *dévouement,* auquel s'arrêtent si piteusement les théories de Louis Blanc et de Cabet.

TROISIÈME ÉTUDE

J'ose dire que les deux éminents socialistes, Fourier et Pierre Leroux, ont pris leur symbolique pour une réalité. D'abord, on n'a jamais vu cette force sociétaire, cet analogue de la force collective et de la division du travail, en exercice nulle part ; les inventeurs eux-mêmes, et leurs disciples qui en ont tant parlé, sont encore à faire leur première expérience. D'autre part, la plus légère connaissance des principes de l'économie politique et de la psycologie suffit à faire comprendre qu'il ne peut y avoir rien de commun entre une excitation de l'âme, telle que la gaieté du compagnonnage, le chant de manœuvre des rameurs, etc., et une force industrielle. Ces manifestations seraient même, le plus souvent, contraires à la gravité, à la taciturnité du travail. Le travail est, avec l'amour, la fonction la plus secrète, la plus sacrée de l'homme : il se fortifie par la solitude, il se décompose par la prostitution.

Mais abstraction faite de ces considérations psychiques et de l'absence de toute donnée expérimentale, qui ne voit que ce que les deux auteurs ont cru découvrir, après tant de profondes recherches, l'un dans la *Série de groupes contrastés,* l'autre dans la *Triade,* n'est autre chose que l'expression mystique et apocalyptique de ce qui a existé de tout temps dans la pratique industrielle : la*division du travail,* la *force collective,* la *concurrence,* l'*échange,* le *crédit,* la*propriété* même et la *liberté ?* Qui ne voit qu'il en est des utopistes anciens et modernes comme des théologiens de toutes les religions ? Tandis que ceux-ci, dans leurs mystères, ne faisaient autre chose que raconter les lois de la philosophie et du progrès humanitaire, ceux-là, dans leurs thèses philanthropiques, rêvent sans le savoir les grandes lois de l'économie sociale. Or, ces lois, ces puissances de la production qui doivent sauver l'homme de la pauvreté et du vice, je viens de les citer pour la plupart. Voilà les vraies forces économiques, principes immatériels de toute richesse, qui, sans enchaîner l'homme à l'homme, laissent au producteur la plus entière liberté, allègent le travail, le passionnent, doublent son produit, créent entre les hommes une solidarité qui n'a rien de personnel, et les unissent par des liens plus forts que toutes les combinaisons sympathiques et tous les contrats.

Les merveilles annoncées par les deux révélateurs sont connues depuis des siècles. Cette grâce *efficace* dont l'organisateur de la série avait eu la vision ; ce don du divin amour que le disciple de

Saint-Simon promet à ses ternaires, nous pouvons en observer l'influence, toute corrompue qu'elle soit, tout anarchique que les révolutionnaires de 89 et 93 nous l'aient laissée, nous pouvons en suivre l'oscillation à la Bourse et dans nos marchés. Que les utopistes se réveillent donc une fois de leurs sentimentales extases, qu'ils daignent regarder ce qui se passe autour d'eux ; qu'ils lisent, écoutent, expérimentent, ils verront que ce qu'ils attribuent avec tant d'enthousiasme, l'un à la série, l'autre à la trinité, ceux-là au dévouement, n'est autre chose que le produit des forces économiques analysées par Adam Smith et ses successeurs.

Comme c'est surtout dans l'intérêt de la classe travailleuse que je suis entré dans cette discussion, je ne finirai pas sans dire quelque chose encore des associations ouvrières, des résultats qu'elles ont obtenus, du rôle qu'elles ont à jouer dans la Révolution.

Ces sociétés ont été formées, en grande majorité, d'hommes imbus des théories fraternitaires, et convaincus, bien qu'ils ne s'en rendissent pas compte, de l'efficacité économique du principe. Généralement, elles ont été sympathiquement accueillies ; elles ont joui de la faveur républicaine qui leur a valu à toutes, dès l'abord, un commencement de clientèle ; la réclame dans les journaux ne leur a pas non plus manqué : tous éléments de succès dont on n'a pas assez tenu compte, mais parfaitement étrangers au principe.

Maintenant, où en est l'expérience ?

Parmi ces sociétés, bon nombre se soutiennent et promettent de se développer encore : on sait pourquoi.

Les unes se sont composées des ouvriers les plus habiles dans la profession ; c'est le monopole du talent qui les fait aller.

D'autres ont attiré et conservent la clientèle par le bon marché ; c'est la concurrence qui les fait vivre.

Je ne parle pas de celles qui ont obtenu des commandes et un crédit de l'État : encouragement purement gratuit.

Généralement, enfin, dans toutes ces associations, les ouvriers, pour se passer des intermédiaires, commissionnaires, entrepreneurs, capitalistes, etc., qui, dans l'ancien état de choses, s'interposent entre le producteur et le consommateur, ont dû travailler un peu plus, se contenter d'un moindre salaire. Il n'y a rien là que de fort ordinaire en économie politique et qui, pour

TROISIÈME ÉTUDE

être obtenu, n'avait, comme je le montrais tout à l'heure, nul besoin d'association.

Assurément, les membres de ces sociétés sont remplis les uns à l'égard des autres et vis-à-vis du public, des sentiments les plus fraternels. Mais qu'ils disent si cette fraternité, loin d'être la cause de leur succès, n'a pas sa source, au contraire, dans la justice sévère qui règne dans leurs rapports mutuels ; qu'ils disent ce qu'ils deviendraient s'ils ne trouvaient pas ailleurs que dans la charité qui les anime, et qui n'est autre que le ciment de l'édifice dont le travail et les forces qui le multiplient sont les pierres, la garantie de leur entreprise ?

Quant aux sociétés qui n'ont pour se soutenir que la vertu problématique de l'association, et dont l'industrie peut s'exercer privativement, sans réunion d'ouvriers, elles ont une peine infinie à marcher, et ce n'est que par des efforts de dévouement, des sacrifices continuels, une résignation sans bornes, qu'elles parviennent à conjurer le vide de leur constitution.

On cite, comme exemple d'un rapide succès, les associations pour la boucherie, dont la vogue s'étend aujourd'hui partout. Cet exemple, plus qu'aucun autre, montre jusqu'où va l'inattention du public et l'incorrection des idées.

Les boucheries soi-disant sociétaires n'ont de sociétaire que l'enseigne ; ce sont des *concurrences* suscitées à frais communs par des citoyens de tout état, contre le monopole des bouchers. C'est l'application telle quelle d'un nouveau principe, pour ne pas dire d'une nouvelle force économique, la *Réciprocité*,[1] quiconsiste en ce que les échangistes se garantissent l'un à l'autre, et irrévocablement, leurs produits au prix de revient.

Or, ce principe qui fait toute l'importance des boucheries dites sociétaires, est si peu de l'essence de l'association, que dans beaucoup de ces boucheries le service est fait par des ouvriers salariés, sous la direction d'un directeur, qui représente les commanditaires. Pour cet office, le premier boucher venu, sortant de la coalition, était

---

1 La réciprocité n'est pas la même chose que l'échange ; cependant elle tend à devenir de plus en plus la loi de l'échange et à se confondre avec lui. L'analyse scientifique de cette loi a été donnée pour la première fois dans une brochure, *Organisation du Crédit et de la Circulation* (Paris, 1848, Garnier frères) et la première application tentée par la *Banque du Peuple*.

Pierre-Joseph Proudhon

très-suffisant : on n'avait pas besoin de faire les frais d'un personnel nouveau, ainsi que d'un matériel.

Le principe de réciprocité sur lequel sont fondées les boucheries et épiceries sociétaires, tend maintenant à remplacer, comme élément organique, celui de fraternité dans les associations ouvrières. Voici comment la *République* du 20 avril 1851 rend compte d'une nouvelle société formée par des ouvriers tailleurs, la *Réciprocité* :

« Voici des ouvriers qui s'inscrivent en faux contre cette sentence de l'ancienne économie : *Point de capitaux, point de travail*, qui, si elle était fondée en principe, condamnerait à une servitude et une misère sans espoir et sans fin, l'innombrable classe de travailleurs qui, vivant au jour le jour, est dépourvue de tout capital. Ne pouvant admettre cette désespérante conclusion de la science officielle, et en interrogeant les lois rationnelles de la production des richesses et de la consommation, voilà que ces ouvriers ont trouvé que le capital dont on fait un élément générateur du travail, n'est réellement que d'une utilité conventionnelle ; que les seuls agents de la production étant l'intelligence et les bras de l'homme, il est dès lors possible d'organiser la production, d'assurer la circulation des produits et leur consommation normale, par le seul fait de la*communication directe des producteurs et des consommateurs,* appelés, par suite de la suppression d'un intermédiaire onéreux et de l'établissement de rapports nouveaux, à recueillir les bénéfices que s'attribue actuellement le capital, ce souverain dominateur du travail, de la vie et des besoins de tous.

» D'après cette théorie, l'émancipation des travailleurs est donc possible par la réunion en faisceau des forces individuelles et des besoins ; en d'autres termes, par *l'association des producteurs et des consommateurs,* qui, cessant d'avoir des intérêts contraires, échappent sans retour à la domination du capital.

» En effet, les besoins de la consommation étant permanents, que*producteurs et consommateurs* entrent en relation directe, s'associent, se créditent, et il est clair que la hausse ou la baisse, l'augmentation factice ou la dépréciation arbitraire que la spéculation fait subir au travail et à la production n'ont plus de raison d'être.

» C'est là l'idéal de la *Réciprocité*, et ce que ses fondateurs ont déjà

TROISIÈME ÉTUDE

réalisé dans la mesure de leur action, par la création de *bons,* dits *de consommation,* toujours échangeables en produits de l'association. Ainsi *commanditée par ceux qui la font travailler,* l'association livre ses produits *à prix de revient,* n'opérant d'autre prélèvement pour la rémunération de son travail, que le prix moyen de main-d'œuvre. C'est une solution rationnelle donnée par les fondateurs à toutes les grandes questions d'économie soulevées dans ces derniers temps, notamment à celles-ci :

» Abolition de l'exploitation sous toutes ses formes ;

» Annihilation graduelle et pacifique de l'action du capital ;

» *Création du crédit gratuit ;*

» Garantie et rétribution équitable du travail ;

» Émancipation du prolétariat. »

L'association des tailleurs est la première qui ait été fondée officiellement et pour ainsi dire scientifiquement sur une force économique restée jusqu'à ce jour obscure et inappliquée dans la routine commerciale. Or, il est évident que l'emploi de cette force ne constitue nullement un contrat de société, mais tout au plus un contrat d'échange, dans lequel le rapport synallagmatique ou de réciprocité entre le marchand et la clientèle, s'il n'est formellement exprimé, est au moins sous-entendu. Et quand l'auteur de l'article, ancien communiste, emploie le mot d'*association* pour désigner les rapports nouveaux que se propose de développer la *Réciprocité* entre les *producteurs* et les *consommateurs,* il est évident qu'il cède à d'anciennes préoccupations d'esprit, ou qu'il sacrifie à l'habitude.

Aussi, tout en faisant aux fondateurs de la *Réciprocité* les honneurs de ce grand principe, le collaborateur de la *République* aurait-il dû leur rappeler, pour leur gouverne, ces notions élémentaires dans leur propre théorie, c'est que l'obligation, essentiellement commutative et bilatérale de la part du producteur vis-à-vis du consommateur, de livrer ses produits à prix de revient, et qui constitue la nouvelle puissance économique, ne suffirait plus pour motiver une association de travailleurs, si la loi de réciprocité était universellement adoptée et mise en pratique ; qu'une société formée sur cette base unique a besoin, pour se soutenir, que la majorité, la méconnaissant, lui en laisse le bénéfice ; et que le jour où, par le consentement de tous les citoyens, la réciprocité deviendra une loi d'économie sociale, le premier venu non associé pouvant offrir au public les mêmes avantages que la société, et avec plus d'avantage encore puisqu'il n'aurait pas de frais généraux, la société sera sans objet.

Une autre association du même genre, dont le mécanisme se rapproche davantage de la formule élémentaire de la réciprocité, est la *Ménagère,* dont le même journal la *République* a rendu compte dans son numéro du 8 mai. Elle a pour but d'assurer aux consommateurs, à des prix réduits, en qualités supérieures, et sans aucune fraude, tous les objets de consommation. Il suffit pour en faire partie de verser la somme de *cinq francs* à titre de capital social, plus 50 centimes pour frais généraux d'administration. Les associés, remarquez ceci, *n'acceptent aucune charge, ne prennent aucun engagement,* n'ont d'autre obligation que de payer les objets qui leur sont fournis sur leur demande, et à domicile. L'agent général seul est responsable.

C'est toujours le même principe. Dans les boucheries sociétaires, la garantie de bon marché, qualité et poids, est obtenue par une commandite dont le résultat est de fonder une boucherie spéciale, dirigée *ad hoc* par un agent exprès, faisant fonction de patron et entrepreneur. Dans la *Ménagère,* c'est un entrepreneur général, représentant tous les genres de commerce possibles, qui se charge, moyennant 5 francs de souscription et 50 centimes de frais, de fournir tous les objets de consommation. Chez les tailleurs, il y a un rouage de plus, d'une grande portée, mais qui, dans l'état actuel des choses, n'ajoute guère à leurs avantages, c'est le *bon de consommation.* Supposons que tous les marchands, fabricants et industriels de la capitale prennent vis-à-vis du public, et les uns envers les autres, un engagement semblable à celui que les boucheries sociétaires, le fondateur de la *Ménagère,* les tailleurs de la *Réciprocité* prennent envers leurs clients, l'association serait alors universelle. Mais il est clair qu'une pareille association n'en serait pas une ; les mœurs commerciales seraient changées, voilà tout ; la réciprocité serait devenue une loi, et tout le monde serait libre, ni plus ni moins qu'auparavant.

Ainsi, bien que je sois loin de prétendre que l'association disparaisse jamais du système des transactions humaines, puisqu'au

TROISIÈME ÉTUDE

contraire j'admets des circonstances où elle est indispensable, je puis constater, sans craindre de démenti, que le principe sociétaire se démolit de jour en jour par sa pratique même ; et tandis qu'il y a trois ans à peine les ouvriers tendaient tous à l'association fraternelle, ils convergent aujourd'hui vers un système de garanties qui, une fois réalisées, rendra dans une foule de cas l'association superflue, en même temps, notons ce point, qu'il la réclamera pour d'autres. Au fond, les associations existantes n'ont d'autre but, en formant une masse inéluctable de producteurs et de consommateurs en rapport direct, que d'amener ce résultat.

Que si l'association n'est point une force productrice, si tout au contraire elle constitue pour le travail une condition onéreuse dont il tend naturellement à se délivrer, il est clair que l'association ne peut pas être davantage considérée comme une loi organique ; que loin d'assurer l'équilibre, elle tendrait plutôt à détruire l'harmonie, en imposant à tous, au lieu de la justice, au lieu de la responsabilité individuelle, la solidarité. Ce n'est donc plus au point de vue du droit et comme élément scientifique qu'elle peut se soutenir ; c'est comme sentiment, comme précepte mystique et d'institution divine.

Aussi les promoteurs quand même de l'association, sentant combien leur principe est stérile, antipathique à la liberté, combien peu par conséquent il peut être accepté comme formule souveraine de la Révolution, font-ils les plus incroyables efforts pour entretenir ce feu follet de la fraternité. Louis Blanc est allé jusqu'à retourner la devise républicaine, comme s'il eût voulu révolutionner la révolution. Il ne dit plus, comme tout le monde, et avec la tradition, *Liberté, Égalité, Fraternité,* il dit : *Égalité, Fraternité, Liberté !* C'est par l'Égalité que nous commençons aujourd'hui, c'est l'Égalité que nous devons prendre pour premier terme, c'est sur elle que nous devons bâtir l'édifice nouveau de la Révolution. Quant à la Liberté, elle se déduira de la Fraternité. Louis Blanc la promet après l'association, comme les prêtres promettent le paradis après la mort.

Je laisse à penser ce que peut être un socialisme qui joue ainsi aux transpositions de mots.

L'Égalité ! J'avais toujours cru qu'elle était le fruit naturel de la Liberté, qui elle au moins n'a besoin ni de théorie ni de contrainte. J'avais cru, dis-je, que c'était à l'organisation des forces économiques, la division du travail, la concurrence, le crédit, la réciprocité ; à l'éducation surtout, de faire naître l'Égalité. Louis Blanc a changé tout cela. Nouveau Sganarelle, il place l'Égalité à gauche, la Liberté à droite, la Fraternité entre deux, comme le Christ entre le bon et le mauvais larron. Nous cessons d'être libres, tels que nous fait la nature, pour devenir préalablement, par un coup d'État, ce que le travail seul peut nous faire, égaux ; après quoi nous redeviendrons plus ou moins libres, dans la mesure des convenances du Gouvernement.

De chacun, suivant sa capacité ;

À chacun, suivant ses besoins :

Ainsi le veut l'égalité, suivant Louis Blanc.

Plaignons les gens dont la capacité révolutionnaire se réduit, je demande grâce pour le calembour, à cette *casuistique !* Mais que cela ne nous retienne pas de les réfuter, parce que le royaume des innocents est à eux.

Rappelons encore une fois le principe. L'association est bien telle que la définit Louis Blanc, un contrat qui, en tout ou en partie (*Sociétés universelles et sociétés particulières,* Code civil, art. 1835), met de niveau les contractants, subordonne leur liberté au devoir social, les dépersonnalise, les traite à peu près comme M. Humann traitait les contribuables, quand il posait cet axiome : *Faire rendre à l'impôt tout ce qu'il peut rendre !...* Combien peut produire l'homme ? combien coûte-t-il à nourrir ? Telle est la question suprême qui résulte de la formule, comment dirai-je ? déclinatoire, — *De chacun...,* — *À chacun...* — par laquelle Louis Blanc résume les droits et les devoirs de l'associé.

Donc, qui fera l'évaluation de la capacité ? qui sera juge du besoin ?

Vous dites que ma capacité est 100 ; je soutiens qu'elle n'est que 90. Vous ajoutez que mon besoin est 90 ; j'affirme qu'il est 100. Nous sommes en différence de 20 tant sur le besoin que sur la capacité. C'est, en d'autres termes, le débat si connu de l'*offre* et de la *demande.* Qui jugera entre la société et moi ?

Si la société veut faire prévaloir, malgré ma protestation, son sentiment, je la quitte, et tout est dit. La société finit faute d'associés.

TROISIÈME ÉTUDE

Si, recourant à la force, elle prétend me contraindre ; si elle m'impose le sacrifice et le dévouement, je lui dis : Hypocrite ! vous avez promis de me délivrer de l'exploitation du capital et du pouvoir, et voici qu'au nom de l'égalité et de la fraternité, à votre tour vous m'exploitez. Autrefois, pour me voler, on surfaisait aussi ma capacité, on atténuait mes besoins. On me disait que le produit me coûtait si peu ! qu'il me fallait pour vivre si peu de chose ! Vous agissez de même. Quelle différence y a-t-il donc entre la fraternité et le salariat ?

De deux choses l'une : ou l'association sera forcée, dans ce cas c'est l'esclavage ; ou elle sera libre, et alors on se demande quelle garantie la société aura que l'associé travaille selon sa capacité, quelle garantie l'associé aura que l'association le rémunère suivant ses besoins ? N'est-il pas évident qu'un tel débat ne peut avoir qu'une solution ? c'est que le produit et le besoin soient considérés comme expressions adéquates, ce qui nous ramène purement et simplement au régime de la liberté.

Qu'on veuille donc y réfléchir. L'association n'est point une force économique : c'est exclusivement un lien de conscience, obligatoire au for intérieur, et de nul effet, ou plutôt d'un effet nuisible quant au travail et à la richesse. Et ce n'est point à l'aide d'une argumentation plus ou moins habile que je le prouve : c'est le résultat de la pratique industrielle, depuis l'origine des sociétés. La postérité ne comprendra pas qu'en un siècle novateur des écrivains, réputés les premiers pour l'intelligence des choses sociales, aient fait tant de bruit d'un principe tout à fait subjectif, dont le fond et le tréfond ont été explorés par toutes les générations du globe.

Sur une population de 36 millions d'hommes, il y en a 24 millions au moins occupés de travaux agricoles. Ceux-là, vous ne les associerez jamais. À quoi bon ? Le travail des champs n'a pas besoin de la chorégraphie sociétaire, et l'âme du paysan y répugne. Le paysan, qu'on se le rappelle, a applaudi à la répression de juin 1848, parce qu'il a vu dans cette répression un acte de la liberté contre le communisme.

Sur les 12 millions de citoyens restants, 6 au moins, fabricants, artisans, employés, fonctionnaires, pour qui l'association est sans objet, sans profit, sans attrait, préféreront toujours demeurer libres.

Pierre-Joseph Proudhon

C'est donc six millions d'âmes, composant en partie la classe salariée, que leur condition actuelle pourrait engager dans les sociétés ouvrières, sans autre examen, et sur la foi des promesses. À ces six millions de personnes, pères, mères, enfants, vieillards, j'ose dire par avance, qu'elles ne tarderaient pas à s'affranchir de leur joug volontaire, si la Révolution ne leur fournissait des motifs plus sérieux, plus réels de s'associer, que ceux qu'elles s'imaginent apercevoir dans le principe, et dont j'ai démontré le néant.

Oui, l'association a son emploi dans l'économie des peuples ; oui, les Compagnies ouvrières, protestation contre le salariat, affirmation de la réciprocité, à ce double titre déjà si pleines d'espoir, sont appelées à jouer un rôle considérable dans notre prochain avenir. Ce rôle consistera surtout dans la gestion des grands instruments du travail et l'exécution de certains labeurs, qui, demandant à la fois une grande division des fonctions, une grande force de collectivité, seraient autant de pépinières du prolétariat, si l'on n'y appliquait l'association, ou pour mieux dire, la participation. Tels sont, entre autres, les chemins de fer.

Mais l'association, en elle-même, ne résout point le problème révolutionnaire. Loin de là, elle se présente elle-même comme un problème, dont la solution implique que les associés jouissent de toute leur indépendance en conservant tous les avantages de l'union : ce qui veut dire que la meilleure des associations est celle où, grâce à une organisation supérieure, la liberté entre le plus, et le dévouement le moins.

C'est pour cela que les associations ouvrières, aujourd'hui presque entièrement transformées, quant aux principes qui les dirigent, ne doivent point être jugées d'après les résultats plus ou moins heureux qu'elles obtiennent, mais uniquement d'après leur tendance secrète, qui est d'affirmer et de procurer la république sociale. Que les ouvriers le sachent ou l'ignorent, ce n'est point dans leurs petits intérêts de société que gît l'importance de leur œuvre ; c'est dans la négation du régime capitaliste, agioteur et gouvernemental, qu'a laissé après elle la première révolution. Plus tard, le mensonge politique, l'anarchie mercantile et la féodalité financière vaincues, les compagnies de travailleurs, abandonnant l'article de Paris et les *bilboquets*, devront se reporter sur les grands départements de l'industrie, qui sont leur naturel apanage.

TROISIÈME ÉTUDE

Mais, comme disait un grand révolutionnaire, saint Paul, il faut que l'erreur ait son temps : *Oportet hœreses esse*. Il est à craindre que nous n'en ayons pas fini de sitôt avec les utopies sociétaires. L'association, pour une certaine classe de prédicants et de flâneurs, sera longtemps encore un prétexte d'agitation et un instrument de charlatanisme. Avec les ambitions qu'elle peut faire naître, l'envie qui se déguise sous son prétendu dévouement, les instincts de domination qu'elle réveille, elle sera longtemps encore une des préoccupations fâcheuses qui retardent parmi le peuple l'intelligence de la Révolution. Les sociétés ouvrières elles-mêmes, fières à juste titre de leurs premiers succès, entraînées par la concurrence qu'elles font aux anciens maîtres, enivrées des témoignages qui déjà saluent en elles une nouvelle puissance, ardentes comme le sont toutes les compagnies à établir leur prépondérance, avides de pouvoir, auront peine à s'abstenir de toute exagération et à rester dans les limites de leur rôle. Des prétentions exorbitantes, des coalitions gigantesques, irrationnelles, des fluctuations désastreuses, pourront se produire, qu'une connaissance supérieure des lois de l'économie sociale aurait prévenues.

À cet égard, une grave responsabilité pèsera, dans l'histoire, sur Louis Blanc. C'est lui qui, au Luxembourg, avec son logogriphe *Égalité-Fraternilé-Liberté,* avec ses abraxas *De chacun... À chacun...* a commencé cette opposition misérable de l'idéologie aux idées, et soulevé contre le socialisme le sens commun. Il s'est cru l'abeille de la révolution, il n'en a été que la cigale. Puisse-t-il enfin, après avoir empoisonné les ouvriers de ses formules absurdes, apporter à la cause du prolétariat, tombée un jour d'erreur en ses débiles mains, l'obole de son abstention et de son silence !

QUATRIÈME ÉTUDE

DU PRINCIPE D'AUTORITÉ.

Je prie le lecteur de me pardonner, si dans le cours de cette étude il m'échappe telle expression qui trahisse un sentiment d'amour-propre. J'ai le double malheur, sur cette grande question de l'autorité, d'être seul encore à affirmer d'une manière catégorique la Révolution ; par contre, de me voir attribuer des idées perverses, dont j'ai plus d'horreur que personne. Ce n'est pas ma faute si, en soutenant une thèse aussi magnifique, j'ai l'air de plaider une cause personnelle. Je ferai du moins en sorte, si je ne puis me défendre de quelque vivacité, que l'instruction du lecteur n'y perde rien. Aussi bien, notre esprit est fait de telle sorte que la lumière ne le saisit jamais mieux que lorsqu'elle jaillit du choc des idées. L'homme, dit Hobbes, est un animal de combat. C'est Dieu même qui, en nous mettant au monde, nous a donné ce précepte : *Croissez, multipliez, travaillez, et polémisez.*

Il y a quelque douze ans, force est bien que je le rappelle, m'occupant de recherches sur les fondements de la société, non point en vue d'éventualités politiques impossibles alors à prévoir, mais pour la seule et plus grande gloire de la philosophie, j'ai, pour la première fois, jeté dans le monde une négation qui depuis a obtenu un retentissement immense, la négation du Gouvernement et de la Propriété. D'autres, avant moi, par originalité, humorisme, recherche du paradoxe, avaient nié ces deux principes ; aucun n'avait fait de cette négation le sujet d'une critique sérieuse et de bonne foi. Un de nos plus aimables feuilletonnistes, M. Pelletan, prenant un jour, *motu proprio,* ma défense, n'en a pas moins fait à ses lecteurs cette singulière confidence, qu'en attaquant tantôt la propriété, tantôt le pouvoir, tantôt autre chose, je tirais des coups de fusil en l'air pour attirer sur moi l'attention des niais. M. Pelletan a été trop bon, vraiment, et je ne puis lui savoir aucun gré de son obligeance : il m'a pris pour un gent de lettres.

Il est temps que le public sache que la négation, en philosophie, en politique, en théologie, en histoire, est la condition préalable de l'affirmation. Tout progrès commence par une abolition, toute réforme s'appuie sur la dénonciation d'un abus, toute idée nouvelle repose sur l'insuffisance démontrée de l'ancienne. C'est ainsi que le christianisme, en niant la pluralité des dieux, en se faisant athée au point de vue des païens, a affirmé l'unité de Dieu, et de cette unité a déduit ensuite toute sa théologie. C'est ainsi que Luther, en niant à son tour l'autorité de l'Église, affirmait comme conséquence l'autorité de la raison, et posait la première pierre de la philosophie moderne. C'est ainsi que nos pères, les révolutionnaires de 89,

QUATRIÈME ÉTUDE

en niant le régime féodal, affirmèrent, sans la comprendre, la nécessité d'un régime différent, que notre époque a pour mission de faire apparaître. C'est ainsi enfin que moi-même, après avoir de nouveau,sous le regard de mes lecteurs, démontré l'illégitimité et l'impuissance du gouvernement comme principe d'ordre, je ferai surgir de cette négation l'idée mère, positive, qui doit conduire la civilisation à sa nouvelle forme.

Pour mieux expliquer encore ma position dans cette critique, je ferai une autre comparaison.

Il en est des idées comme des machines. Nul ne connaît l'inventeur des premiers outils, la houe, le râteau, la hache, le chariot, la charrue. On les trouve uniformément, dès la plus haute antiquité, chez toutes les nations du globe. Mais cette spontanéité ne se rencontre plus dans les instruments perfectionnés, la locomotive, le daguerréotype, l'art de diriger les aérostats, le télégraphe électrique. Le doigt de Dieu, si j'ose ainsi dire, n'est plus là : on connaît le nom des inventeurs, le jour de la première expérience ; il y a fallu le secours de la science joint à une longue pratique de l'industrie.

C'est ainsi que naissent et se développent les idées qui servent à la direction du genre humain. Les premières lui sont fournies par une intuition spontanée, immédiate, dont la priorité ne peut être revendiquée par personne. Mais vient le jour où ces données du sens commun ne suffisent plus à la vie collective ; alors le raisonnement, qui seul constate d'une manière authentique cette insuffisance, peut seul également y suppléer. Toutes les races ont produit et organisé en elles-mêmes, sans le secours d'initiateurs, les idées d'autorité, de propriété, de gouvernement, de justice, de culte. À présent que ces idées faiblissent, qu'une analyse méthodique, une enquête officielle, si j'ose ainsi dire, en a constaté, devant la société et devant la raison, l'insuffisance, il s'agit de savoir comment, par la science, nous suppléerons à des idées qui, selon la science, demeurent frappées de réprobation et sont déclarées invraies.

Celui-là donc qui, hautement, à la face du peuple, par une sorte d'acte extrajudiciaire, a posé le premier des conclusions motivées contre le gouvernement et l'ancienne propriété, celui-là, dis-je, s'est engagé à en exprimer ultérieurement de nouvelles en faveur d'une autre constitution sociale. J'essayerai la solution, comme j'ai jadis essayé la critique ; je yeux dire qu'après avoir donné à mes contemporains la conscience de leur propre misère, je tâcherai de leur expliquer le secret de leurs propres aspirations : car à Dieu ne plaise que je me pose ici en révélateur et que je prétende jamais avoir INVENTÉ UNE IDÉE ! Je vois, j'observe, et j'écris. Je puis dire comme le Psalmiste : *Credidi, propter quod locutus sum !*

Pourquoi faut-il qu'aux questions les plus nettes se mêle toujours un peu d'équivoque ?

La priorité des conceptions philosophiques, bien qu'elles se réduisent à de simples observations sur la nature de l'homme et la marche des sociétés, bien qu'elles ne soient susceptibles ni de trafic ni de brevet, n'en est pas moins, comme la priorité des inventions dans l'industrie, un objet d'émulation pour les esprits d'élite qui en connaissent la valeur et qui en recherchent la gloire. Là aussi, dans le domaine de la pensée pure comme dans celui de la mécanique appliquée aux arts, il y a des rivalités, des imitations, je dirais presque des contrefaçons, si je ne craignais de flétrir, par un terme aussi énergique, une ambition honorable, et qui atteste la supériorité de la génération actuelle. L'idée d'*anarchie* a eu cette chance. La négation du Gouvernement ayant été reproduite depuis Février avec une nouvelle instance et un certain succès, des hommes, notables dans le parti démocratique et socialiste, mais à qui l'idée anarchique inspirait quelque inquiétude, ont cru pouvoir s'emparer des considérations de la critique gouvernementale, et, sur ces considérations essentiellement négatives, restituer sous un nouveau titre, et avec quelques modifications, le principe qu'il s'agit précisément aujourd'hui de remplacer. Sans le vouloir, sans s'en douter, ces honorables citoyens se sont posés en contre-révolutionnaires ; car la contrefaçon, puisqu'enfin ce mot rend mieux qu'un autre mon idée, en matière politique et sociale, c'est la contre-révolution. Je le prouverai tout à l'heure. Ce sont ces restaurations de l'autorité, entreprises en concurrence de l'*anarchie,* qui ont récemment occupé le public sous les noms de *Législation directe, Gouvernement direct,* et dont les auteurs ou rééditeurs sont, en premier lieu, MM. Rittinghausen et Considérant, et plus tard M. Ledru-Rollin.

QUATRIÈME ÉTUDE

Suivant MM. Considérant et Rittinghausen, l'idée première du Gouvernement direct viendrait d'Allemagne ; quant à M. Ledru-Rollin, il n'a fait que la revendiquer, et sous bénéfice d'inventaire, pour notre première révolution ; on la trouve tout au long, cette idée, dans la Constitution de 93 et dans le Contrat social.

On comprend que si j'interviens à mon tour dans la discussion, ce n'est nullement pour réclamer une priorité que, dans les termes où la question a été posée, je repousse de toutes mes forces. Le *Gouvernement direct* et la*Législation directe* me paraissent les deux plus énormes bévues dont il ait été parlé dans les fastes de la politique et de la philosophie. Comment M. Rittinghausen, qui connaît à fond la philosophie allemande ; comment M. Considérant, qui écrivait, il y a dix ou quinze ans, une brochure sous ce titre :*Débâcle de la politique en France* ; comment M. Ledru-Rollin, qui, en se rattachant à la Constitution de 93, a fait de si généreux et si inutiles efforts pour la rendre praticable, et faire du Gouvernement direct une chose de sens commun ; comment, dis-je, ces messieurs n'ont-ils pas compris que les arguments dont ils se prévalent contre le gouvernement *indirect* n'ont de valeur qu'autant qu'ils s'appliquent aussi au gouvernement *direct* ; que leur critique n'est admissible qu'à la condition d'être absolue ; et qu'en s'arrêtant à moitié chemin, ils tombent dans la plus pitoyable des inconséquences ? Comment n'ont-ils pas vu, surtout, que leur prétendu gouvernement direct n'est autre chose que la réduction à l'absurde de l'idée gouvernementale, en sorte que si, par le progrès des idées et la complication des intérêts, la société est forcée d'abjurer aujourd'hui toute espèce de gouvernement, c'est justement parce que la seule forme de gouvernement qui ait une apparence rationnelle, libérale, égalitaire, le gouvernement direct, est impossible ?…

Entre-temps est arrivé M. de Girardin, qui, aspirant sans doute à une part d'invention, ou tout au moins de perfectionnement, a proposé cette formule :*Abolition de l'Autorité par la Simplification du Gouvernement*. Qu'allait donc faire M. de Girardin dans cette maudite galère ? Cet esprit, de tant de ressource, ne saura donc jamais se contenir ! Vous êtes trop prompt, M. de Girardin, vous n'engendrerez pas. L'Autorité est au Gouvernement ce que la pensée est à la parole, l'idée au fait, l'âme au corps. L'Autorité est le Gouvernement dans son principe, comme le Gouvernement est l'Autorité en exercice. Abolir l'un ou l'autre, si l'abolition est réelle, c'est les détruire à la fois ; par la même raison, conserver l'un ou l'autre, si la conservation est effective, c'est les maintenir tous deux.

Du reste, la simplification de M. de Girardin était depuis longtemps connue du public. C'est une combinaison de personnages empruntée à ce que les négociants appellent leur *Livre de caisse*. Il y a trois commis : le premier, qui s'appelle *Doit* ; le second, qui se nomme *Avoir* ; et le troisième, qui est *Balance*. Il n'y manque plus que le Patron, qui les fasse mouvoir et les dirige. M. de Girardin, dans une de ces mille idées que chaque jour son cerveau éjacule, sans pouvoir leur faire prendre racine, ne manquera pas sans doute d'en découvrir une pour remplir cette fonction indispensable de son gouvernement.

Il faut rendre justice au public. Ce qu'il a vu de plus clair en tout cela, c'est qu'avec ces belles inventions gouvernementales, *Gouvernement direct, Gouvernement simplifié, Législation directe, Constitution de 93*, le Gouvernement, quelconque, est bien malade, et s'incline de plus en plus vers l'*anarchie* : je permets à mes lecteurs d'interpréter ce mot en tel sens qu'il leur plaira. Que MM. Considérant et Rittinghausen poursuivent leurs recherches ; que M. Ledru-Rollin creuse plus à fond la Constitution de 93 ; que M. de Girardin ait plus de confiance en ses illuminations, et nous arrivons d'emblée à la négation pure. Cela fait, il ne restera plus, en opposant la négation à elle-même, comme disent les Allemands, qu'à trouver l'affirmation. Allons, novateurs ! moins de précipitation et plus d'audace ! Suivez cette lumière qui vous est au loin apparue ; vous êtes sur la limite de l'ancien et du nouveau Monde.

En mars et avril 1850, la Révolution a posé la question électorale en ces termes : *Monarchie ou République*. Les électeurs se sont prononcés pour la République : la Révolution a remporté la victoire.

Je me charge aujourd'hui de démontrer que le dilemme de 1850 n'a pas d'autre signification que celle-ci : *Gouvernement ou Non-gouvernement*. Réfutez ce dilemme, réactionnaires ; vous aurez frappé au cœur la Révolution.

Quant à la *Législation directe,* au *Gouvernement direct* et

QUATRIÈME ÉTUDE

au *Gouvernement simplifié,* je crois que leurs auteurs feront bien d'en donner au plus tôt leur désistement, pour peu qu'ils tiennent à leur considération de révolutionnaires et à l'estime des libres penseurs.

Je serai bref. Je sais que pour exposer, dans les formes, et avec tous les développements utiles, une question aussi grave, il y faudrait des volumes. Mais l'esprit du peuple est prompt au temps où nous sommes ; il comprend tout, devine tout, sait tout. Son expérience quotidienne, sa spontanéité intuitive lui tenant lieu de dialectique et d'érudition, il saisit, en quelques pages, ce qui, il n'y a pas plus de quatre ans, eût exigé pour des publicistes de profession un in-folio.

I. Négation traditionnelle du Gouvernement. — Émergence
de l'idée qui lui succède.

La forme sous laquelle les premiers hommes ont conçu l'ordre dans la Société, est la forme patriarcale ou hiérarchique, c'est-à-dire, en principe, l'Autorité, en action, le Gouvernement. La Justice, qui plus tard a été distinguée en distributive et commutative, ne leur est apparue d'abord que sous la première face : Un Supérieur rendant à des *Inférieurs* ce qui leur revient à chacun.

L'idée gouvernementale naquit donc des mœurs de famille et de l'expérience domestique : aucune protestation ne se produisit alors, le Gouvernement paraissant aussi naturel à la Société que la subordination entre le père et ses enfants. C'est pourquoi M. de Bonald a pu dire, avec raison, que la famille est l'embryon de l'État, dont elle reproduit les catégories essentielles : le roi dans le père, le ministre dans la mère, le sujet dans l'enfant. C'est pour cela aussi que les socialistes fraternitaires, qui prennent la famille pour élément de la Société, arrivent tous à la dictature, forme la plus exagérée du Gouvernement. L'administration de M. Cabet, dans ses états de Nauvoo, en est un bel exemple. Combien de temps encore nous faudra-t-il pour comprendre cette filiation d'idées ?

La conception primitive de l'ordre par le Gouvernement appartient à tous les peuples : et si, dès l'origine, les efforts qui ont été faits pour organiser, limiter, modifier l'action du pouvoir, l'approprier

Pierre-Joseph Proudhon

aux besoins généraux et aux circonstances, démontrent que la négation était impliquée dans l'affirmation, il est certain qu'aucune hypothèse rivale n'a été émise ; l'esprit est partout resté le même. À mesure que les nations sont sorties de l'état sauvage et barbare, on les a vues immédiatement s'engager dans la voie gouvernementale, parcourir un cercle d'institutions toujours les mêmes, et que tous les historiens et publicistes rangent sous ces catégories, succédanées l'une à l'autre, *Monarchie, Aristocratie, Démocratie.*

Mais voici qui est plus grave.

Le préjugé gouvernemental pénétrant au plus profond des consciences, frappant la raison de son moule, toute conception autre a été pendant longtemps rendue impossible, et les plus hardis parmi les penseurs en sont venus à dire que le Gouvernement était un fléau sans doute, un châtiment pour l'humanité, mais que c'était un mal nécessaire !…

Voilà pourquoi, jusqu'à nos jours, les révolutions les plus émancipatrices et toutes les effervescences de la liberté, ont abouti constamment à un acte de foi et de soumission au pouvoir ; pourquoi toutes les révolutions n'ont servi qu'à reconstituer la tyrannie : je n'en excepte pas plus la Constitution de 93 que celle de 1848, les deux expressions les plus avancées, cependant, de la démocratie française.

Ce qui a entretenu cette prédisposition mentale et rendu la fascination pendant si longtemps invincible, c'est que, par suite de l'analogie supposée entre la Société et la famille, le Gouvernement s'est toujours présenté aux esprits comme l'organe naturel de la justice, le protecteur du faible, le conservateur de la paix. Par cette attribution de providence et de haute garantie, le Gouvernement s'enracinait dans les cœurs autant que dans les intelligences ; il faisait partie de l'âme universelle ; il était la foi, la superstition intime, invincible des citoyens. Qu'il lui arrivât de faiblir, on disait de lui, comme de la Religion et de la Propriété : Ce n'est pas l'institution qui est mauvaise, c'est l'abus. Ce n'est pas le roi qui est méchant, ce sont ses ministres. *Ah ! si le roi savait !…*

Ainsi à la donnée hiérarchique et absolutiste d'une autorité gouvernante, s'ajoutait un idéal parlant à l'âme et conspirant incessamment contre l'instinct d'égalité et d'indépendance : tandis

QUATRIÈME ÉTUDE

que le peuple, à chaque révolution, croyait réformer, suivant les inspirations de son cœur, les vices de son Gouvernement, il était trahi par ses idées mêmes ; en croyant mettre le Pouvoir dans ses intérêts, il l'avait toujours, en réalité, contre soi ; au lieu d'un protecteur, il se donnait un tyran.

L'expérience montre, en effet, que partout et toujours le Gouvernement, quelque populaire qu'il ait été à son origine, s'est rangé du côté de la classe la plus éclairée et la plus riche contre la plus pauvre et la plus nombreuse ; qu'après s'être montré quelque temps libéral, il est devenu peu à peu exceptionnel, exclusif ; enfin, qu'au lieu de soutenir la liberté et l'égalité entre tous, il a travaillé obstinément à les détruire, en vertu de son inclination naturelle au privilége.

Nous avons montré, dans une autre étude, comment, depuis 1789, la révolution n'ayant rien fondé ; la société, suivant l'expression de M. Royer-Collard, ayant été laissée en poussière ; la distribution des fortunes abandonnée au hasard : le Gouvernement, dont la mission est de protéger les propriétés comme les personnes, se trouvait, de fait, institué pour les riches contre les pauvres. Qui ne voit maintenant que cette anomalie, qu'on a pu croire un moment propre à la constitution politique de notre pays, est commune à tous les gouvernements ? À aucune époque on n'a vu la propriété dépendre exclusivement du travail ; à aucune époque, le travail n'a été garanti par l'équilibre des forces économiques : sous ce rapport, la civilisation au dix-neuvième siècle n'est pas plus avancée que la barbarie des premiers âges. L'autorité, défendant des droits tellement quellement établis, protégeant des intérêts tellement quellement acquis, a donc toujours été pour la richesse contre l'infortune : l'histoire des gouvernements est le martyrologe du prolétariat.

C'est surtout dans la démocratie, dernier terme de l'évolution gouvernementale, qu'il faut étudier cette inévitable défection du pouvoir à la cause populaire.

Que fait le peuple, lorsque, fatigué de ses aristocrates, indigné de la corruption de ses princes, il proclame sa propre souveraineté, c'est-à-dire l'autorité de ses propres suffrages ?

Il se dit :

Pierre-Joseph Proudhon

Avant toutes choses, il faut de l'ordre dans une société.

Le gardien de cet ordre, qui doit être pour nous la liberté et l'égalité, c'est le Gouvernement.

Ayons donc sous la main le Gouvernement. Que la Constitution et les lois deviennent l'expression de notre volonté ; que fonctionnaires et magistrats, serviteurs élus par nous, toujours révocables, ne puissent jamais entreprendre autre chose que ce que le bon plaisir du peuple aura résolu. Nous sommes certains alors, si notre surveillance ne se relâche jamais, que le Gouvernement sera dévoué à nos intérêts ; qu'il ne servira pas seulement aux riches, ne sera plus la proie des ambitieux et des intrigants ; que les affaires marcheront à notre gré et pour notre avantage.

Ainsi raisonne la multitude à toutes les époques d'oppression. Raisonnement simple, d'une logique on ne peut plus terre à terre, et qui jamais ne manque son effet. Que cette multitude aille jusqu'à dire, avec MM. Considérant et Rittinghausen : Nos ennemis, ce sont nos commis ; donc gouvernons-nous nous-mêmes, et nous serons libres ; — l'argument n'aura pas changé. Le principe, à savoir le Gouvernement, étant demeuré le même, ce sera toujours la même conclusion.

Voilà quelques milliers d'années que cette théorie défraye les classes opprimées et les orateurs qui les défendent. Le gouvernement direct ne date ni de Francfort, ni de la Convention, ni de Rousseau : il est aussi vieux que l'indirect, il date de la fondation des sociétés.

« Plus de royauté héréditaire,

» Plus de présidence,

» Plus de représentation,

» Plus de délégation,

» Plus d'aliénation du pouvoir :

» Gouvernement direct,

» LE PEUPLE ! dans l'exercice permanent de sa souveraineté : »

Qu'y a-t-il donc au fond de cette ritournelle qu'on a reprise comme une thèse neuve et révolutionnaire, et que n'aient connu, pratiqué, longtemps avant notre ère, Athéniens, Béotiens, Lacédémoniens, Romains, etc. ? N'est-ce pas toujours le même cercle vicieux, toujours cette même descente vers l'absurde, qui, après avoir épuisé, éliminé successivement, monarchies absolues, monarchies aristocratiques ou représentatives, démocraties, vient tourner borne au gouvernement direct, pour recommencer par la dictature à vie et la royauté héréditaire ? Le gouvernement direct, chez toutes les nations, a été l'époque palingénésique des aristocraties détruites et des trônes brisés : il n'a pas même pu se soutenir chez des peuples qui, comme Athènes et Sparte, avaient pour se l'appliquer l'avantage d'une population minime et du service des esclaves. Il serait pour nous le prélude du césarisme, malgré nos postes, nos chemins de fer, nos télégraphes ; malgré la simplification des lois, la révocabilité des fonctionnaires, la forme impérative du mandat. Il nous précipiterait d'autant plus vite vers la tyrannie impériale, que nos prolétaires ne veulent plus être salariés, que les propriétaires ne souffriraient pas qu'on les dessaisît, et que les partisans du gouvernement direct, faisant tout par la voie politique, semblent n'avoir aucune idée de l'organisation économique. Un pas de plus dans cette voie, et l'ère des Césars est à son aurore : à une démocratie inextricable succédera, sans autre transition, l'empire, avec ou sans Napoléon.

Il faut sortir de ce cercle infernal. Il faut traverser, de part en part, l'idée politique, l'ancienne notion de justice distributive et arriver à celle de justice commutative qui, dans la logique de l'histoire, comme dans celle du droit, lui succède. Eh ! aveugles volontaires, qui cherchez dans les nues ce que vous avez sous la main, relisez vos auteurs, regardez autour de vous, analysez vos propres formules, et vous trouverez cette solution, qui traîne depuis un temps immémorial à travers les siècles, et que ni vous ni aucun de vos coryphées n'avez jamais daigné apercevoir.

Toutes les idées sont coéternelles dans la raison générale : elles ne paraissent successives que dans l'histoire, où elles viennent tour à tour prendre la direction des affaires, et occuper le premier rang. L'opération par laquelle une idée est chassée du pouvoir s'appelle en logique négation ; celle par laquelle une autre idée s'établit, se nomme *affirmation*.

Toute négation révolutionnaire implique donc une affirmation subséquente ce principe, que démontre la pratique des révolutions, va recevoir ici une confirmation merveilleuse.

Pierre-Joseph Proudhon

La première négation authentique qui ait été faite de l'idée d'autorité est celle de Luther. Cette négation, toutefois, n'est pas allée au delà de la sphère religieuse : Luther, de même que Leibnitz, Kant, Hegel, était un esprit essentiellement gouvernemental. Sa négation s'est appelée *libre examen.*

Or, que nie le libre examen ? — l'autorité de l'Église.

Que suppose-t-il ? — l'autorité de la raison.

Qu'est-ce que la raison ? — un pacte entre l'intuition et l'expérience.

L'autorité de la raison : telle est donc l'idée positive, éternelle, substituée par la Réforme à l'autorité de la foi. Comme la philosophie relevait jadis de la révélation, la révélation désormais sera subordonnée à la philosophie. Les rôles sont intervertis, le gouvernement de la société n'est plus semblable, la morale est changée, la destinée elle-même semble se modifier. On peut entrevoir déjà, à l'heure où nous sommes, ce que contenait ce renouvellement de règne, où, à la parole de Dieu, succéda le Verbe de l'homme.

Le même mouvement va s'opérer dans la sphère des idées politiques.

Postérieurement à Luther, le principe du libre examen fut transporté, notamment, par Jurieu, du spirituel au temporel. À la souveraineté de droit divin l'adversaire de Bossuet opposa la souveraineté du peuple, ce qu'il exprima avec infiniment plus de précision, de force et de profondeur, par les mots *Pacte* ou*Contrat social,* dont là contradiction avec ceux de pouvoir, autorité, gouvernement, *imperium,* ἀρχὴ, est manifeste.

En effet, qu'est-ce que le *Contrat social ?* l'accord du citoyen avec le gouvernement ? non : ce serait tourner toujours dans la même idée. Le contrat social est l'accord de l'homme avec l'homme, accord duquel doit résulter ce que nous appelons la société. Ici, la notion de *justice commutative,* posée par le fait primitif de l'échange et définie par le droit romain, est substituée à celle de *justice distributive,* congédiée sans appel par la critique républicaine. Traduisez ces mots, *contrat, justice commutative,* qui sont de la langue juridique, dans la langue des affaires, vous avez le COMMERCE, c'est-à-dire, dans la signification la plus élevée, l'acte par lequel l'homme et l'homme se déclarant essentiellementproducteurs, abdiquent l'un à l'égard de

QUATRIÈME ÉTUDE

l'autre toute prétention au Gouvernement.

La *justice commutative*, le *règne des contrats*, en autres termes, le *régime économique* ou *industriel*, telles sont les différentes synonymies de l'idée qui, par son avénement, doit abolir les vieux systèmes de *justice distributive*, de *règne des lois*, en termes plus concrets, de *régime féodal*, *gouvernemental* ou *militaire*. L'avenir de l'humanité est dans cette substitution.

Mais, avant que cette révolution dans les doctrines se soit formulée, avant qu'elle ait été comprise, avant qu'elle s'empare des populations, qui seules peuvent la rendre exécutoire, que de débats stériles ! quelle somnolence de l'idée ! quel temps pour les agitateurs et les sophistes ! De la controverse de Jurieu avec Bossuet jusqu'à la publication du *Contrat social* de Rousseau, il s'écoule près d'un siècle ; et quand ce dernier arrive, ce n'est point pour revendiquer l'idée qu'il prend la parole, c'est pour l'étouffer.

Rousseau, dont l'autorité nous régit depuis près d'un siècle, n'a rien compris au contrat social. C'est à lui surtout qu'il faut rapporter, comme à sa cause, la grande déviation de 93, expiée déjà par cinquante-sept ans de bouleversements stériles, et que des esprits plus ardents que réfléchis voudraient nous faire reprendre encore comme une tradition sacrée.

L'idée de contrat est exclusive de celle de gouvernement : M. Ledru-Rollin, qui est jurisconsulte, et dont j'appelle l'attention sur ce point, doit le savoir. Ce qui caractérise le contrat, la convention commutative, c'est qu'en vertu de cette convention la liberté et le bien-être de l'homme augmentent, tandis que par l'institution d'une autorité l'une et l'autre nécessairement diminuent. Cela paraîtra évident, si l'on réfléchit que le contrat est l'acte par lequel deux ou plusieurs individus conviennent d'organiser entre eux, dans une mesure et pour un temps déterminé, cette puissance industrielle que nous avons appelée l'échange ; conséquemment s'obligent l'un envers l'autre et se garantissent réciproquement une certaine somme de services, produits, avantages, devoirs, etc., qu'ils sont en position de se procurer et de se rendre, se reconnaissant du reste parfaitement indépendants, soit pour leur consommation, soit pour leur production.

Entre contractants, il y a nécessairement pour chacun intérêt réel et personnel : il implique qu'un homme traite dans le but de réduire à la fois, sans compensation possible, sa liberté et son revenu. De gouvernants à gouvernés, au contraire, de quelque manière que soit constituée la représentation, la délégation, ou la fonction gouvernante, il y a nécessairement aliénation d'une partie de la liberté et de la fortune du citoyen : en retour de quel avantage ? nous l'avons précédemment expliqué.

Le contrat est donc essentiellement synallagmatique : il n'impose d'obligation aux contractants que celle qui résulte de leur promesse personnelle de tradition réciproque ; il n'est soumis à aucune autorité extérieure ; il fait seul la loi commune des parties ; il n'attend son exécution que de leur initiative.

Que si tel est le contrat, dans son acception la plus générale et dans sa pratique quotidienne, que sera le Contrat social, celui qui est censé relier tous les membres d'une nation dans un même intérêt ?

Le Contrat social est l'acte suprême par lequel chaque citoyen engage à la société son amour, son intelligence, son travail, ses services, ses produits, ses biens ; en retour de l'affection, des idées, travaux, produits, services et biens de ses semblables : la mesure du droit pour chacun étant déterminée toujours par l'importance de son apport, et le recouvrement exigible à fur et mesure des livraisons.

Ainsi, le contrat social doit embrasser l'universalité des citoyens, de leurs intérêts et de leurs rapports. — Si un seul homme était exclu du contrat, si un seul des intérêts sur lesquels les membres de la nation, êtres intelligents, industrieux, sensibles, sont appelés à traiter, était omis, le contrat serait plus ou moins relatif et spécial ; il ne serait pas social.

Le contrat social doit augmenter pour chaque citoyen le bien-être et la liberté. — S'il s'y glissait des conditions léonines ; si une partie des citoyens se trouvait, en vertu du contrat, subalternisée, exploitée par l'autre : ce ne serait plus un contrat, ce serait une fraude, contre laquelle la résiliation pourrait être à toute heure et de plein droit invoquée.

Le contrat social doit être librement débattu, individuellement consenti, signé, *manu propriâ*, par tous ceux qui y participent.

QUATRIÈME ÉTUDE

— Si la discussion était empêchée, tronquée, escamotée ; si le consentement était surpris ; si la signature était donnée en blanc, de confiance, sans lecture des articles et explication préalable ; ou si même, comme le serment militaire, elle était préjugée et forcée : le contrat social ne serait plus alors qu'une conspiration contre la liberté et le bien-être des individus les plus ignorants, les plus faibles et les plus nombreux, une spoliation systématique, contre laquelle tout moyen de résistance et même de représailles pourrait devenir un droit et un devoir.

Ajoutons que le contrat social, dont il est ici question, n'a rien de commun avec le contrat de société, par lequel, ainsi que nous l'avons démontré dans uneprécédente étude, le contractant aliène une partie de sa liberté et se soumet à une solidarité gênante, souvent périlleuse, dans l'espoir plus ou moins fondé d'un bénéfice. Le contrat social est de l'essence du contrat commutatif : non-seulement il laisse le contractant libre, il ajoute à sa liberté ; non-seulement il lui laisse l'intégralité de ses biens, il ajoute à sa propriété ; il ne prescrit rien à son travail, il ne porte que sur ses échanges : toutes choses qui ne se rencontrent point dans le contrat de société, qui même y répugnent.

Tel doit être, d'après les définitions du droit et la pratique universelle, le contrat social. Faut-il dire maintenant que de cette multitude de rapports que le pacte social est appelé à définir et à régler, Rousseau n'a vu que les rapports politiques, c'est-à-dire qu'il a supprimé les points fondamentaux du contrat, pour ne s'occuper que des secondaires ? Faut-il dire que de ces conditions essentielles, indispensables, la liberté absolue du contractant, son intervention directe, personnelle, sa signature donnée en connaissance de cause, l'augmentation de liberté et de bien-être qu'il doit y trouver, Rousseau n'en a compris et respecté aucune ?

Pour lui le contrat social n'est ni un acte commutatif, ni même un acte de société : Rousseau se garde bien d'entrer dans de telles considérations. C'est un acte constitutif d'arbitres, choisis par les citoyens, en dehors de toute convention préalable, pour tous les cas de contestation, querelle, fraude ou violence qui peuvent se présenter dans les rapports qu'il leur plaira de former ultérieurement entre eux, lesdits arbitres revêtus d'une force suffisante pour donner exécution à leurs jugements et se faire payer leurs vacations. De contrat, positif, réel, sur quelque intérêt que ce soit, il n'en est vestige dans le livre de Rousseau. Pour donner une idée exacte de sa théorie ; je ne saurais mieux la comparer qu'à un traité de commerce, dans lequel auraient été supprimés les noms des parties, l'objet de la convention, la nature et l'importance des valeurs, produits et services pour lesquels on devait traiter ; les conditions de qualité, livraison, prix, remboursement, tout ce qui fait, en un mot, la matière des contrats, et où l'on ne se serait occupé que de pénalités et juridictions.

En vérité, citoyen de Genève, vous parlez d'or. Mais, avant de m'entretenir du souverain et du prince, des gendarmes et du juge, dites-moi donc un peu de quoi je traite ? Quoi ! vous me faites signer un acte en vertu duquel je puis être poursuivi pour mille contraventions à la police urbaine, rurale, fluviale, forestière, etc. ; me voir traduit devant des tribunaux, jugé, condamné pour dommage, escroquerie, maraude, vol, banqueroute, dévastation, désobéissance aux lois de l'État, offense à la morale publique, vagabondage ; et dans cet acte, je ne trouve pas un mot, ni de mes droits, ni de mes obligations ; je ne vois que des peines !

Mais toute pénalité suppose un devoir, sans doute, tout devoir répond à un droit. Eh bien, où sont, dans votre contrat, mes droits et mes devoirs ? Qu'ai-je promis à mes concitoyens ? que m'ont-ils promis à moi-même ? Faites-le voir : sans cela votre pénalité est excès de pouvoir ; votre état juridique, flagrante usurpation ; votre police, vos jugements et vos exécutions, autant d'actes abusifs. Vous qui avez si bien nié la propriété, qui avez accusé avec tant d'éloquence l'inégalité des conditions parmi les hommes, quelle condition, quel héritage m'avez-vous fait dans votre république, pour que vous vous croyiez en droit de me juger, de me mettre en prison, de m'ôter la vie et l'honneur ? Déclamateur perfide, n'avez-vous tant crié contre les exploiteurs et les tyrans, que pour me livrer ensuite à eux sans défense ?

Rousseau définit ainsi le contrat social :

« Trouver une forme d'association qui défende et protége, de toute la force commune, la personne et les biens de chaque associé, et par laquelle chacun s'unissant à tous, n'obéisse qu'à lui-même, et reste aussi libre qu'auparavant. »

QUATRIÈME ÉTUDE

Oui, ce sont bien là les conditions du pacte social, *quant à la protection et à la défense des biens et des personnes*. Mais quant au mode d'acquisition et de transmission des biens, quant au travail, à l'echange, à la valeur et au prix des produits, à l'éducation, à cette foule de rapports qui, bon gré, mal gré, constituent l'homme en société perpétuelle avec ses semblables, Rousseau ne dit mot, sa théorie est de la plus parfaite insignifiance. Or, qui ne voit que sans cette définition des droits et des devoirs, la sanction qui la suit est absolument nulle ; que là où il n'y a pas de stipulations il ne peut y avoir d'infractions, ni par conséquent de coupables ; et pour conclure suivant la rigueur philosophique, qu'une société qui punit et qui tue en vertu d'un pareil titre, après avoir provoqué la révolte, commet elle-même un assassinat avec préméditation et guet-apens ?

Rousseau est si loin de vouloir qu'il soit fait mention, dans le contrat social, des principes et des lois qui régissent la fortune des nations et des particuliers, qu'il part, dans son programme de démagogie, comme dans son Traité d'éducation, de la supposition mensongère, spoliatrice, homicide, que l'individu seul est bon, que la société le déprave ; qu'il convient à l'homme en conséquence de s'abstenir le plus possible de toute relation avec ses semblables, et que tout ce que nous avons à faire en ce bas monde, en restant dans notre isolement systématique, c'est de former entre nous une assurance mutuelle pour la protection de nos personnes et de nos propriétés, le surplus, à savoir la chose économique, la seule essentielle, abandonné au hasard de la naissance et de la spéculation, et soumis, en cas de litige, à l'arbitrage de praticiens électifs, jugeant d'après des rubriques à eux, ou selon les lumières de l'équité naturelle. En deux mots, le contrat social, d'après Rousseau, n'est autre chose que l'alliance offensive et défensive de ceux qui possèdent contre ceux qui ne possèdent pas, et la part qu'y prend chaque citoyen est la police qu'il est tenu d'acquitter, au prorata de sa fortune, et selon l'importance des risques que le paupérisme lui fait courir.

C'est ce pacte de haine, monument d'incurable misanthropie ; c'est cette coalition des barons de la propriété, du commerce et de l'industrie contre les déshérités du prolétariat, ce serment de guerre sociale enfin, que Rousseau, avec une outrecuidance que je qualifierais de scélérate si je croyais au génie de cet homme, appelle *Contrat social* !

Mais quand le *vertueux et sensible* Jean-Jacques aurait eu pour but d'éterniser la discorde parmi les humains, pouvait-il donc mieux faire que de leur offrir, comme contrat d'union, cette charte de leur éternel antagonisme ? Voyez-le à l'œuvre : vous allez retrouver dans sa théorie de gouvernement le même esprit qui lui avait inspiré sa théorie d'éducation. Tel instituteur, tel homme d'État. Le pédagogue prêchait l'isolement, le publiciste sème la division.

Après avoir posé en principe que le peuple est seul souverain, qu'il ne peut être représenté que par lui-même, que la loi doit être l'expression de la volonté de tous, et autres banalités superbes à l'usage de tous les tribuns, Rousseau abandonne subtilement sa thèse et se jette de côté. D'abord, à la volonté générale, collective, indivisible, il substitue la volonté de la majorité ; puis, sous prétexte qu'il n'est pas possible à une nation d'être occupée du matin au soir de la chose publique, il revient, par la voie électorale, à la nomination de représentants ou mandataires qui légiféreront au nom du peuple et dont les décrets auront force de lois. Au lieu d'une transaction directe, personnelle sur ses intérêts, le citoyen n'a plus que la faculté de choisir ses arbitres à la pluralité des voix. Cela fait, Rousseau se trouve à l'aise. La tyrannie, se réclamant de droit divin, était odieuse ; il la réorganise et la rend respectable en la faisant, dit-il, dériver du peuple. Au lieu de ce pacte universel, intégral, qui doit assurer tous les droits, doter toutes les facultés, pourvoir à tous les besoins, prévenir toutes les difficultés ; que tous doivent connaître, consentir, signer, il nous donne, quoi ? ce qu'on appelle aujourd'hui le *gouvernement direct,* une recette au moyen de laquelle, en l'absence même de toute royauté, aristocratie, sacerdoce, on peut toujours faire servir la collectivité abstraite du peuple au parasitisme de la minorité et à l'oppression du grand nombre. C'est, en un mot, à l'aide d'une supercherie savante, la légalisation du chaos social ; la consécration, basée sur la souveraineté du peuple, de la misère. Du reste, pas un mot ni du travail, ni de la propriété, ni des forces industrielles, que l'objet du Contrat social est d'organiser. Rousseau ne sait ce que c'est que l'économie. Son programme parle exclusivement de droits politiques ; il ne reconnaît pas de droits économiques.

QUATRIÈME ÉTUDE

C'est Rousseau qui nous apprend que le peuple, être collectif, n'a pas d'existence unitaire ; que c'est une personne abstraite, une individualité morale, incapable par elle-même de penser, agir, se mouvoir : ce qui veut dire que la raison générale ne se distingue en rien de la raison individuelle, et par conséquent que celui-là représente le mieux la première qui a le plus développé en lui la seconde. Proposition fausse, et qui mène droit au despotisme.

C'est Rousseau qui, faisant ensuite la déduction de cette première erreur, nous enseigne par aphorismes toute cette théorie liberticide :

Que le gouvernement populaire ou direct résulte essentiellement de l'*aliénation* que chacun doit faire de sa liberté au profit de tous ;

Que *la séparation des pouvoirs est la première condition d'un gouvernement libre* ;

Que dans une République bien constituée, aucune association ou réunion particulière de citoyens ne peut être soufferte, parce que ce serait un état dans l'état, un gouvernement dans le gouvernement ;

Qu'autre chose est le souverain, autre chose le prince ;

Que le premier n'exclut pas du tout le second, en sorte que le plus direct des Gouvernements peut très-bien exister avec une monarchie héréditaire, comme on le voyait sous Louis-Philippe, et comme certaines gens le voudraient revoir ;

Que le souverain, c'est-à-dire le Peuple, être fictif, personne morale, conception pure de l'entendement, a pour représentant naturel et visible le prince, lequel vaut d'autant mieux qu'il est plus un ;

Que le Gouvernement n'est point intime à la société, mais *extérieur* à elle ;

Que, d'après toutes ces considérations qui s'enchaînent dans Rousseau comme des théorèmes de géométrie, il n'a jamais existé de démocratie véritable, et qu'il n'en existera jamais, attendu que dans la démocratie, c'est le plus grand nombre qui doit voter la loi, exercer le pouvoir, tandis qu'il est contraire à l'ordre naturel que le grand nombre gouverne, et le petit soit gouverné ;

Que le Gouvernement direct est surtout impraticable dans un pays comme la France ; parce qu'il faudrait avant toutes choses égaliser les fortunes, et que l'égalité des fortunes est impossible ;

Qu'au reste, et précisément à cause de l'impossibilité de tenir les conditions égales, le Gouvernement direct est de tous le plus instable, le plus périlleux, le plus fécond en catastrophes et en guerres civiles ;

Que les anciennes démocraties, malgré leur petitesse et le secours puissant que leur prêtait l'esclavage, n'ayant pu se soutenir, ce serait en vain qu'on essayerait d'établir cette forme de Gouvernement parmi nous ;

Qu'elle est faite pour des dieux, non pour des hommes.

Après s'être de la sorte et longtemps moqué de ses lecteurs, après avoir fait, sous le titre décevant de *Contrat social,* le code de la tyrannie capitaliste et mercantile, le charlatan genevois conclut à la nécessité du prolétariat, à la subalternisation du travailleur, à la dictature et à l'inquisition.

C'est le privilège des gens de lettres, à ce qu'il paraît, que l'art du style leur tient lieu de raison et de moralité.

Jamais homme n'avait réuni à un tel degré l'orgueil de l'esprit, la sécheresse de l'âme, la bassesse des inclinations, la dépravation des habitudes, l'ingratitudedu cœur : jamais l'éloquence des passions, l'ostentation de la sensibilité, l'effronterie du paradoxe, n'excitèrent une telle fièvre d'engouement. C'est depuis Rousseau, et à son exemple, que s'est fondée parmi nous l'école, je veux dire l'industrie philanthropique et sentimentale, qui, en cultivant le plus parfait égoïsme, sait recueillir les honneurs de la charité et du dévouement. Méfiez-vous de cette philosophie, de cette politique, de ce socialisme à la Rousseau. Sa philosophie est toute en phrases, et ne couvre que le vide ; sa politique est pleine de domination ; quant à ses idées sur la société, elles déguisent à peine leur profonde hypocrisie. Ceux qui lisent Rousseau et qui l'admirent peuvent être simplement dupes, et je leur pardonne : quant à ceux qui le suivent et le copient, je les avertis de veiller à leur propre réputation. Le temps n'est pas loin où il suffira d'une citation de Rousseau pour rendre suspect un écrivain.

Disons, pour finir, qu'à la honte du dix-huitième siècle et du nôtre, le *Contrat social* de Rousseau, chef-d'œuvre de jonglerie oratoire, a été admiré, porté aux nues, regardé comme la table des libertés publiques ; que constituants, girondins, jacobins, cordeliers, le

QUATRIÈME ÉTUDE

prirent tous pour oracle ; qu'il a servi de texte à la Constitution de 93, déclarée absurde par ses propres auteurs ; et que c'est encore de ce livre que s'inspirent aujourd'hui les plus zélés Réformateurs de la science politique et sociale. Le cadavre de l'auteur, que le peuple traînera à Montfaucon le jour où il aura compris le sens de ces mots, Liberté, Justice, Morale, Raison, Société, Ordre, repose glorieux et vénéré sous les catacombes du Panthéon, où n'entrera jamais un de ces honnêtes travailleurs qui nourrissent de leur sang leur pauvre famille, tandis que les profonds génies qu'on expose à leur adoration envoient, dans leur rage lubrique, leurs bâtards à l'hôpital.

Toute aberration de la conscience publique porte avec soi sa peine. La vogue de Rousseau a coûté à la France plus d'or, plus de sang, plus de honte, que le règne détesté des trois fameuses courtisanes, *Cotillon Ier*, *Cotillon II*,*Cotillon III* (la Châteauroux, la Pompadour et la Dubarry) ne lui en avaient fait répandre. Notre patrie, qui ne souffrit jamais que de l'influence des étrangers, doit à Rousseau les luttes sanglantes et les déceptions de 93.

Ainsi, tandis que la tradition révolutionnaire du seizième siècle nous livrait comme antithèse de l'idée de Gouvernement, celle de Contrat social, que le génie gaulois, si juridique, n'eût pas manqué d'approfondir, il suffisait de l'artifice d'un rhéteur pour nous distraire de la vraie route et faire ajourner l'interprétation. La négation gouvernementale, qui est au fond de l'utopie de Morelly ; qui jeta une lueur, aussitôt étouffée, à travers les manifestations sinistres des *Enragés* et des *Hébertistes* ; qui serait sortie des doctrines de Babœuf, si Babœuf avait su raisonner et déduire son propre principe : cette grande et décisive négation traversa, incomprise, tout le dix-huitième siècle.

Mais une idée ne peut périr : elle renaît toujours de sa contradictoire. Que Rousseau triomphe, sa gloire d'un moment n'en sera que plus détestée. En attendant la déduction théorique et pratique de l'Idée contractuelle, l'expérience complète du principe d'autorité servira l'éducation de l'Humanité. De cette plénitude de l'évolution politique surgira, à la fin, l'hypothèse opposée ; le Gouvernement, s'usant tout seul enfantera, comme son postulé historique, le Socialisme.

Pierre-Joseph Proudhon

Ce fut Saint-Simon qui le premier, dans un langage timide, et avec une conscience obscure encore, ressaisit la filière.

« L'espèce humaine, écrivait-il dès l'année 1818, a été appelée à vivre d'abord sous le régime *gouvernemental et féodal* ;

» Elle a été destinée à passer du régime gouvernemental ou militaire sous le régime administratif ou industriel, après avoir fait suffisamment de progrès dans les sciences positives et dans l'industrie ;

» Enfin, elle a été soumise par son organisation à essuyer une crise longue et violente, lors de son passage du système militaire au système pacifique.

» L'époque actuelle est une époque de transition :

» La crise de transition a été commencée par la prédication de Luther : depuis cette époque la direction des esprits a été essentiellement critique et révolutionnaire. »

Saint-Simon cite ensuite à l'appui de ses idées, et comme ayant eu l'intuition plus ou moins vague de cette grande métamorphose, parmi les hommes d'État, Sully, Colbert, Turgot, Necker, Villèle même ; parmi les philosophes, Bacon, Montesquieu, Condorcet, A. Comte, B. Constant, Cousin, A. de Laborde, Fiévée, Dunoyer, etc.

Tout Saint-Simon est dans ces quelques lignes, écrites du style des prophètes, mais d'une digestion trop rude pour l'époque où elles furent écrites, d'un sens trop condensé pour les jeunes esprits qui s'attachèrent les premiers au noble novateur. On ne trouve là-dedans, remarquez-le bien, ni communauté des biens et des femmes, ni réhabilitation de la chair, ni androgyne, ni Père Suprême, ni *Circulus,* ni Triade. Rien de ce qui a été mis en vogue par les disciples n'appartient au maître : tout au contraire, c'est justement l'idée de Saint-Simon qu'ont méconnue les Saints-Simoniens.

Qu'a voulu dire Saint-Simon ?

Du moment où, d'une part, la philosophie succède à la foi, et remplace l'ancienne notion de Gouvernement par celle de contrat ; où, d'un autre côté, à la suite d'une Révolution qui abolit le régime féodal, la société demande à développer, harmoniser ses

QUATRIÈME ÉTUDE

puissances économiques : de ce moment-là il devient inévitable que le Gouvernement, né en théorie, se détruise progressivement dans l'application. Et quand Saint-Simon, pour désigner ce nouvel ordre de choses, se conformant au vieux style, emploie le mot deGouvernement accolé à l'épithète d'*administratif* ou *industriel*, il est évident que ce mot acquiert sous sa plume une signification métaphorique ou plutôt anagogique, qui ne pouvait faire illusion qu'aux profanes. Comment se tromper sur la pensée de Saint-Simon, en lisant le passage, plus explicite encore, que je vais citer :

« Si l'on observe la marche que suit l'éducation des individus, on remarque, dans les écoles primaires, l'action de gouverner comme étant la plus forte ; et dans les écoles d'un rang plus élevé, on voit l'action de gouverner les enfants diminuer toujours d'intensité, tandis que l'enseignement joue un rôle de plus en plus important. *Il en a été de même pour l'éducation de la société.* L'action militaire, c'est-à-dire féodale (gouvernementale), a dû être la plus forte à son origine ; elle a toujours dû décroître ; tandis que l'action administrative a toujours dû acquérir de l'importance ; et le pouvoir administratif doit nécessairement finir par dominer le pouvoir militaire. »

À ces extraits de Saint-Simon il faudrait joindre sa fameuse *Parabole,* qui tomba, en 1819, comme une hache sur le monde officiel, et pour laquelle l'auteur fut traduit en Cour d'assises le 20 février 1820, et acquitté. L'étendue de ce morceau, d'ailleurs trop connu, ne nous permet pas de le rapporter.

La négation de Saint-Simon, comme l'on voit, n'est pas déduite de l'idée de contrat, que Rousseau et ses sectateurs avaient depuis quatre-vingts ans corrompue et déshonorée ; — elle découle d'une autre intuition, tout expérimentale et *à posteriori,* telle qu'elle pouvait convenir à un observateur des faits. Ce que la théorie du contrat, inspiration de la logique providentielle, aurait dès le temps de Jurieu fait entrevoir dans l'avenir de la société, à savoir la fin des gouvernements ; Saint-Simon, paraissant au plus fort de la mêlée parlementaire, le constate, lui, d'après la loi des évolutions de l'humanité. Ainsi, la théorie du Droit et la philosophie de l'Histoire, comme deux jalons plantés l'un au-devant de l'autre, conduisaient l'Esprit vers une Révolution inconnue : un pas de plus, nous touchons à l'événement.

Pierre-Joseph Proudhon

Tous les chemins vont à Rome, dit le proverbe. Toute investigation conduit aussi à la vérité.

Le dix-huitième siècle, je crois l'avoir surabondamment établi, s'il n'avait été dérouté par le républicanisme classique, rétrospectif et déclamatoire de Rousseau, serait arrivé, par le développement de l'idée de contrat, c'est-à-dire par la voie juridique, à la négation du gouvernement.

Cette négation, Saint-Simon l'a déduite de l'observation historique et de l'éducation de l'humanité.

Je l'ai conclue à mon tour, s'il m'est permis de me citer en ce moment où je représente seul la donnée révolutionnaire, de l'analyse des fonctions économiques et de la théorie du crédit et de l'échange. Je n'ai pas besoin, je pense, pour établir cette tierce aperception, de rappeler les divers ouvrages et articles où elle se trouve consignée : ils ont, depuis trois ans, obtenu assez d'éclat.

Ainsi l'Idée, semence incorruptible, passe à travers les âges, illuminant de temps à autre l'homme dont la volonté est bonne, jusqu'au jour où une intelligence que rien n'intimide, la recueille, la couve, puis la lance comme un météore sur les masses électrisées.

L'idée de contrat, sortie de la Réforme en opposition à celle de gouvernement, a traversé le dix-septième et le dix-huitième siècle, sans qu'aucun publiciste la relevât, sans qu'un seul révolutionnaire l'aperçût. Tout ce qu'il y eut de plus illustre dans l'Église, la philosophie, la politique, s'entendit au contraire pour la combattre. Rousseau, Sieyès, Robespierre, M. Guizot, toute cette école de parlementaires, ont été les porte-drapeau de la réaction. Un homme, bien tard, averti par la dégradation du principe directeur, remet en lumière l'idée jeune et féconde : malheureusement le côté réaliste de sa doctrine trompe ses propres disciples ; ils ne voient pas que le producteur est la négation du gouvernant, que l'organisation est incompatible avec l'autorité ; et pendant trente ans encore on perd de vue la formule. Enfin, elle s'empare de l'opinion à force de cris et de scandale ; mais alors, *O vanas hominum mentes, ô pectora cœca !* les réactions déterminent les révolutions ! L'idée anarchique est à peine implantée dans le sol populaire, qu'il se trouve aussitôt de soi-disant conservateurs pour l'arroser de leurs calomnies, l'engraisser de leurs violences, la chauffer sous les vitraux de leur haine, lui prêter l'appui de leurs stupides réactions. Elle a levé aujourd'hui, grâce à eux, l'idée anti-gouvernementale, l'idée du Travail, l'idée du Contrat ; elle croît, elle monte, elle saisit de ses vrilles les sociétés ouvrières ; et bientôt, comme la petite graine de l'Évangile, elle formera un arbre immense, qui de ses rameaux couvrira toute la terre.

La souveraineté de la Raison ayant été substituée à celle de la Révélation ;

La notion de Contrat succédant à celle de Gouvernement ;

L'évolution historique conduisant fatalement l'Humanité à une pratique nouvelle ;

La critique économique constatant déjà que sous ce nouveau régime l'institution politique doit se perdre dans l'organisme industriel :

Concluons sans crainte que la formule révolutionnaire ne peut plus être ni *Législation directe*, ni *Gouvernement direct*, ni *Gouvernement simplifié* : elle est, PLUS DE GOUVERNEMENT.

Ni monarchie, ni aristocratie, ni même démocratie, en tant que ce troisième terme impliquerait un gouvernement quelconque, agissant au nom du peuple, et se disant peuple. Point d'autorité, point de gouvernement, même populaire : la Révolution est là.

Législation directe, gouvernement direct, gouvernement simplifié, vieux mensonges qu'on essayerait en vain de rajeunir. Direct ou indirect, simple ou composé, le gouvernement du peuple sera toujours l'escamotage du peuple. C'est toujours l'homme qui commande à l'homme ; la fiction qui fait violence à la liberté ; la force brutale qui tranche les questions, à la place de la justice qui seule peut les résoudre ; l'ambition perverse qui se fait un marchepied du dévouement et de la crédulité.

Non, l'antique serpent ne prévaudra pas : en enfilant cette question du gouvernement direct, il s'est lui-même étranglé. À présent que nous possédons, dans une même antithèse, l'idée politique et l'idée économique, la Production et le Gouvernement ; que nous pouvons les déduire parallèlement l'une à l'autre, les éprouver, les comparer : la réaction du néo-jacobinisme n'est plus à craindre. Ceux que le schisme de Robespierre fascinait encore seront demain les orthodoxes de la Révolution.

Pierre-Joseph Proudhon

II. Critique générale de l'idée d'Autorité.

J'ai démontré, dans la première partie de cette étude, trois choses :

1° Que le principe d'autorité et de gouvernement a sa source dans la donnée empirique de la famille ;

2° Qu'il a été appliqué par tous les peuples, d'un consentement unanime, comme condition d'ordre social ;

3° Qu'à un moment donné de l'histoire, ce principe a commencé d'être nié spontanément et remplacé par une autre idée, qui jusque-là lui semblait subalterne, l'idée de Contrat, laquelle suppose un ordre tout différent.

Dans cette seconde partie, je rappellerai sommairement les causes, ou comme qui dirait les considérants, tant de fait que de droit, qui conduisent la société à nier le pouvoir, et qui motivent sa condamnation. La critique qu'on va lire n'est pas la mienne, c'est celle des peuples eux-mêmes ; critique recommencée maintes fois, et toujours sur des données différentes ; critique dont la conclusion se retrouve, au bout de chaque expérience, invariablement la même, et qui de nos jours paraît devoir être définitive. Ce n'est donc pas ma pensée que je donne : c'est la pensée des siècles, le jugement du genre humain. Je ne fais ici que l'office de rapporteur.

1. *Thèse.* — L'autorité absolue.

Toute idée s'établit ou se réfute en une suite de termes qui en sont comme l'organisme, et dont le dernier démontre irrévocablement sa vérité ou son erreur. Si l'évolution, au lieu de se faire simplement dans l'esprit, par les théories, s'effectue en même temps dans les institutions et les actes, elle constitue l'histoire. C'est le cas qui se présente pour le principe d'autorité ou de gouvernement.

Le premier terme sous lequel se manifeste ce principe est le pouvoir absolu. C'est la forme la plus pure, la plus rationnelle, la plus énergique, la plus franche, et à tout prendre, la moins immorale et la moins pénible, de gouvernement.

Mais l'absolutisme, dans son expression naïve, est odieux à la raison et à la liberté ; la conscience des peuples s'est de tout temps soulevée contre lui ; à la Suite de la conscience, la révolte a fait entendre sa protestation. Le principe a donc été forcé de reculer : il a reculé pas à pas, par une suite de concessions, toutes plus insuffisantes les unes que les autres, et dont la dernière, la démocratie pure ou le gouvernement direct, aboutit à l'impossible et à l'absurde. Le premier terme de la série étant donc l'ABSOLUTISME, le terme final, fatidique, est l'*Anarchie*, entendue dans tous les sens.

Nous allons passer en revue, les uns après les autres, les principaux termes de cette grande évolution. L'Humanité demande à ses maîtres : Pourquoi prétendez-vous régner sur moi et me gouverner ?

Ils répondent : Parce que la société ne peut se passer d'ordre ; parce qu'il faut dans une société des hommes qui obéissent et qui travaillent, pendant que les autres commandent et dirigent ; parce que les facultés individuelles étant inégales, les intérêts opposés, les passions antagonistes, le bien particulier de chacun opposé au bien de tous, il faut une autorité qui assigne la limite des droits et des devoirs, un arbitre qui tranche les conflits, une force publique qui fasse exécuter les jugements du souverain. Or, le pouvoir, l'État, est précisément cette autorité discrétionnaire, cet arbitre qui rend à chacun ce qui lui appartient, cette force qui assure et fait respecter la paix. Le gouvernement, en deux mots, est le principe et la garantie de l'ordre social : c'est ce que déclarent à la fois le sens commun et la nature.

Cette exposition se répète depuis l'origine des sociétés. Elle est la même à toutes les époques, dans la bouche de tous les pouvoirs : vous la retrouvez identique, invariable, dans les livres des économistes malthusiens, dans les journaux de la réaction, et dans les professions de foi des républicains. Il n'y a de différence, entre eux tous, que par la mesure des concessions qu'ils prétendent faire à la liberté sur le principe : concessions illusoires, qui ajoutent aux formes de gouvernement dites tempérées, constitutionnelles, démocratiques, etc., un assaisonnement d'hypocrisie dont la saveur ne les rend que plus méprisables.

Ainsi le Gouvernement, dans la simplicité de sa nature, se présente comme la condition absolue, nécessaire, *sine quâ non,* de l'ordre. C'est pour cela qu'il aspire toujours, et sous tous les masques, à l'absolutisme : en effet, d'après le principe, plus le Gouvernement est fort, plus l'ordre approche de la perfection. Ces deux notions, le gouvernement et l'ordre, seraient donc l'une à l'autre dans le rapport de la cause à l'effet : la cause serait le GOUVERNEMENT, l'effet serait l'*ordre*. C'est bien aussi comme cela que les sociétés primitives ont raisonné. Nous avons même remarqué à ce sujet que, d'après ce qu'elles pouvaient concevoir de la destinée humaine, il était impossible qu'elles raisonnassent autrement.

Mais ce raisonnement n'en est pas moins faux, et la conclusion de plein droit inadmissible, attendu que d'après la classification logique des idées, le rapport de gouvernement à ordre n'est point du tout, comme le prétendent les chefs d'État, celui de cause à effet, c'est celui du particulier au général. L'ORDRE, voilà le genre ; le *gouvernement*, voilà l'espèce. En autres termes, il y a plusieurs manières de concevoir l'ordre : qui nous prouve que l'ordre dans la société soit celui qu'il plaît à ses maîtres de lui assigner ?......

On allègue, d'un côté, l'inégalité naturelle des facultés, d'où l'on induit celle des conditions ; de l'autre, l'impossibilité de ramener à l'unité la divergence des intérêts et d'accorder les sentiments.

Mais, dans cet antagonisme, on ne saurait voir tout au plus qu'une question à résoudre, non un prétexte à la tyrannie. L'inégalité des facultés ! la divergence des intérêts ! Eh ! souverains à couronne, à faisceaux et à écharpes, voilà précisément ce que nous appelons le problème social : et vous croyez en venir à bout par le bâton et la baïonnette ! Saint-Simon avait bien raison de faire synonymes ces deux mots, *gouvernemental* et *militaire*. Le Gouvernement faisant l'ordre dans la Société, c'est Alexandre coupant avec son sabre le nœud gordien.

Qui donc, pasteurs des peuples, vous autorise à penser que le problème de la contradiction des intérêts et de l'inégalité des facultés ne peut être résolu ? que la distinction des classes en découle nécessairement ? et que pour maintenir cette distinction, naturelle et providentielle, la force est nécessaire, légitime ? J'affirme au contraire, et tous ceux que le monde appelle utopistes, parce qu'ils repoussent votre tyrannie, affirment avec moi que cette solution peut être trouvée. Quelques-uns ont cru la découvrir dans la communauté, d'autres dans l'association, d'autres encore dans la

QUATRIÈME ÉTUDE

série industrielle. Je dis pour ma part qu'elle est dans l'*organisation des forces économiques,* sous la loi suprême duCONTRAT. Qui vous dit qu'aucune de ces hypothèses n'est vraie ?

À votre théorie gouvernementale, qui n'a pour cause que votre ignorance, pour principe qu'un sophisme, pour moyen que la force, pour but que l'exploitation de l'humanité, le progrès du travail, des idées, vous oppose par ma bouche cette théorie libérale :

Trouver une forme de transaction qui, ramenant a l'unité la divergence des intérêts, identifiant le bien particulier et le bien général, effaçant l'inégalité de nature par celle de l'éducation, résolve toutes les contradictions politiques et économiques ; où chaque individu soit également et synonymiquement producteur et consommateur, citoyen et prince, administrateur et administré ; où sa liberté augmente toujours, sans qu'il ait besoin d'en *aliéner* jamais rien ; où son bien-être s'accroisse indéfiniment, sans qu'il puisse éprouver, du fait de la Société ou de ses concitoyens, aucun préjudice, ni dans sa propriété, ni dans son travail, ni dans son revenu, ni dans ses rapports d'intérêt, d'opinion ou d'affection avec ses semblables.

Quoi ! ces conditions vous semblent impossibles à réaliser. Le contrat social, quand vous considérez l'effrayante multitude des rapports qu'il doit régler, vous paraît ce que l'on peut imaginer de plus inextricable, quelque chose comme la quadrature du cercle et le mouvement perpétuel. C'est pour cela que de guerre lasse vous vous rejetez dans l'absolutisme, dans la force.

Considérez cependant que si le contrat social peut être résolu entre deux producteurs, — et qui doute que réduit à ces termes simples, il ne puisse recevoir de solution ? — il peut être résolu également entre des millions, puisqu'il s'agit toujours du même engagement, et que le nombre des signatures, en le rendant de plus en plus efficace, n'y ajoute pas un article. Votre raison d'impuissance ne subsiste donc pas : elle est ridicule, et vous rend inexcusables.

En tout cas, hommes de pouvoir, voici ce que vous dit le Producteur, le prolétaire, l'esclave, celui que vous aspirez à faire travailler pour vous : Je ne demande le bien ni la brasse de personne, et ne suis pas disposé à souffrir que le fruit de mon labeur devienne la proie d'un autre. Je veux aussi l'ordre, autant et plus que ceux qui le troublent par leur prétendu gouvernement ; mais je le veux comme un effet de ma volonté, une condition de mon travail, et une loi de ma raison. Je ne le subirai jamais venant d'une volonté étrangère, et m'imposant pour conditions préalables la servitude et le sacrifice.

2. Les lois.

Sous l'impatience des peuples et l'imminence de la révolte, le Gouvernement a dû céder ; il a promis des *institutions* et des *lois* ; il a déclaré que son plus fervent désir était que chacun pût jouir du fruit de son travail à l'ombre de sa vigne et de son figuier. C'était une nécessité de sa position. Dès lors, en effet, qu'il se présentait comme juge du droit, arbitre souverain des destinées, il ne pouvait prétendre mener les hommes suivant son bon plaisir. Roi, président, directoire, comité, assemblée populaire, n'importe, il faut au pouvoir des règles de conduite : sans cela, comment parviendra-t-il à établir parmi ses sujets une discipline ? Comment les citoyens se conformeront-ils à l'ordre, si l'ordre ne leur est pas notifié ; si, à peine notifié, il est révoqué ; s'il change d'un jour à l'autre, et d'heure à heure ?

Donc le Gouvernement devra faire des lois, c'est-à-dire s'imposer à lui-même des limites : car tout ce qui est règle pour le citoyen, devient limite pour le prince. Il fera autant de lois qu'il rencontrera d'intérêts : et puisque les intérêts sont innombrables, que les rapports naissant les uns des autres se multiplient à l'infini, que l'antagonisme est sans fin ; la législation devra fonctionner sans relâche. Les lois, les décrets, les édits, les ordonnances, les arrêtés, tomberont comme grêle sur le pauvre peuple. Au bout de quelque temps le sol politique sera couvert d'une couche de papier, que les géologues n'auront plus qu'à enregistrer, sous le nom de *formation papyracée,* dans les révolutions du globe. La Convention, en trois ans, un mois et quatre jours, rendit onze mille six cents lois et décrets ; la Constituante et la Législative n'avaient guère moins produit ; l'Empire et les Gouvernements postérieurs ont travaillé de même. Actuellement, le *Bulletin des Lois* en contient, dit-on, plus de cinquante mille ; si nos représentants faisaient leur devoir, ce chiffre énorme serait bientôt doublé. Croyez-vous que le Peuple, et le Gouvernement lui-même, conserve sa raison dans ce dédale ?...

Certes, nous voici loin déjà de l'institution primitive. Le Gouvernement remplit, dit-on, dans la Société le rôle de père : or, quel père s'avisa jamais de faire un pacte avec sa famille ? d'octroyer une charte à ses enfants ? de faire une balance des pouvoirs entre lui et leur mère ? Le chef de famille est inspiré, dans son gouvernement, par son cœur ; il ne prend pas le bien de ses enfants, il les nourrit de son propre travail ; guidé par son amour, il ne prend conseil que de l'intérêt des siens et des circonstances ; sa loi c'est sa volonté, et tous, la mère et les enfants, y ont confiance. Le petit état serait perdu, si l'action paternelle rencontrait la moindre opposition, si elle était limitée dans ses prérogatives, et déterminée à l'avance dans ses effets. Eh quoi ! serait-il vrai que le Gouvernement n'est pas un père pour le peuple, puisqu'il se soumet à des règlements, qu'il transige avec ses sujets, et se fait le premier esclave d'une raison qui, divine ou populaire, n'est pas la sienne ?

S'il en était ainsi, je ne vois pas pourquoi je me soumettrais moi-même à la loi. Qui est-ce qui m'en garantit la justice, la sincérité ? D'où me vient-elle ? Qui l'a faite ? Rousseau enseigne en propres termes que, dans un gouvernement véritablement démocratique et libre, le citoyen, en obéissant à la loi, n'obéit qu'à sa propre volonté. Or, la loi a été faite sans ma participation, malgré mon dissentiment absolu, malgré le préjudice qu'elle me fait souffrir. L'État ne traite point avec moi ; il n'échange rien : il me rançonne. Où donc est le lien, lien de conscience, lien de raison, lien de passion ou d'intérêt, qui m'oblige ?

Mais que dis-je ? des lois à qui pense par soi-même, et ne doit répondre que de ses propres actes ! des lois à qui veut être libre, et se sent fait pour le devenir ? Je suis prêt à traiter, mais je ne veux pas de lois ; je n'en reconnais aucune ; je proteste contre tout ordre qu'il plaira à un pouvoir de prétendue nécessité d'imposer à mon libre arbitre. Des lois ! On sait ce qu'elles sont et ce qu'elles valent. Toiles d'araignées pour les puissants et les riches, chaînes qu'aucun acier ne saurait rompre pour les petits et les pauvres, filets de pêche entre les mains du Gouvernement.

Vous dites qu'on fera *peu* de lois, qu'on les fera *simples,* qu'on les fera *bonnes.* C'est encore une concession. Le Gouvernement est bien coupable, s'il avoue ainsi ses torts ! Sans doute, pour l'instruction du législateur et l'édification du Peuple, il fera graver sur le fronton du Palais Législatif ce vers latin qu'avait écrit sur la porte de sa cave un curé de Bourgogne, comme un avertissement à son zèle bachique :

Pastor, ne noceant, bibe pauca, sed optima, vina !

Des lois en petit nombre, des lois excellentes ! Mais c'est impossible. Le Gouvernement ne doit-il pas régler tous les intérêts, juger toutes les contestations ? Or, les intérêts sont, par la nature de la société, innombrables, les rapports variables et mobiles à l'infini : comment est-il possible qu'il ne se fasse que peu de lois ? comment seraient-elles simples ? comment la meilleure loi ne serait-elle pas bientôt détestable ?

On parle de simplification. Mais si l'on peut simplifier en un point, on peut simplifier en tous ; au lieu d'un million de lois, une seule suffit. Quelle sera cette loi ? *Ne faites pas à autrui ce que vous ne voulez pas qu'on vous fasse ; faites à autrui comme vous désirez qu'il vous soit fait.* Voilà la loi et les prophètes. Mais il est évident que ce n'est plus une loi, c'est la formule élémentaire de la justice, la règle de toutes les transactions. La simplification législative nous ramène donc à l'idée de contrat, conséquemment à la négation de l'autorité. En effet, si la loi est unique, si elle résout toutes les antinomies de la société, si elle est consentie et votée par tout le monde, elle est adéquate au contrat social. En la promulguant, vous proclamez la fin du Gouvernement. Qui vous empêche de la donner tout de suite, cette simplification ?...

3. La Monarchie Constitutionnelle.

Avant 89, le Gouvernement était en France ce qu'il est encore en Autriche, en Prusse, en Russie, et dans plusieurs autres pays de l'Europe, un Pouvoir sans contrôle, entouré de quelques institutions ayant pour tous force de loi. C'était, comme disait Montesquieu, une *monarchie tempérée.* Ce gouvernement a disparu avec les droits féodaux et ecclésiastiques qu'il s'avisa mal à propos, mais fort consciencieusement, de vouloir défendre ; il fut remplacé, après de fortes secousses et de nombreuses oscillations, par le Gouvernement dit représentatif ou *monarchie constitutionnelle*. Dire que la liberté et le bien-être du Peuple y gagnèrent quelque chose, abstraction faite de la purge des droitsféodaux qui furent abolis, et de la vente des biens nationaux qui furent repris, ce serait s'avancer beaucoup ; ce qu'il faut avouer toutefois, et qui est certain, c'est que cette nouvelle reculade du principe gouvernemental fit avancer d'autant la négation révolutionnaire. Là est le motif réel, décisif, qui nous rend, à nous qui ne considérons que le droit, la monarchie constitutionnelle préférable à la monarchie tempérée, de même que la démocratie représentative ou le régime du suffrage universel nous paraît préférable au constitutionnalisme, et le Gouvernement direct préférable à la représentation.

Mais on peut prévoir déjà qu'arrivé à ce dernier terme, le Gouvernement direct, la confusion sera au comble, et qu'il ne restera à faire que l'une ou l'autre de ces deux choses : ou recommencer l'évolution, ou bien procéder à l'abolition.

Reprenons notre critique.

La souveraineté, disent les Constitutionnels, est dans le Peuple. Le Gouvernement émane de lui. Que la Nation, dans sa partie la plus éclairée, soit donc appelée à élire ses citoyens les plus notables par leur fortune, leurs lumières, leurs talents et leurs vertus, les plus directement intéressés à la justice des lois, à la bonne administration de l'État, et les plus capables d'y concourir. Que ces hommes, périodiquement assemblés, régulièrement consultés, entrent dans les conseils du prince, participent à l'exercice de son autorité : on aura fait tout ce qu'il est possible d'attendre de l'imperfection de notre nature pour la liberté et le bien-être des hommes. Alors le Gouvernement sera sans danger, toujours en communion avec le Peuple.

Certes ce sont là de grandes paroles, mais qui attesteraient une insigne rouerie, si depuis 89, et grâce surtout à Rousseau, nous n'avions appris à croire à la bonne foi de tous ceux qui se mêlent ainsi à la chose publique.

Il s'agit d'abord d'apprécier le système constitutionnel,

Pierre-Joseph Proudhon

interprétation du dogme nouveau, la souveraineté du Peuple. Une autre fois, nous chercherons ce qu'est en elle-même cette souveraineté.

Jusqu'à la Réforme, le Gouvernement avait été réputé de droit divin : *Omnis potestas à Deo*. Après Luther, on commença d'y voir une institution humaine : Rousseau, qui l'un des premiers s'empara de cette donnée, en déduisit sa théorie. Le Gouvernement venait d'en-haut : il le fit venir d'en bas par la mécanique du suffrage, plus ou moins universel. Il n'eut garde de comprendre que si le Gouvernement était devenu, de son temps, corruptible et fragile, c'était justement parce que le principe d'autorité, appliqué à une nation, est faux et abusif ; qu'en conséquence, ce n'était pas la forme du Pouvoir ou son origine qu'il fallait changer, c'était son application même qu'il fallait nier.

Rousseau ne vit point que l'autorité, dont le siége est dans la famille, est un principe mystique, antérieur et supérieur à la volonté des personnes qu'il intéresse, du père et de la mère, aussi bien que de l'enfant ; que ce qui est vrai de l'autorité dans la famille, le serait également de l'autorité dans la Société, si la Société contenait en soi le principe et la raison d'une autorité quelconque ; qu'une fois l'hypothèse d'une autorité sociale admise, celle-ci ne peut, en aucun cas, dépendre d'une convention ; qu'il est contradictoire que ceux qui doivent obéir à l'autorité commencent par la décréter ; que le Gouvernement, dès lors, s'il doit exister, existe par la nécessité des choses ; qu'il relève, comme dans la famille, de l'ordre naturel ou divin, ce qui pour nous est la même chose ; qu'il ne peut convenir à qui que ce soit de le discuter et de le juger ; qu'ainsi, loin de pouvoir se soumettre à un contrôle de représentants, à une juridiction de comices populaires, c'est à lui seul qu'il appartient de se conserver, développer, renouveler, perpétuer, etc., suivant un mode inviolable, auquel nul n'a le droit de toucher, et qui ne laisse aux subordonnés que la faculté très-humble de produire, pour éclairer la religion du prince, des avis, des informations et des doléances.

Il n'y a pas deux espèces de gouvernements, comme il n'y a pas deux espèces de religions. Le Gouvernement est de droit divin ou il n'est pas ; de même que la Religion est du ciel ou n'est rien. *Gouvernement démocratique* et *Religion naturelle* sont deux

QUATRIÈME ÉTUDE

contradictions, à moins qu'on ne préfère y voir deux mystifications. Le Peuple n'a pas plus voix consultative dans l'État que dans l'Église : son rôle est d'obéir et de croire.

Aussi, comme les principes ne peuvent faillir, que les hommes seuls ont le privilége de l'inconséquence, le Gouvernement, dans Rousseau ainsi que dans la Constitution de 91 et toutes celles qui ont suivi, n'est-il toujours, en dépit du procédé électoral, qu'un Gouvernement de droit divin ; une autorité mystique et surnaturelle qui s'impose à la liberté et à la conscience, tout en ayant l'air de réclamer leur adhésion.

Suivez cette série :

Dans la famille, où l'autorité est intime au cœur de l'homme, le Gouvernement se pose par la *génération ;*

Dans les mœurs sauvages et barbares, il se pose par le *patriarcat,* ce qui rentre dans la catégorie pré- cédente, ou par la *force ;*

Dans les mœurs sacerdotales, il se pose par la *foi ;*

Dans les mœurs aristocratiques, il se pose par la *primogéniture,* ou la *caste ;*

Dans le système de Rousseau, devenu le nôtre, il se pose soit par le *sort,* soit par le *nombre.*

La génération, la force, la foi, la primogéniture, le sort, le nombre, toutes choses également inintelligibles et impénétrables, sur lesquelles il n'y a point à raisonner, mais à se soumettre : tels sont, je ne dirai pas les principes, — l'Autorité comme la Liberté ne reconnaît qu'elle-même pour principe, — mais les modes différents par lesquels s'effectue, dans les sociétés humaines, l'investiture du Pouvoir. À un principe primitif, supérieur, antérieur, indiscutable, l'instinct populaire a cherché de tout temps une expression qui fût également primitive, supérieure, antérieure et indiscutable. En ce qui concerne la production du Pouvoir, la force, la foi, l'hérédité, ou le nombre, sont la forme variable que revêt cette ordalie ; ce sont des jugements de Dieu.

Est-ce donc que le nombre offre à votre esprit quelque chose de plus rationnel, de plus authentique, de plus moral, que la foi ou la force ? Est-ce que le scrutin vous paraît plus sûr que la tradition ou l'hérédité ? Rousseau déclame contre le droit du plus fort, comme si la force, plutôt que le nombre, constituait l'usurpation. Mais qu'est-ce donc que le nombre ? que prouve-t-il ? que vaut-il ? quel rapport entre l'opinion, plus ou moins unanime et sincère, des votants, et celle chose qui domine toute opinion, tout vote, la vérité, le droit ?

Quoi ! il s'agit de tout ce qui m'est le plus cher, de ma liberté, de mon travail, de la subsistance de ma femme et de mes enfants : et lorsque je compte poser avec vous des articles, vous renvoyez tout à un congrès, formé selon le caprice du sort ! Quand je me présente pour contracter, vous me dites qu'il faut élire des arbitres, lesquels, sans me connaître, sans m'entendre, prononceront mon absolution ou ma condamnation ! Quel rapport, je vous prie, entre ce congrès et moi ? quelle garantie peut-il m'offrir ? pourquoi ferais-je à son autorité ce sacrifice énorme, irréparable, d'accepter ce qu'il lui aura plu de résoudre, comme étant l'expression de ma volonté, la juste mesure de mes droits ? Et quand ce congrès, après des débats auxquels je n'entends rien, s'en vient m'imposer sa décision comme loi, me tendre cette loi à la pointe d'une baïonnette, je demande, s'il est vrai que je fasse partie du souverain, ce que devient ma dignité ? si je dois me considérer comme stipulant, où est le contrat ?

Les députés, prétend-on, seront les hommes les plus capables, les plus probes, les plus indépendants du pays ; choisis, comme tels, par une élite de citoyens les plus intéressés à l'ordre, à la liberté, au bien-être des travailleurs et au progrès. Initiative sagement conçue, qui répond de la bonté des candidats !

Mais pourquoi donc les honorables bourgeois composant la classe moyenne, s'entendraient-ils mieux que moi-même sur mes vrais intérêts ? Il s'agit de mon travail, observez donc, de l'échange de mon travail, la chose qui, après l'amour, souffre le moins l'autorité, comme dit le poëte :

Non bene conveniunt nec in unâ sede morantur Majestas et amor !......

Et vous allez livrer mon travail, mon amour, par procuration, sans mon consentement ! Qui me dit que vos procureurs n'useront pas de leur privilége pour se faire du Pouvoir un instrument d'exploitation ? Qui me garantit que leur petit nombre ne les livrera pas, pieds, mains et consciences liés, à la corruption ? Et s'ils ne

QUATRIÈME ÉTUDE

veulent se laisser corrompre, s'ils ne parviennent à faire entendre raison à l'autorité, qui m'assure que l'autorité voudra se soumettre ?

De 1815 à 1830, le pays légal fut en guerre continuelle avec l'autorité : la lutte finit par une révolution. De 1830 à 1848, la classe électorale, dûment renforcée après la malheureuse expérience de la Restauration, fut en butte aux séductions du Pouvoir ; la majorité était déjà corrompue lorsque le 24 février éclata : la prévarication finit encore par une révolution. L'épreuve est faite : on n'y reviendra pas. Or çà, partisans du régime représentatif, vous nous rendriez un vrai service, si vous pouviez nous préserver des mariages forcés, des corruptions ministérielles, et des insurrections populaires : *A spiritu fornicationis, ab incursu et dæmonio meridiano.*

4. Le suffrage universel.

La solution est trouvée, s'écrient les plus intrépides. Que tous les citoyens prennent part au vote : il n'y aura puissance qui leur résiste, ni séduction qui les corrompe. C'est ce que pensèrent, le lendemain de Février, les fondateurs de la République.

Quelques-uns ajoutent : Que le mandat soit impératif, le représentant perpétuellement révocable ; et l'intégrité de la loi sera garantie, la fidélité du législateur assurée.

Nous entrons dans le gâchis.

Je ne crois nullement, et pour cause, à cette intuition divinatoire de la multitude, qui lui ferait discerner, du premier coup, le mérite et l'honorabilité des candidats. Les exemples abondent de personnages élus par acclamation, et qui, sur le pavois où ils s'offraient aux regards du peuple enivré, préparaient déjà la trame de leurs trahisons. À peine si, sur dix coquins, le peuple, dans ses comices, rencontre un honnête homme......

Mais que me font, encore une fois, toutes ces élections ? Qu'ai-je besoin de mandataires, pas plus que de représentants ? Et puisqu'il faut que je précise ma volonté, ne puis-je l'exprimer sans le secours de personne ? M'en coûtera-t-il davantage, et ne suis-je pas encore plus sûr de moi que de mon avocat ?

On me dit qu'il faut en finir ; qu'il est impossible que je m'occupe de tant d'intérêts divers ; qu'après tout un conseil d'arbitres, dont les membres auront été nommés par toutes les voix du peuple, promet une approximation de la vérité et du droit, bien supérieure à la justice d'un monarque irresponsable, représenté par des ministres insolents et des magistrats que leur inamovibilité tient, comme le prince, hors de ma sphère.

D'abord, je ne vois point la nécessité d'en finir à ce prix : je ne vois pas surtout que l'on en finisse. L'élection ni le vote, même unanimes, ne résolvent rien. Depuis soixante ans que nous les pratiquons à tous les degrés l'un et l'autre, qu'avons-nous fini ? Qu'avons nous seulement défini ? Quelle lumière le peuple a-t-il obtenue de ses assemblées ? Quelles garanties a-t-il conquises ? Quand on lui ferait réitérer, dix fois l'an, son mandat, renouveler tous les mois ses officiers municipaux et ses juges, cela ajouterait-il un centime à son revenu ? En serait-il plus sûr, chaque soir en se couchant, d'avoir le lendemain de quoi manger, de quoi nourrir ses enfants ? Pourrait-il seulement répondre qu'on ne viendra-pas l'arrêter, le traîner en prison ?…

Je comprends que sur des questions qui ne sont pas susceptibles d'une solution régulière, pour des intérêts médiocres, des incidents sans importance, on se soumette à une décision arbitrale. De semblables transactions ont cela de moral, de consolant, qu'elles attestent dans les âmes quelque chose de supérieur même à la justice, le sentiment fraternel. Mais sur des principes, sur l'essence même des droits, sur la direction à imprimer à la société ; mais sur l'organisation des forces industrielles ; mais sur mon travail, ma subsistance, ma vie ; mais sur cette hypothèse même du Gouvernement que nous agitons, je repousse toute autorité présomptive, toute solution indirecte ; je ne reconnais point de conclave : je veux traiter directement, individuellement, pour moi-même ; le suffrage universel est à mes yeux une vraie loterie.

Le 25 février 1848, une poignée de Démocrates, après avoir chassé la Royauté, proclame à Paris la République. Ils ne prirent, pour cela, conseil que d'eux-mêmes, n'attendirent pas que le peuple, réuni en assemblées primaires, eût prononcé. L'adhésion des citoyens fut hardiment préjugée par eux. Je crois, en mon âme et conscience, qu'ils firent bien ; je crois qu'ils agirent dans la plénitude de leur droit, quoiqu'ils fussent au reste du Peuple comme 1 est à 1,000.

QUATRIÈME ÉTUDE

Et c'est parce que j'étais convaincu de la justice de leur œuvre que je n'ai pas hésité à m'y associer : la République, selon moi, n'étant autre chose qu'une résiliation de bail entre le Peuple et le Gouvernement. *Adversùs hostem œterna auctoritas esto !* dit la loi des Douze Tables. Contre le pouvoir la revendication est imprescriptible, l'usurpation est un non-sens.

Cependant au point de vue de la souveraineté du nombre, du mandat impératif et du suffrage universel qui nous régissent plus ou moins, ces citoyens-là commirent un acte usurpatoire, un véritable attentat contre la foi publique et le droit des gens. De quel droit, eux sans mandat, eux que le Peuple n'avait point élus, eux qui, dans la masse des citoyens, ne formaient qu'une minorité imperceptible, de quel droit, dis-je, se sont-ils rués sur les Tuileries comme une bande de pirates, ont-ils aboli la monarchie, et proclamé la République ?

La République, disions-nous aux élections de 1850, *est au-dessus du suffrage universel !* Cet apophthegme a été reproduit depuis à la tribune, avec acclamations, par un homme qui n'est pas suspect cependant d'opinions anarchiques, le général Cavaignac. Si cette proposition est vraie, la moralité de la Révolution de février est vengée : mais que dire de ceux qui, en proclamant la République, n'y virent autre chose que l'exercice même du suffrage universel, une forme nouvelle de Gouvernement ? Le principe gouvernemental admis, c'était au Peuple à prononcer sur la forme : or, qui oserait affirmer que si cette condition eût été remplie, le Peuple français eût voté en faveur de la République ?......

Le 10 décembre 1848, le Peuple, consulté sur le choix de son premier magistrat, nomme Louis Bonaparte, à la majorité de 5 millions et demi de suffrages sur 7 millions et demi de votants. En optant pour ce candidat, le Peuple, à son tour, n'a pris conseil que de sa propre inclination ; il n'a tenu compte des prédictions et des avis des républicains. J'ai blâmé, quant à moi, cette élection, par les mêmes motifs qui, le 24 février, m'avaient fait adhérer à la proclamation de la République. Et c'est parce que je l'avais blâmée, que j'ai combattu depuis, autant qu'il était en moi, le gouvernement de l'élu du Peuple.

Cependant, au point de vue du suffrage universel, du mandat

impératif, et de la souveraineté du nombre, je devais croire que Louis Bonaparte résumait en effet les idées, les besoins et les tendances de la nation. Sa politique, je devais la prendre pour la politique du Peuple. Fût-elle contraire à la Constitution, par cela seul que la Constitution n'émanait pas directement du suffrage universel, que l'œuvre des législateurs n'en avait pas reçu la consécration, tandis que le Président était la personnification immédiate de la majorité des voix, cette politique devait être censée consentie, inspirée, encouragée par le souverain. Ceux qui, le 13 juin 1849, allèrent au Conservatoire, étaient des factieux. Qui donc leur donnait le droit de supposer que le Peuple, au bout de six mois, désavouait son Président ? Louis Bonaparte s'était présenté sous les auspices de son oncle : on savait ce que cela voulait dire.

Eh bien ! qu'en dites-vous ? Le Peuple, je parle du Peuple, tel qu'il se révèle au forum, dans les urnes du scrutin, le Peuple qu'on n'aurait pas osé consulter en Février sur la République ; le Peuple qui s'est manifesté, au 16 avril et après les journées de juin, en majorité immense contre le Socialisme ; le Peuple qui a élu Louis Bonaparte en adoration de l'Empereur ; le Peuple qui a nommé la Constituante, *hélas !* et puis après la Législative, *holà !* le Peuple qui ne s'est pas levé le 13 juin ; le Peuple qui n'a pas poussé un cri au 31 mai ; le Peuple qui signe des pétitions pour la révision, et contre la révision ; ce Peuple-là, quand il s'agira de reconnaître les plus vertueux et les plus capables, de leur donner mandat pour l'organisation du Travail, du Crédit, de la Propriété, du Pouvoir lui-même, se trouvera éclairé d'en-haut ; ses représentants, inspirés de sa sagesse, seront infaillibles !

Ni M. Rittinghausen, qui a découvert en Allemagne le principe de la *Législation directe ;* ni M. Considérant, qui a demandé pardon à Dieu et aux hommes d'avoir été si longtemps rebelle à cette idée sublime ; ni M. Ledru-Rollin, qui les renvoie l'un et l'autre à la Constitution de 93 et à Jean-Jacques ; ni M. Louis Blanc, qui, se plaçant entre Robespierre et M. Guizot, les rappelle tous trois au pur jacobinisme ; ni M. de Girardin, qui, n'ayant pas plus de confiance à la législation directe qu'au suffrage universel et à la monarchie représentative, croit plus expéditif, plus utile, plus tôt fait, de simplifier le Gouvernement ; aucun de ces hommes, les plus avancés de l'époque, ne sait ce qu'il convient de faire pour la garantie du travail, la juste mesure de la propriété, la bonne foi du commerce, la moralité de la concurrence, la fécondité du crédit, l'égalité de l'impôt, etc., ou si quelqu'un d'eux le sait, il ne l'ose dire.

Et dix millions de citoyens qui n'ont pas, comme ces penseurs de profession, étudié, analysé dans leurs éléments, rapporté à leurs causes, développé dans leurs conséquences, comparé dans leurs affinités les principes de l'organisation sociale ; dix millions de pauvres d'esprit qui ont juré par toutes les idoles, qui ont applaudi à tous les programmes, qui ont été dupes de toutes les intrigues, ces dix millions, rédigeant leurs cahiers et nommant *ad hoc* leurs mandataires, résoudront sans faillir le problème de la Révolution ! Oh ! messieurs, vous ne le croyez point, vous ne l'espérez pas. Ce que vous croyez, ce dont vous pouvez être à peu près certains, si on laisse aller les choses, c'est que vous serez nommés tous, par une partie du peuple, comme capacités présumées, M. Ledru-Rollin, président de la République ; M. Louis Blanc, ministre du Progrès ; M. de Girardin, ministre des finances ; M. Considérant, ministre de l'agriculture et des travaux publics ; M. Rittinghausen, ministre de la justice et de l'instruction publique : après quoi le problème de la Révolution se résoudra comme il pourra. Allons, soyons de bonne foi, le suffrage universel, le mandat impératif, la responsabilité des représentants, le système *capacitaire,* enfin, tout cela est enfantillage : je ne leur confierais point mon travail, mon repos, ma fortune ; je ne risquerais pas un cheveu de ma tête pour les défendre.

5. La Législation directe.

Législation directe ! Bon gré, mal gré, il faut en venir là. Robespierre, cité par Louis Blanc, a beau s'écrier, sur l'autorité de Jean-Jacques : « Ne voyez-vous pas que ce projet (l'appel au Peuple) ne tend qu'à détruire la Convention elle-même ; que les assemblées primaires une fois convoquées, l'intrigue et le feuillantisme les détermineront à délibérer sur TOUTES LES PROPOSITIONS qui pourront servir leurs vues perfides ; qu'elles remettront en question jusqu'à la proclamation de la République ?... Je ne vois dans votre système que le projet de détruire l'ouvrage du Peuple et de rallier les ennemis qu'il a vaincus. Si vous avez un respect si scrupuleux pour sa volonté souveraine, sachez la respecter ; remplissez la mission qu'il vous a confiée. C'est se jouer de la majesté du souverain, que de lui renvoyer une affaire qu'il vous a chargés de terminer promptement. *Si le Peuple avait le temps de s'assembler pour juger des procès et pour décider des questions d'État,* il ne vous eût point confié le soin de ses intérêts. La seule manière de lui témoigner votre fidélité, c'est de faire des lois justes, et non de lui donner la guerre civile. »

Robespierre ne me convainc pas du tout. J'aperçois trop son despotisme. *Si les assemblées primaires,* dit-il, *étaient convoquées pour juger des questions d'État, la Convention serait détruite.* C'est clair. Si le Peuple devient législateur, à quoi bon des représentants ? S'il gouverne par lui-même, à quoi bon des ministres ? Si seulement on lui laisse le droit de contrôle, que devient notre autorité ?... Robespierre fut un de ceux qui, à force de prêcher au peuple le respect de la Convention, le déshabituèrent de la place publique, et préparèrent la réaction de thermidor. Il ne lui manqua pour être chef de cette réaction, que de guillotiner ses compétiteurs, au lieu de se faire sottement guillotiner par eux. Sa place alors, en attendant l'invincible empereur, était marquée dans un Triumvirat ou un Directoire. Il n'y aurait eu rien de changé dans les destinées de la République ; il n'y aurait eu qu'une palinodie de plus.

Enfin, dit-on, le peuple n'a pas le temps !... C'est possible ; mais ce n'est pas une raison pour que je m'en rapporte à Robespierre. Je veux traiter moi-même, vous dis-je, et puisque législation il y a, être mon propre législateur. Commençons donc par écarter cette souveraineté jalouse de l'avocat d'Arras ; puis, sa théorie dûment enterrée, venons à celle de M. Rittinghausen.

Que veut celui-ci ?

Que nous traitions, les uns avec les autres, chacun dans la mesure de nos besoins, sans intermédiaire, directement ? Non : M. Rittinghausen n'est pas à ce point ennemi du pouvoir. Il veut seulement qu'au lieu de faire servir le suffrage universel à l'élection des législateurs, on le fasse servir à la confection de la loi, uniforme et impersonnelle. C'est donc encore une lutte, une mystification.

Je ne reproduirai point, sur l'application du suffrage universel aux matières de législation, les objections qu'on a faites de tout temps contre les assemblées délibérantes, par exemple, qu'une seule voix faisant la majorité, c'est par une seule voix que le législateur ferait la loi. Que cette voix aille à droite, le législateur dit oui ; qu'elle aille à gauche, il dit non. Cette absurdité parlementaire, qui est le grand ressort de la rouerie politique, transportée sur le terrain du suffrage universel, amènerait sans doute avec des scandales monstrueux d'épouvantables conflits. Le Peuple législateur serait bientôt odieux à lui-même et discrédité. — Je laisse ces objections aux menus critiques, et ne m'arrête qu'à l'erreur fondamentale et par suite à l'inévitable déception de cette législation prétendue directe.

Ce que cherche M. Rittinghausen, sans que toutefois il le dise, c'est la Pensée générale, collective, synthétique, indivisible, en un mot la pensée du Peuple, considéré, non plus comme multitude, non plus comme être de raison, mais comme existence supérieure et vivante. La théorie de Rousseau lui-mêmeconduisait là. Que voulait-il, que veulent ses disciples par leur suffrage universel et leur loi de majorité ? approximer, autant que possible, la raison générale et impersonnelle, en regardant comme adéquate à cette raison l'opinion du plus grand nombre. M. Rittinghausen suppose donc que le vote de la loi, par tout le peuple, donnera une approximation plus grande que le vote d'une simple majorité de représentants : c'est dans cette hypothèse que consiste toute l'originalité, toute la moralité de sa théorie.

Mais cette supposition en implique nécessairement une autre, à savoir, qu'il y a dans la collectivité du Peuple une pensée *sui generis,* capable de représenter à la fois l'intérêt collectif et l'intérêt individuel, et que l'on peut dégager, avec plus ou moins d'exactitude, par un procédé électoral ou scrutatoire quelconque ; conséquemment que le Peuple n'est pas seulement un *être de raison,* une *personne morale,* comme disait Rousseau, mais bien une personne véritable, qui a sa réalité, son individualité, son essence, sa vie, sa raison propre. S'il en était autrement, s'il n'était pas vrai que le suffrage ou le vote universel sont pris ici par leurs partisans pour une approximation supérieure de la vérité, je demanderais sur quoi repose l'obligation, pour la minorité, de se soumettre à la volonté de la majorité ? L'idée de la *réalité* et de la *personnalité* de

Pierre-Joseph Proudhon

l'Être collectif, idée que la théorie de Rousseau nie, dès le début, de la manière la plus expresse, est donc au fond de cette théorie ; à plus forte raison doit-elle se retrouver dans celles qui ont pour but de faire intervenir le peuple dans la loi, d'une manière plus complète et plus immédiate.

Je n'insiste pas, quant à présent, sur la réalité et la personnalité de l'Être collectif, idée qui n'est apparue jusqu'à ce jour, dans sa plénitude, à aucun philosophe, et dont l'exposition exigerait à elle seule un volume aussi gros que celui-ci. Je me borne à rappeler que cette idée, qui ne fait qu'exprimer d'une manière concrète la souveraineté positive du genre humain, identique à la souveraineté individuelle, est le principe secret, bien que non avoué, de tous les systèmes de consultation populaire, et revenant à M. Rittinghausen, je lui dis :

Comment avez-vous pu croire qu'une pensée à la fois particulière et générale, collective et individuelle, en un mot synthétique, pouvait s'obtenir par la voie d'un scrutin, c'est-à-dire, précisément, par la formule officielle de la diversité ? Cent mille voix, chantant à L'UNISSON, vous donneraient à peine le sentiment vague de l'être populaire. Mais cent mille voix individuellement consultées, et répondant chacune d'après l'opinion qui lui est particulière ; cent mille voix qui chantent à part, sur des tons différents, ne peuvent vous faire entendre qu'un épouvantable charivari ; et plus, dans ces conditions, vous multiplierez les voix, plus la confusion augmentera. Tout ce que vous avez à faire alors, pour approcher de la raison collective, qui est l'essence même du peuple, c'est, après avoir recueilli l'opinion motivée de chaque citoyen, d'opérer le dépouillement de toutes les opinions, de comparer les motifs, d'en opérer la réduction, puis d'en dégager, par une induction plus ou moins exacte, la synthèse, c'est-à-dire, la pensée générale, supérieure, qui seule peut être attribuée au peuple. Mais quel temps pour une semblable opération ? Qui se chargera de l'exécuter ? Qui répondra de la fidélité du travail, de la certitude du résultat ? Quel logicien se fera fort de tirer de cette urne du scrutin qui ne contient que des cendres, le germe vivant et vivifiant, l'Idée populaire ?

Évidemment un pareil problème est inextricable, insoluble. Aussi M. Rittinghausen, après avoir mis en avant les plus belles maximes sur le droit inaliénable du peuple de légiférer sa propre loi, a-t-il fini, comme tous les opérateurs politiques, par escamoter la difficulté. Ce n'est plus le peuple QUIPOSERA les questions, ce sera le gouvernement. Aux questions POSÉESexclusivement par le pouvoir, le peuple n'aura qu'à répondre *Oui* ou *Non,* comme l'enfant au catéchisme. On ne lui laissera pas même la faculté de faire des amendements.

Il fallait bien qu'il en fût ainsi, dans ce système de *législation discordante,* si l'on voulait tirer de la multitude quelque chose. M. Rittinghausen le reconnaît de bonne grâce. Il avoue que si le peuple, convoqué dans ses comices, avait la faculté d'*amender* les questions, ou, ce qui est plus grave encore, de les *poser,*la législation directe ne serait qu'une utopie. Il faut, pour rendre cette législation praticable, que le souverain n'ait à statuer jamais que sur une alternative, laquelle devra embrasser par conséquent, dans l'un de ses termes, toute la vérité, rien que la vérité ; dans l'autre, toute l'erreur, rien que l'erreur. Si l'un ou l'autre des deux termes contenait plus ou moins que la vérité, plus ou moins que l'erreur, le souverain, trompé par la question de ses ministres, répondrait infailliblement par une sottise.

Or, il est impossible, sur des questions universelles, embrassant les intérêts de tout un peuple, d'arriver jamais à un dilemme rigoureux ; ce qui signifie que de quelque manière que la question soit posée au peuple, il est à peu près inévitable qu'il se trompe.

Donnons des exemples.

Supposons que la question posée soit celle-ci : *Le gouvernement sera-t-il direct ou indirect ?*

Après le succès qu'ont obtenu dans la démocratie les idées de MM. Rittinghausen et Considérant, on peut présumer, avec une quasi-certitude, que la réponse, à l'immense majorité, sera DIRECT. Or, que le gouvernement soit direct, ou qu'il soit indirect, il reste au fond toujours le même : l'un ne vaut pas mieux que l'autre. Le peuple consulté, s'il répond non, abdique ; s'il dit oui, se jugule. Que dites-vous de ce résultat ?

Autre question.

Y aura-t-il deux pouvoirs dans le gouvernement, ou n'y en aura-t-il qu'un seul ? En termes plus clairs : *Nommera-t-on un Président ?*

Dans l'état actuel des esprits, nul doute que la réponse, inspirée par un républicanisme qui se croit *avancé,* ne soit négative. Or, ainsi que le savent tous ceux qui se sont occupés d'organisation gouvernementale, et que je le prouverai tout à l'heure, le peuple, en cumulant tous les pouvoirs dans une même Assemblée, sera tombé de fièvre en chaud mal. La question, cependant, paraissait si simple !

L'Impôt sera-t-il proportionnel ou progressif ?

À une autre époque, la proportionnalité semblait chose naturelle ; aujourd'hui, le préjugé a tourné : il y a cent à parier contre un que le peuple choisira la progression. Eh bien ! dans l'un comme dans l'autre cas, le souverain commettra une injustice. Si l'impôt est proportionnel, le travail est sacrifié ; s'il est progressif, c'est le talent. Dans tous les cas l'intérêt public est lésé et l'intérêt particulier en souffrance : la science économique, supérieure à tous les scrutins,le démontre. Pourtant la question semblait encore des plus élémentaires.

Je pourrais multiplier ces exemples à l'infini : je préfère citer ceux qu'a donnés M. Rittinghausen, qui naturellement les a jugés suffisamment explicites et convaincants.

Y aura-t-il un chemin de fer de Lyon à Avignon ?

Le peuple ne dira pas non, certes, puisque son plus grand désir est de mettre la France au niveau de la Belgique et de l'Angleterre, en rapprochant les distances et favorisant de tout son pouvoir la circulation des hommes et des produits. Il répondra donc, *Oui,* comme l'a prévu M. Rittinghausen. Or, ce *Oui*peut contenir une méprise grave : dans tous les cas, c'est une atteinte au droit des localités.

Il existe de Châlon à Avignon une ligne navigable qui offre le transport à 70 pour 100 au-dessous de tous les tarifs de chemins de fer. Elle peut abaisser ses prix, j'en sais quelque chose, à 90 pour 100. — Au lieu de construire une voie ferrée, qui coûtera 200 millions, et qui ruinera le commerce de quatre départements, pourquoi ne pas utiliser cette ligne, qui ne coûterait presque rien ?...... Mais ce n'est pas ainsi qu'on l'entend au Palais Législatif, où il n'y a pas un commissionnaire : et comme le peuple français, à l'exception des riverains du Rhône et de la Saône, ne sait pas plus que ses ministres ce qui se passe sur les deux fleuves, il parlera, c'est facile à prévoir,

QUATRIÈME ÉTUDE

non suivant sa pensée, mais selon le désir de ses commis. Quatre-vingt-deux départements prononceront la ruine des quatre autres ; ainsi le veut la législation directe.

Qui bâtira le chemin de fer ? l'État ou une compagnie d'assurances ?

En 1849, les compagnies étaient en faveur. Le peuple leur portait ses économies ; M. Arago, un républicain solide, votait pour elles. On ne savait pas alors ce que c'est que des compagnies ! L'État l'emporte maintenant : le peuple, toujours aussi bien renseigné, lui donnera, c'est indubitable, la préférence. Or, quelque parti qu'il prenne, le législateur souverain ne sera encore ici que le mannequin d'ambitieux d'une autre espèce. Avec les compagnies, le bon marché est compromis, le commerce mis à rançon ; avec l'État le travail n'est plus libre. C'est le système Méhémet-Ali appliqué aux transports. Quelle différence y a-t-il, pour le pays, à ce que les chemins de fer engraissent des traitants, ou fournissent des sinécures aux amis de M. Rittinghausen ?...... Ce qu'il faudrait, ce serait de faire des chemins de fer une propriété nouvelle ; ce serait de perfectionner, en l'appliquant aux chemins de fer, la loi de 1810 relative aux mines, et de concéder les exploitations, sous des conditions déterminées, à des compagnies responsables, non de capitalistes, mais d'OUVRIERS. Mais la législation directe n'ira jamais jusqu'à émanciper un homme : sa formule est générale ; elle asservit tout le monde.

Comment l'État exécutera-t-il le chemin ? Est-ce en levant les sommes nécessaires par un impôt ? — Est-ce en faisant un impôt à 8 ou 10 pour 100 chez les banquiers ? — Ou enfin, est-ce en décrétant une émission de bons de circulation, garantis sur le chemin de fer même ?

RÉPONSE : *En faisant une émission de bons de circulation.*

J'en demande pardon à M. Rittinghausen : la solution qu'il donne ici au nom du peuple, bien que fort en crédit dans la démocratie, n'en vaut pas mieux pour autant. Il peut très-bien arriver, et cela est fort probable, que les bons émis perdent à l'escompte 5, 10, 15, et au delà pour 100 : alors le mode d'exécution sera trois ou quatre fois plus onéreux au peuple que l'impôt ou l'emprunt. Qu'importe, encore une fois, pour le Peuple, de payer aux banquiers un intérêt usuraire ; ou aux agents de l'autorité, placés aux premières loges,

Pierre-Joseph Proudhon

des différences ?

L'Etat opérera-t-il le transport gratuit, ou tirera-t-il un revenu du chemin de fer ?

Si le peuple demande le transport gratuit, il se fait volontairement illusion, puisque tout service doit être payé ; si le peuple décide que l'État *tirera un revenu,* il manque à son propre intérêt, puisque les services publics doivent être sans *bénéfices.* La question est donc mal posée. Il fallait dire : *Le prix du transport sera-t-il, ou non, égal au prix de revient ?* Mais comme le prix de revient varie sans cesse, et qu'il faut, pour en faire l'application d'une manière suivie, une science et une législation particulière, il s'ensuit en définitive que sur ce point, comme sur tous les autres, la réponse du peuple, sera non pas une loi, mais une surprise.

Est-il clair que cette législation directe n'est autre chose qu'un perpétuel escamotage ? Sur cent questions posées au Peuple par le Gouvernement, il y en aura quatre-vingt-dix-neuf dans le cas des précédentes ; et la raison, M. Rittinghausen qui est logicien ne peut l'ignorer, c'est que les questions posées au peuple seront ordinairement des questions *spéciales,* et que le suffrage universel ne peut donner que des réponses *générales.* Le législateur mécanique, forcé d'obéir au dilemme, ne pourra modifier sa formule suivant la vérité du lieu, du moment, de la circonstance : sa réponse, calculée sur la fantaisie populaire, sera connue d'avance, et, quelle que soit cette réponse, elle sera toujours fausse.

6. Gouvernement direct ou Constitution de 93. — Réduction à l'absurde de l'idée gouvernementale.

La position qu'a prise dans cette controverse M. Ledru-Rollin est remarquable. Si j'ai bien compris sa pensée, il a voulu tout à la fois, d'abord restituer aux auteurs de la Constitution de 93 l'idée première du Gouvernement direct ; en second lieu, montrer que cette Constitution, qui fut le point culminant du progrès démocratique, atteint, si même elle ne les dépasse, les limites du possible ; enfin, arracher les esprits aux vaines curiosités de l'utopie, en les replaçant dans la ligne authentique de la Révolution.

En cela M. Ledru-Rollin, il ne m'en coûte rien de le reconnaître, s'est montré plus libéral que M. Louis Blanc, sectateur inflexible du gouvernementalisme de Robespierre ; et plus intelligent des choses politiques que MM. Considérant et Rittinghausen, dont la théorie, enfoncée dans l'impossible, n'a pas même le mérite d'une logique franche et irréprochable.

M. Ledru-Rollin, personnifiant la Constitution de 93, semble un problème vivant qui dit au Peuple : Vous ne pouvez rester en deçà ; mais vous n'irez pas au delà ! Et, il faut l'avouer, cette appréciation de la Constitution de 93 est vraie.

Mais j'en conclus que la Constitution de 93, rédigée par les esprits les plus libéraux de la Convention, est le monument élevé par nos pères pour témoigner contre le régime politique ; que nous devons y voir une leçon, non un programme ; la prendre pour point de départ, non pour but d'arrivée. M. Ledru-Rollin est homme de progrès : il ne saurait récuser une conclusion qui, prenant la Constitution de 93 pour dernière expression de la pratique gouvernementale, s'élève, à l'aide de ce point d'appui, dans une sphère plus haute, et change tout à coup le sol révolutionnaire.

C'est à ce point de vue que, résumant toutes mes observations, tant sur la Constitution de 93 que sur la glose qu'y a ajoutée récemment M. Ledru-Rollin, en une proposition unique, je tâcherai de faire ressortir, par une dernière preuve, l'incompatibilité absolue du Pouvoir avec la Liberté.

M. Ledru-Rollin a parfaitement senti qu'avec l'énorme restriction imposée à la prérogative populaire par le droit dévolu au Gouvernement de poser les questions que le Peuple seul doit résoudre, la législation directe n'était plus qu'une puérile et immorale mystification. Rentrant alors dans la Constitution de 93, il s'est dit, d'accord en cela avec la raison des siècles : Le Peuple ne doit statuer que sur les questions les plus générales ; les choses de détail doivent être laissées aux ministres et à l'Assemblée.

« La distinction, dit-il, a été justement posée entre les *Lois* et les *Décrets* : quoi qu'on en dise, la ligne de démarcation est facile à garder. »

Sans doute, quant à la pratique, et lorsqu'il s'agit des points fondamentaux du droit public, qu'on est toujours maître de déterminer : c'est ainsi que l'ont entendu les auteurs de la Constitution de 93. Mais en théorie, où l'on veut des distinctions précises, il n'en va plus de même : la Constitution de 93 semble consacrer une usurpation. « Car, ainsi que le fait observer Louis Blanc, dès que vos 37,000 communes votent la *loi,* de quel droit leur enlèveriez-vous le soin de décider par elles-mêmes de ce qui est une *loi ?* De quel droit leur imposeriez-vous des *décrets* qu'elles ne voudraient pas reconnaître pour tels, et quipourraient fort bien, sous un nom nouveau, laisser subsister la tyrannie ancienne ? »

La *Démocratie pacifique,* organe de M. Considérant, est encore plus explicite : « Assez de principes primordiaux se trouvent formulés dans toutes les constitutions, dans toutes les lois fondamentales de l'Europe. Ils sont fixés en bloc par ses lois, mais on les renverse, on les ruine en détail par ce que vous appelez *décrets.* Introduire votre système, c'est faire proclamer par le Peuple la liberté de la presse pour la faire détruire ensuite par des décrets parlementaires sur la vente des journaux, sur le timbre, les brevets d'imprimeur, et tout cet attirail de compression forgé dans les assemblées législatives ; c'est faire acclamer par le Peuple le suffrage universel, pour faire exclure ensuite par un décret de mandataire la vile multitude, c'est faire publier par le Peuple les droits de l'homme, pour faire établir peu après par une décision de la Chambre l'*état de siége,* et cela sous prétexte de sauver la patrie et la civilisation… Comment alors préviendrez-vous le conflit de compétence entre vos deux pouvoirs législatifs, conflit de compétence que la malveillance naturelle de vos mandataires (et l'instinct de résistance naturel aux masses), ne manquera pas de faire naître à chaque instant ?… »

Ces considérations ont leur mérite : toutefois, avec une Constitution comme celle de 93, je ne crois pas, je le répète, qu'elles vaillent en dehors de la théorie. Voici qui me paraît toucher plus directement au fait.

La distinction entre les *lois* et les *décrets,* suivie par la Constitution de 93 et par M. Ledru-Rollin, tient essentiellement à celle des Pouvoirs, le *Législatif* et l'*Exécutif,* d'après la règle fournie par Rousseau :

« La loi n'étant que la déclaration de la volonté générale, il est clair que dans la puissance législative le Peuple ne peut pas être

QUATRIÈME ÉTUDE

représenté ; mais *il peut et doit l'être* dans la puissance exécutive, qui n'est que la force appliquée à la loi. »

C'est d'après ce principe de Rousseau, que, sous la Charte de 1814 et celle de 1830, tandis que la puissance législative résidait conjointement dans le Roi et les deux Chambres, l'exécutive appartenait exclusivement au premier, qui de la sorte se trouvait, suivant la règle de Rousseau, l'unique et vrai représentant du Pays.

Or, avant de faire aucune distinction entre les *lois* et les *décrets* ; avant d'attribuer au Peuple les premières, et les secondes au Gouvernement : il faut, de l'avis de toutes les opinions démocratiques, poser au Peuple cette question préalable :

La séparation des pouvoirs sera-t-elle une condition du Gouvernement ?

C'est-à-dire :

Le Peuple, qui ne peut être représenté dans la puissance Législative, le sera-t-il dans l'Exécutive ?

En autres termes :

Y aura-t-il un Président, ou non ?

Je défie qui que ce soit, dans toute la démocratie, de répondre affirmativement.

Or, si vous ne voulez ni Président, ni Consul, ni Triumvirs, ni Directeurs, ni Roi, en un mot, et malgré l'oracle de Rousseau, pas de Représentant de la puissance exécutive, à quoi sert votre distinction des *lois* et des *décrets* ? Il faut que le Peuple vote tout, lois et décrets sans exception, comme le veut Rittinghausen. Mais c'est justement ce que nous venons de reconnaître impraticable : la *Législation directe* est enterrée ; nous n'avons plus à y revenir.

M. Ledru-Rollin, ou plutôt la Constitution de 93, a cru tourner la difficulté, en disant, avec Condorcet, que le Pouvoir exécutif serait choisi, non par le Peuple, qui en est incapable, mais par l'Assemblée.

J'en demande pardon à Condorcet. Quoi ! l'on commence par dire que le Peuple peut et doit se faire représenter dans la puissance exécutive, et quand il s'agit de nommer ce *Représentant* du Peuple, au lieu de le faire élire, directement, par les citoyens, on le fait nommer par des *commissaires !* On ôte au Peuple la plus belle moitié du Gouvernement ; car, enfin, l'*Exécutif,* c'est plus que la moitié du Gouvernement, c'est tout ! Après avoir renvoyé au Peuple le fardeau législatif, on rejette sur lui la responsabilité de tous les actes du pouvoir, que l'on prétend n'être que l'application de ses lois. On a l'air de dire au Peuple, Souverain, Législateur et Juge : Parle, décide, légifère, vote, ordonne ! C'est nous tes mandataires, qui nous chargeons de l'interprétation, et puis après de l'exécution. Mais, quoi qu'il advienne, tu réponds de tout, *Quidquid dixeris, argumentabimur.*

Si M. Ledru-Rollin a eu un tort, c'est d'avoir appelé cela, à l'exemple de M. Considérant, *Gouvernement direct !*

D'abord, le Peuple, au lieu de répondre par *oui* ou par *non* sur toutes les affaires d'État, comme le voulait M. Rittinghausen, n'a plus à se prononcer que sur les lois ; les neuf dixièmes des questions, sous le nom de *décrets,* sont enlevées à son initiative.

En second lieu, l'*Exécutif* tout entier lui est ravi : non-seulement il ne nomme à aucun emploi, il n'a même pas le droit de nommer son REPRÉSENTANT, qui nomme pour lui.

Pour comble de contradiction ledit REPRÉSENTANT est élu par des*mandataires* du Peuple : en sorte que le Peuple, qui ne devait plus ni avoir de représentants, ni donner de délégations ; dont la souveraineté directe devait rester, au contraire, en permanent exercice ; le Peuple se trouverait moins d'autorité qu'il n'en confère à ses mandataires, et forcé de reconnaître pour Représentant à l'exécutif un ou plusieurs individus à qui ses commissaires du législatif en auraient décerné le titre !…

Je n'insiste pas ; mais je demande aux hommes de bonne foi si la Constitution de 93, promettant tout au Peuple et ne lui donnant rien, placée sur l'extrême limite du rationnel et du réel, ne leur semble pas plutôt un phare, élevé par nos pères à l'entrée du nouveau monde, qu'un plan dont ils auraient confié l'exécution à leurs descendants ?

Je laisse de côté les systèmes plus avancés qui ne peuvent manquer de surgir après ceux de MM. Rittinghausen et Ledru-Rollin, et sur chacun desquels il deviendrait fastidieux de recommencer une critique analogue. Je passe tout de suite à l'hypothèse finale.

C'est celle où le Peuple, revenant au pouvoir absolu, et se prenant lui-même, dans son intégralité, pour Despote, se traiterait en conséquence : où par conséquent il cumulerait, comme cela est juste, toutes les attributions, réunirait en sa personne tous les pouvoirs, Législatif, Exécutif, Judiciaire et autres, s'il en existe ; où il ferait toutes les *lois*, rendrait tous les *décrets, ordonnances, arrêtés, arrêts, jugements* ; expédierait tous les *ordres ;* prendrait en lui-même tous ses agents et fonctionnaires, du haut de la hiérarchie jusqu'en bas ; leur transmettrait directement et sans intermédiaire ses volontés ; en surveillerait et en assureraitl'exécution, imposant à tous une responsabilité proportionnelle ; s'adjugerait toutes les dotations, listes civiles, pensions, encouragements ; jouirait enfin, roi de fait et de droit, de tous les honneurs et bénéfices de la souveraineté, pouvoir, argent, plaisir, repos, etc.

Je tâche, autant qu'il est en moi, de mettre un peu de logique dans ce système, notre dernière espérance, qui pour la clarté, la simplicité, la rigueur des principes, la sévérité de l'application, le radicalisme démocratique et libéral, laisse loin derrière lui les projets timides, inconséquents, embrouillés de Héraut-Séchelles, Considérant, Rittinghausen, Louis Blanc, Robespierre et consorts.

Malheureusement ce système, irréprochable, j'ose le dire, dans son ensemble et ses détails, rencontre dans la pratique une difficulté insurmontable.

C'est que le Gouvernement suppose un corrélatif, et que si le Peuple tout entier, à titre de souverain, passe Gouvernement, on cherche en vain où seront les gouvernés. Le but du gouvernement est, on se le rappelle, non pas de ramener à l'unité la divergence des intérêts, à cet égard il se reconnaît d'une parfaite incompétence ; mais de maintenir l'ordre dans la société malgré le conflit des intérêts. En autres termes, le but du gouvernement est de suppléer au défaut de l'ordre économique et de l'harmonie industrielle. Si donc le peuple, dans l'intérêt de sa liberté et de sa souveraineté, se charge du gouvernement, il ne peut plus s'occuper de la production, puisque, par la nature des choses, production et gouvernement sont deux fonctions incompatibles, et que vouloir les cumuler, ce serait introduire la division partout. Donc, encore une fois, où seront les producteurs ? où les gouvernés ? où les administrés ? où les jugés ? où les exécutés ?...

Quand nous étions en monarchie absolue, ou seulement tempérée, le Gouvernement étant le Roi, le corrélatif était la Nation. — Nous n'avons plus voulu de ce gouvernement, nous avons accusé, non sans raison, la cour de dilapidation et de libertinage.

Quand nous étions en monarchie constitutionnelle, le Gouvernement se composant du Roi et des deux Chambres, formées l'une et l'autre d'une manière quelconque, par hérédité, choix du prince ou d'une classe de la nation, le corrélatif était tout ce qui restait en dehors de l'action gouvernementale ; c'était, à des degrés divers, l'immense majorité du Pays. — Nous avons changé cela, non sans motifs, le Gouvernement étant devenu un chancre pour le peuple.

Actuellement, nous sommes en République quasi-démocratique : tous les citoyens sont admis, chaque troisième et quatrième année à élire, 1° le Pouvoir législatif, 2° le Pouvoir exécutif. L'instant de cette participation au Gouvernement pour la collectivité populaire est court : quarante-huit heures au plus par chaque élection. C'est pour cela que le corrélatif du Gouvernement est resté à peu près le même que devant, la presque totalité du Pays. Le Président et les Représentants, une fois élus, sont les maîtres : tout le reste obéit. C'est de la matière *sujette, gouvernable* et imposable, sans rémission.

Lors même que dans ce système, le Président et les Représentants seraient élus tous les ans et perpétuellement révocables, on sent que la corrélation serait peu différente. Quelques jours de plus pour la masse ; quelques jours de moins pour la minorité gouvernante : la chose ne vaut pas la peine qu'on en parle.

Ce système est usé ; il n'y a plus personne, ni dans le Gouvernement, ni dans le Peuple, qui en veuille.

En désespoir de cause on nous présente, sous les noms de *Législation directe, Gouvernement direct,* etc., d'autres combinaisons : comme par exemple, de faire faire par tout le Peuple, 10 millions de citoyens, la besogne législative, du moins une partie ; ou bien de faire nommer par ces 10 millions d'hommes une partie des agents et fonctionnaires du Pouvoir exécutif, actuellement à la dévotion du Président. La tendance de ces différents systèmes est de faire arriver au Gouvernement au moins la moitié plus un des citoyens, au rebours de ce qu'enseigne J.-J. Rousseau, *qu'il est contre l'ordre*

QUATRIÈME ÉTUDE

naturel que le plus petit nombre soit gouverné par le plus grand.

Nous venons de prouver que ces combinaisons, qui ne se distinguent les unes des autres que par plus ou moins d'inconséquence, rencontrent, dans la pratique, des difficultés insurmontables ; qu'au reste, elles sont toutes flétries d'avance, marquées au coin de l'arbitraire et de la force brutale, puisque la *Loi* du Peuple, obtenue par voie de scrutin, est nécessairement une loi de hasard, et que le *Pouvoir* du Peuple, fondé sur le nombre, est nécessairement un Pouvoir de vive force.

Impossible donc de s'arrêter dans cette descente. Il faut arriver à l'hypothèse extrême, celle où le Peuple entre en masse dans le Gouvernement, remplit tous les pouvoirs, et toujours délibérant, votant, exécutant, comme dans une insurrection, toujours unanime, n'a plus au-dessus de lui ni président, ni représentants, ni commissaires, ni pays légal, ni majorité, en un mot, est seul législateur dans sa collectivité et seul fonctionnaire.

Mais si le Peuple, ainsi organisé pour le Pouvoir, n'a effectivement plus rien au-dessus de lui, je demande ce qu'il a *au-dessous* ? en autres termes, où est le corrélatif du Gouvernement ? où sont les laboureurs, les industriels, les commerçants, les soldats ? où sont les travailleurs et les citoyens ?......

Dira-t-on que le Peuple est toutes ces choses à la fois, qu'il produit et légifère en même temps, que Travail et Gouvernement sont en lui indivis ? C'est impossible, puisque d'un côté le Gouvernement ayant pour raison d'être la divergence des intérêts, d'autre part aucune solution d'autorité ou de majorité ne pouvant être admise, le Peuple seul dans son unanimité ayant qualité pour faire passer les lois, conséquemment le débat législatif s'allongeant avec le nombre des législateurs, les affaires d'État croissant en raison directe de la multitude des hommes d'État, il n'y a plus lieu ni loisir aux citoyens de vaquer à leurs occupations industrielles ; ce n'est pas trop de toutes leurs journées pour expédier la besogne du Gouvernement. Pas de milieu : ou travailler ou régner ; c'est la loi du Peuple comme du Prince : demandez à Rousseau.

C'est ainsi, du reste, que les choses se passaient à Athènes, où pendant plusieurs siècles, à l'exception de quelques intervalles de tyrannie, le Peuple tout entier fut sur la place publique, discutant du matin au soir. Mais les vingt mille citoyens d'Athènes qui constituaient le souverain avaient quatre cent mille esclaves travaillant pour eux, tandis que le Peuple français n'a personne pour le servir, et mille fois plus d'affaires à expédier que les Athéniens. Je répète ma question : Sur quoi le Peuple, devenu législateur et prince, légiférera-t il ? pour quels intérêts ? dans quel but ? Et pendant qu'il gouvernera, qui le nourrira ?*Sublatâ causâ, tollitur effectus*, dit l'École. Le Peuple en masse passant à l'État, l'État n'a plus la moindre raison d'être, puisqu'il ne reste plus de Peuple : l'équation du Gouvernement donne pour résultat *zéro*.

Ainsi le principe d'autorité, transporté de la famille dans la nation, tend invinciblement, par les concessions successives qu'il est obligé de faire contre lui-même, concession de lois positives, concession de chartes constitutionnelles, concession de suffrage universel, concession de législation directe, etc., etc., tend, dis-je, à faire disparaître à la fois et le Gouvernement et le Peuple. Et comme cette élimination, au moins pour ce dernier, est impossible, le mouvement, après une courte période, vient constamment s'interrompre dans un conflit, puis recommencer à l'aide d'une restauration. Telle est la marche que la France a suivie depuis 1789, et qui durerait éternellement, si la raison publique ne finissait par comprendre qu'elle oscille dans une fausse hypothèse. Les publicistes qui nous rappellent à la tradition de 93 ne peuvent l'ignorer : le Gouvernement direct ne fut, pour nos pères, que l'escalier de la dictature, qui elle-même devint le vestibule du despotisme.

Lorsque la Convention, de piteuse mémoire, eut rendu, le 24 juin 1793, l'acte fameux par lequel le Peuple était appelé à se gouverner lui-même et directement, les Jacobins et la Montagne, tout-puissants depuis la chute des Girondins, comprirent parfaitement ce que valait l'utopie de Héraut-Séchelles ; ils firent décréter par la Convention, leur très-humble servante, que le Gouvernement direct serait ajourné à la paix. La paix, comme on sait, cela voulait dire du premier coup vingt-cinq ans. Les organisateurs du Gouvernement direct pensèrent sagement que le Peuple, législateur, travailleur et soldat, ne pouvait remplir ses nobles fonctions, tandis qu'il labourait d'une main et combattait de

QUATRIÈME ÉTUDE

l'autre ; qu'il fallait d'abord sauver la patrie, puis, quand le Peuple n'aurait plus rien à craindre, qu'il entrerait alors dans l'exercice de sa souveraineté.

C'est la raison qui fut donnée au Peuple, lors de l'ajournement de la Constitution de 93.

Trois mois, six mois, un an se passèrent sans que ni la Montagne ni la Plaine réclamassent la fin de ce provisoire inconstitutionnel, attentatoire à la souveraineté du Peuple. Le *Comité de Salut public* s'accommodait fort du Gouvernement révolutionnaire ; quant au Peuple, il n'avait pas l'air de faire grand cas du Gouvernement direct.

Enfin, Danton le premier, ayant parlé de la nécessité de mettre fin à la dictature des comités, fut livré au tribunal révolutionnaire, accusé de modérantisme, et envoyé à l'échafaud. L'infortuné ! Il était peut-être le seul, avec Desmoulins, Héraut-Séchelles, Lacroix, qui crût à la Constitution de 93, ou qui du moins voulût en faire l'expérience : il fut guillotiné. Le Gouvernement direct, aux yeux des habiles, était jonglerie pure ; Robespierre n'avait garde de permettre que l'on découvrît ce pot aux roses. Disciple exact de Rousseau, il s'était toujours prononcé nettement, énergiquement, ainsi que Louis Blanc l'a montré naguère, pour le Gouvernement indirect, qui n'est autre que celui de 1814 et 1830, le Gouvernement représentatif.

Je ne suis pas républicain, disait Robespierre en 91, après la trahison de Varennes ; mais je ne suis pas non plus royaliste. — Il voulait dire : Je ne suis ni pour le *direct,* ni pour l'*absolu* ; je suis du juste-milieu. Au fait, il est douteux qu'à l'exception de quelques girondins artistes, sacrifiés après le 31 mai, de quelques montagnards à la foi naïve que la Convention immola à la suite des journées de prairial, il y eût dans cette assemblée un seul républicain. La plupart partageaient, avec des nuances insensibles, les idées de Robespierre, qui étaient celles de 91 et servirent à la constitution du Directoire. C'est ce qui parut surtout au 9 thermidor.

Aucun historien, que je sache, n'a donné une explication satisfaisante de cette journée, qui fit d'un apostat de la démocratie un martyr de la révolution. La chose est pourtant assez claire.

Robespierre   s'étant   débarrassé   successivement par la guillotine des factions*anarchiques* d'alors, les *enragés,* les *hébertistes,* les *dantonistes,* de tous ceux enfin qu'il soupçonnait de prendre au sérieux la Constitution de 93, crut que le moment était venu de frapper un dernier coup, et de rétablir sur ses bases normales le Gouvernement indirect. Ce furent ces vues de restauration gouvernementale, condamnées aujourd'hui par l'expérience, qui valurent dans le temps à Robespierre une sorte de succès auprès des puissances coalisées. Ce qu'il demandait à la Convention, le 9 thermidor, était donc, après épuration préalable, et par la guillotine toujours, des Comités de salut public et de sûreté générale, *une plus grande concentration des pouvoirs,* une direction plus UNITAIREdu Gouvernement, quelque chose enfin comme la présidence de Louis Bonaparte. Cela est prouvé par la suite de ses discours, reconnu par ses apologistes, notamment par MM. Buchez et Lebas, et acquis désormais à l'histoire.

Robespierre savait parfaitement qu'il répondait aux vœux secrets de la majorité de la Convention. Il se sentait d'accord avec elle sur les principes ; il n'ignorait pas non plus sans doute que la diplomatie étrangère commençait à voir en lui un homme d'État avec lequel il serait possible de s'entendre. Il ne pouvait douter que les *honnêtes gens* de la Convention, qu'il avait toujours ménagés, ne fussent ravis de rentrer dans le constitutionnalisme, objet de tous leurs vœux, et du même coup de se voir délivrés d'un certain nombre de démocrates, dont l'énergie sanguinaire épouvantait leur juste-milieu. Le coup était bien monté, la partie habilement conçue, l'occasion on ne pouvait plus favorable. Ce qui arriva aussitôt après thermidor, les procès faits aux révolutionnaires, la Constitution de l'an V, la politique du Directoire et Brumaire, ne fut qu'une suite d'applications des idées de Robespierre. La place de cet homme était à côté des Sieyès, des Cambacérès et autres, qui, sachant parfaitement à quoi s'en tenir sur le Gouvernement direct, voulaient revenir au plus tôt à l'indirect, dût la réaction qu'ils allaient commencer contre la démocratie les pousser jusqu'à l'empire.

Malheureusement pour lui, Robespierre avait peu d'amis dans la Convention : son projet n'était pas clair ; à des hommes qui le voyaient de près, son génie inspirait peu de confiance ; il s'attaquait à trop forte partie ; et puis il y avait pour lui ce danger que la majorité constitutionnelle et bourgeoise de la Convention, à laquelle il s'adressait, qu'il faisait ainsi maîtresse de la position, ne s'emparât de l'idée qu'il lui suggérait, et ne la retournât à la fois et contre l'auteur et contre ses rivaux.

Ce fut précisément ce qui arriva.

Les chefs de la majorité, cajolés par Robespierre, sentirent qu'ils pouvaient faire d'une pierre deux coups : c'est ainsi qu'en 1848 la majorité honnête et modérée se trouva en mesure d'éconduire l'un après l'autre le parti du *National*et le parti de la *Réforme*. Au moment décisif, ils abandonnèrent le dictateur, qui devint la première victime de sa propre réaction. Comme Robespierre avait frappé Danton, comme il voulait frapper encore Cambon, Billaut-Varennes, et autres ; les modérés de la Convention, sur lesquels il avait compté, et qui en effet ne trompèrent pas son attente, le frappèrent lui-même ; les autres vinrent après. Le Gouvernement indirect, délivré de son plus rude adversaire, Danton, et de son plus hargneux compétiteur, Robespierre, put reparaître.

On a dit que Robespierre aspirait à la dictature, d'autres qu'il voulait le rétablissement de la royauté. L'une de ces accusations réfute l'autre. Robespierre, qui n'abandonnait pas plus ses convictions qu'il ne renonçait à sa popularité, aspirait à être chef du Pouvoir exécutif dans un Gouvernement constitutionnel. Il eût accepté une place au Directoire ou au Consulat ; il eût été de l'opposition dynastique après 1830 ; nous l'eussions vu après février approuver le Gouvernement provisoire : sa haine des athées, son amour instinctif des prêtres, l'auraient fait voter pour l'expédition de Rome.

Que ceux-là donc qui, avec plus de bonne foi que de prudence, suivant la trace de Danton, reprennent aujourd'hui la thèse du Gouvernement direct ; qui, comme Danton encore, rappellent au peuple ses imprescriptibles droits et lui crient : *Plus de Dictateurs, plus de Doctrinaires !* que ceux-là ne l'oublient pas : la Dictature est au bout de leur théorie, et cette *Doctrine,* dont ils ont tant d'effroi, c'est celle du traître justement puni de thermidor. Le Gouvernement direct n'est autre chose que la transition, dès longtemps connue, par laquelle le peuple, fatigué des manœuvres politiques, vient se reposer dans le gouvernement absolu, où l'attendent les ambitieux

Pierre-Joseph Proudhon

et les réacteurs. Est-ce qu'au moment où j'écris ces lignes la pensée d'une dictature n'est pas lancée déjà parmi le peuple, accueillie des impatients et des timides ? Est-ce que les mêmes que nous voyons combattre à la fois, tantôt sous l'invocation de Robespierre, tantôt en haine de ce nom, et le Gouvernement direct et l'anarchie, nous ne les avons pas vus tous, le lendemain de février, arrêter l'explosion des libertés, donner le change aux aspirations populaires, voter le rappel des prétendants, partout, toujours, payer en paroles et en calomnies ce que le peuple leur demandait en actes et en idées ?

J'ai plus d'un ami parmi les hommes qui suivent, ou plutôt qui croient suivre en ce moment la tradition jacobine : c'est pour eux surtout que j'écris ces lignes. Que la ressemblance des temps leur découvre enfin ce que jusqu'à ce jour il leur était difficile, peut-être, de soupçonner, la signification du 9 thermidor et la pensée de Robespierre.

De même qu'en 93 ceux qui se paraient avec le plus d'affectation du titre de révolutionnaires ne voulaient pas qu'on agitât les questions de propriété et d'économie sociale, envoyant à l'échafaud les *anarchistes* qui réclamaient pour le peuple des garanties de travail et de subsistance ; de même aujourd'hui, en pleine révolution, les continuateurs, avoués ou secrets, du jacobinisme se retranchent exclusivement dans les questions politiques, évitent de s'expliquer sur les réformes économiques, ou, s'ils y touchent, c'est pour débiter quelques préceptes innocents de fraternité rapportés des agapes de Jérusalem. Tous ces coureurs de popularité, saltimbanques de révolution, ont pris pour oracle Robespierre, l'éternel dénonciateur, à la cervelle vide, à la dent de vipère, qui, sommé d'articuler ses plans, d'indiquer ses voies et moyens, ne savait jamais que battre en retraite devant les difficultés, en accusant des difficultés ceux-là mêmes qui lui demandaient des solutions. Ce rhéteur pusillanime, qui en 90, de peur de se brouiller avec la cour, désavouait une plaisanterie tombée de ses lèvres et rapportée par Desmoulins ; qui en 91 s'opposait à la déclaration de déchéance de Louis XVI et blâmait la pétition du Champ-de-Mars ; qui en 92 repoussait la déclaration de guerre, parce qu'elle eût donné trop de considération aux Girondins ; qui en 93 combattait la levée en masse ; qui en 94 recommandait au Peuple, en tout et partout, de s'abstenir ; qui toujours contrecarrait, sans les entendre, les plans de

QUATRIÈME ÉTUDE

Cambon, de Carnoy, de tous ceux qu'il appelait dédaigneusement les *gens d'expédition,* ce calomniateur infatigable de tous les personnages qu'il enviait et pillait, devait servir, cinquante ans plus tard, de patron à tous les révolutionnaires ahuris, servant leur cause comme ces chevaux boiteux qu'on attache derrière la voiture servent à la tirer. Dites-nous donc une fois, ô vous tous disciples du grand Robespierre, comment vous comprenez la Révolution ? Vos *voies et moyens ?…*

Hélas ! on n'est jamais trahi que par les siens. En 1848, comme en 1793, la Révolution eut pour enrayeurs ceux-là mêmes qui la représentaient. Notre républicanisme n'est toujours, comme le vieux jacobinisme, qu'une humeur bourgeoise, sans principe et sans plan, qui veut et ne veut pas ; qui toujours gronde, soupçonne, et n'en est pas moins dupe ; qui ne voit partout, hors de la coterie, que factieux et anarchistes ; qui, furetant les archives de la police, ne sait y découvrir que les faiblesses, vraies ou supposées, des patriotes ; qui interdit le culte de Châtel et fait chanter des messes par l'archevêque de Paris ; qui, sur toutes les questions, esquive le mot propre, de peur de se compromettre, se réserve sur tout, ne décide jamais rien, se méfie des raisons claires et des positions nettes. N'est-ce pas là, encore une fois, Robespierre, le parleur sans initiative, trouvant à Danton trop de virilité, blâmant les hardiesses généreuses dont il se sent incapable, s'abstenant au 10 août, n'approuvant ni ne désapprouvant les massacres de septembre, votant la constitution de 93 et son ajournement à la paix ; flétrissant la fête de la Raison et faisant celle à l'*Être-Suprême ;* poursuivant Carrier et appuyant Fouquier-Tinville ; donnant le baiser de paix à Camille Desmoulins dans la matinée et le faisant arrêter dans la nuit ; proposant l'abolition de la peine de mort et rédigeant la loi de prairial ; enchérissant tour à tour sur Sieyès, sur Mirabeau, sur Barnave, sur Pétion, sur Danton, sur Marat, sur Hébert, et puis faisant guillotiner et proscrire, l'un après l'autre, Hébert, Danton, Pétion, Barnave, le premier comme anarchiste, le second comme indulgent, le troisième comme fédéraliste, le quatrième comme constitutionnel ; n'ayant d'estime que pour la bourgeoisie gouvernementale, et le clergé réfractaire ; jetant le discrédit sur la révolution, tantôt à propos du serment ecclésiastique, tantôt à l'occasion des assignats ; n'épargnant que ceux à qui le silence ou le suicide assurent un refuge, et succombant enfin le jour où, resté presque seul avec les hommes du juste-milieu, il essaye d'enchaîner à son profit, et de connivence avec eux, la Révolution. Ah ! je connais trop ce reptile, j'ai trop senti le frétillement de sa queue pour que je ménage en lui le vice secret des démocrates, ferment corrupteur de toute république, l'Envie. C'est Robespierre qui en 94, ouvrant la porte à ceux qu'on appela depuis thermidoriens, a perdu la Révolution ; c'est à l'exemple et sur l'autorité de Robespierre que le socialisme, en 1797 et 1848, a été proscrit ; c'est Robespierre qui, aujourd'hui, nous ramènerait à un nouveau brumaire, si cette hypocrite et détestable influence n'était à la fin anéantie.

Une révolution est toujours traversée par des partis et des coteries qui travaillent à la dénaturer, pendant que ses adversaires naturels la combattent. Le christianisme a eu, dès le principe, ses hérésies, et plus tard son grand schisme ; la Réforme, ses confessions et ses sectes ; la Révolution française, pour ne citer que les noms les plus fameux, ses Constitutionnels, ses Jacobins et ses Girondins.

La Révolution, au dix-neuvième siècle, a aussi ses utopistes, ses écoles, ses partis, tous plus ou moins rétrogrades, images des types réactionnaires. Là vous trouvez, comme dans les rangs de la réaction, des *amis de l'ordre,* qui, alors que la résignation la plus profonde règne parmi les démocrates persécutés, se déclarent prêts à marcher contre l'anarchie ; des *sauveurs de la société,* pour qui la société est tout ce que la Révolution désavoue ; des justes-milieux, dont la politique consiste à faire la part de la Révolution, comme on fait celle de l'incendie ; des radicaux, à qui le jargon révolutionnaire tient lieu d'idées ; des terroristes enfin qui, ne pouvant être des Mirabeaux ou des Dantons, accepteraient l'immortalité des Jourdan Coupe-tête et des Carrier. Aux uns la Constitution de 1848, aux autres le Gouvernement direct, à ceux-ci la Dictature, à ceux-là le Tribunal révolutionnaire ou le Conseil de guerre, servent d'enseigne et de grosse caisse. Du reste, tous ces hommes ont pris position sur l'idée de Gouvernement. Le Pouvoir, quand de toutes parts le Pouvoir s'écroule, est encore la seule idée qui les rallie : dernier trait qui leur prédit leur sort, et nous les montre comme les précurseurs et les victimes de l'exterminateur final, Robespierre.

Le 10 août 1792 la Royauté s'effondrait sous les boulets des

QUATRIÈME ÉTUDE

faubourgs, que Robespierre et ses Jacobins en étaient encore à la Constitution de 91, baignée du sang des soldats de Nancy et des patriotes du Champ-de-Mars. Ils tiraillaient du haut de leur citadelle parlementaire, se méfiant de ceux qui parlaient de faire sauter et royauté et constitution. Ils ne pardonnèrent jamais aux révolutionnaires hardis, à Danton, qui les avait traînés comme des chiens cagnards à la chasse de la royauté constitutionnelle, dont ils espéraient devenir à leur tour les modérateurs et les maîtres. *La Constitution*, disait Robespierre, *suffit à la Révolution.*

La haine de ce parti, qui a bu le sang des meilleurs citoyens, nous poursuit encore. Je puis me réconcilier avec les hommes, parce que je suis comme eux, sujet à faillir ; avec les partis, jamais. Qu'ils continuent donc, car, hélas ! ce n'est pas de sitôt que la Révolution sera délivrée du frein. Nous ferons volontiers à de moins avancés le sacrifice de notre initiative, pourvu que par leurs mains la Révolution s'accomplisse. Nous dirons à Robespierre, comme Thémistocle à Eurybiade : *Frappe, satellite du Gouvernement ; frappe, sycophante de la Révolution ; frappe, bâtard de Loyola, tartuffe de l'Être-Suprême ; frappe, mais écoute.*

CINQUIÈME ÉTUDE

LIQUIDATION SOCIALE.

Les précédentes études, tant sur l'état de la Société contemporaine que sur les réformes que cet état suggère, nous ont appris plusieurs choses qu'il est bon de rappeler ici d'une manière sommaire :

1. La chute de la monarchie de Juillet et la proclamation de la République ont été le signal d'une Révolution sociale.

2. Cette Révolution, d'abord incomprise, s'est peu à peu définie, déterminée et posée, sous l'influence même de la Réaction qui se manifesta contre elle dès les premiers jours du Gouvernement provisoire.

3. Elle consiste, cette Révolution, à substituer le régime économique ou industriel au régime gouvernemental, féodal et militaire ; de la même manière que celui-ci, par une révolution

antérieure, s'était substitué au régime théocratique ou sacerdotal.

4. Par régime industriel, nous entendons, non point une forme de gouvernement où les hommes adonnés aux travaux de l'agriculture et de l'industrie, entrepreneurs, propriétaires, ouvriers, deviendraient à leur tour caste dominante, comme furent jadis la noblesse et le clergé ; mais une constitution de la société ayant pour base, à la place de la hiérarchie des pouvoirs politiques, l'organisation des forces économiques.

5. Et pour exprimer que cette organisation doit résulter de la nature des choses, n'avoir rien d'arbitraire, trouver sa loi dans la pratique établie, nous avons dit qu'il ne s'agissait, pour y parvenir, que d'une chose : Changer le cours des choses, la *tendance* de la société.

Passant alors à l'examen des idées principales qui s'offrent comme principes de direction, et servent de drapeaux aux partis, nous avons reconnu :

6. Que le principe d'association, invoqué par la plupart des *écoles,* principe essentiellement stérile, n'est ni une force industrielle ni loi de l'économie ; que ce serait plutôt du gouvernement et de l'obéissance, deux termes qu'exclut la Révolution.

7. Que le principe politique, reproduit récemment sous les noms de *législation directe, gouvernement direct,* etc., n'est qu'une fausse application du principe d'autorité, dont le siége est dans la famille, mais qui ne peut s'étendre légitimement à la commune et à la nation.

En même temps nous avons constaté :

8. Qu'à l'idée sociétaire tendait à se substituer peu à peu, dans les associations ouvrières, un principe nouveau, la *réciprocité,* dans lequel nous avons vu à la fois une force économique et une loi.

9. Qu'à l'idée de gouvernement s'opposait, dans la tradition politique elle-même, l'idée de *contrat,* seul lien moral que puissent accepter des êtres égaux et libres.

Ainsi nous connaissons de la Révolution les parties essentielles :

Sa cause : l'anarchie économique qu'a laissée après elle la Révolution de 1789.

CINQUIÈME ÉTUDE

Son motif : une misère progressive, systématique, dont le gouvernement se trouve bon gré, mal gré, le promoteur et le soutien.

Son principe organique : la *réciprocité,* en style juridique, le *contrat.*

Son but : la garantie du travail et du salaire, et par là l'augmentation indéfinie de la richesse et de la liberté.

Ses partis, que nous divisons en deux catégories : les écoles socialistes, qui invoquent le principe d'Association ; les fractions démocratiques, qui se rattachent encore au principe de la centralisation et de l'État.

Enfin ses adversaires : les partisans du *statu quo* capitaliste, théologique, agioteur, gouvernemental, tous ceux enfin qui vivent moins du travail que des préjugés et du privilége.

Déduire le principe organisateur de la Révolution, l'idée à la fois économique et juridique de la *réciprocité* et du *contrat,* en tenant compte des difficultés et oppositions que cette déduction doit rencontrer soit de la part des sectes, partis, coteries révolutionnaires, soit du côté des défenseurs du *statu quo* et réacteurs ; exposer, par le raisonnement, cet ensemble de réformes et d'institutions nouvelles, où le travail trouve sa garantie, la propriété sa mesure, le commerce sa balance, et le gouvernement son congé : c'est raconter, au point de vue intellectuel, l'histoire de la Révolution.

Ce que je vais faire, de même que ce que j'ai fait déjà, n'est donc ni prophétie, ni excitation, ni appel. On sait trop aujourd'hui que n'appartenant à aucun parti, repoussant toutes les écoles, je n'ai pas de public à qui je puisse adresser des instructions et des ordres du jour. Je dis ce qui est, conséquemment ce qui sera : je n'ai de raison d'écrire que la vérité qui me frappe, et le désir d'éclairer sur leur situation mes compatriotes et mes contemporains.

Comment et dans quel ordre se poseront les questions ? Combien durera l'élaboration révolutionnaire ? Tout finira-t-il par une nuit du 4 août, ou par une suite de victoires de la révolution sur la contre-révolution ? Quelles transactions seront faites ? Quels délais, quels ajournements accordés ? Quelles modifications aux principes les partis, les sectes et les amours-propres feront-ils prévaloir ? Quels épisodes, parlementaires, administratifs, électoraux, militaires,

Pierre-Joseph Proudhon

viendront animer, embellir cette épopée ? — Je l'ignore ; je ne sais absolument rien de ces choses. Encore une fois, je ne suis pas plus un diseur de bonne aventure, qu'un homme de parti ou de secte. Je tire, d'après le présent, les conséquences générales de l'avenir : ce sont quelques feuillets du livre de la Destinée que je jette aux vents. CELA SERA, voilà ce que je puis dire, parce que *c'est écrit,* et que nous ne pouvons pas l'empêcher. Mais *de quelle manière cela se fera,* je ne le saurais prévoir, attendu que nous en sommes parfaitement les maîtres, et que sur ce point notre libre arbitre est juge en dernier ressort.

Je supplie donc mes lecteurs de ne pas juger tout à fait de mes sentiments d'homme, d'après mes convictions d'historien. Plus d'une fois il m'arrivera de soutenir, au point de vue de la nécessité des choses, telle mesure sur laquelle, si je n'écoutais que mon cœur, je transigerais peut-être : scission pour moi *douloureuse,* mais dont le public me saura gré, s'il préfère le logicien inflexible qui l'instruit, à l'écrivain élégant et sentimental qui le flatte.

D'après les préliminaires que nous venons d'établir, nous avons donc en ce moment à faire trois choses :

1° Arrêter net la *tendance* désorganisatrice que nous a léguée l'ancienne révolution, et procéder, à l'aide du nouveau principe, à la liquidation des intérêts établis. — C'est ainsi qu'en usa l'Assemblée constituante dans la nuit du 4 août 1789 ;

2° Organiser, toujours à l'aide du nouveau principe, les forces économiques, et donner la constitution de la propriété ;

3° Fondre, immerger et faire disparaître le système politique ou gouvernemental dans le système économique, en réduisant, simplifiant, décentralisant, supprimant l'un après l'autre tous les rouages de cette grande machine qui a nom le Gouvernement ou l'État.

Telles sont les questions que nous allons traiter dans cette étude et les deux suivantes. Dans un autre ouvrage, reprenant de plus haut la pratique révolutionnaire, nous tâcherons d'en dégager l'idée supérieure, notamment en ce qui concerne les idées religieuses, la morale, la philosophie, la littérature et les arts, et nous dirons le dernier mot de la révolution actuelle.

Je suppose qu'en 1852 le Peuple, convoqué pour élire ses

représentants, avant d'aller aux urnes se consulte lui-même ; qu'il rédige, comme en 89, le cahier de ses vœux, et charge ses mandataires d'en procurer l'exécution ; qu'il leur dise :

Je veux la révolution pacifique ; mais je la veux prompte, décisive, complète. Je veux qu'à ce régime d'oppression et de misère, succède un régime de bien-être et de liberté ; qu'à une constitution de pouvoirs politiques soit substituée une organisation des forces économiques ; que l'homme et le citoyen, au lieu de tenir à la société par aucun lien de subordination et d'obéissance, ne soit lié que par son libre contrat. Je veux enfin qu'à la réalisation de mes désirs vous fassiez servir les institutions mêmes que je vous charge d'abolir et les principes de droit que vous aurez à compléter, de telle sorte que la société nouvelle apparaisse comme le développement spontané, naturel et nécessaire de l'ancienne, et que la Révolution, tout en abrogeant le vieil ordre de choses, en soit cependant le progrès.

Je suppose, dis-je, que le peuple, une fois éclairé sur ses vrais intérêts, déclare sa volonté, non pas de réformer le gouvernement, mais de révolutionner la société : dans ce cas, sans préjudice d'un meilleur plan, sans que je prétende que la marche ici indiquée ait rien d'absolu et ne puisse recevoir toutes sortes de modifications, voici comment je conçois que les Représentants du peuple pourraient accomplir leur mandat.

Je prends mon point d'attache sur une question que l'on trouvera peut-être fastidieuse, la Banque d'escompte : je tâcherai, en supprimant tout détail technique, toute discussion de théorie, de la présenter sous un jour nouveau et plus intéressant.

1. Banque nationale.

Deux producteurs ont le droit de se promettre et garantir réciproquement la vente ou l'échange de leurs produits respectifs, en convenant de la chose et du prix (art. 1589 et 1703 du Code civil).

La même promesse de vente ou d'échange réciproque, sous les mêmes conditions légales, peut exister entre un nombre illimité de producteurs : ce sera le même contrat, répété un nombre illimité de fois.

Les citoyens français ont donc le droit de s'entendre, et au besoin donc se cotiser, pour la fondation de boulangeries, boucheries, épiceries, etc., qui leur garantissent la vente et l'échange à prix réduit, et en bonne qualité, du pain, de la viande, de tous les objets de consommation, que l'anarchie mercantile leur livre à faux poids, faut titre, et prix exorbitant. C'est dans ce but que s'est fondée la *Ménagère,* société d'assurance mutuelle pour le juste prix et l'échange véridique des produits.

Par la même raison lesdits citoyens ont le droit de fonder, pour leur commun avantage, une Banque, au capital qu'il leur plaira, dans le but d'obtenir à bas prix le numéraire indispensable à leurs transactions, et même de faire concurrence aux Banques particulières et privilégiées. En traitant entre eux pour cet objet, ils ne feraient qu'user du droit qui leur est garanti par le principe de la liberté du commerce et les articles 1589 et 1703 du Code civil, qui en sont l'interprétation.

Ainsi une Banque d'escompte peut être l'objet d'un établissement public, et pour fonder cet établissement il n'est besoin ni d'association, ni de fraternité, ni de solidarité, ni d'intervention de l'État : il ne faut qu'une promesse réciproque de vente ou échange, en un mot un simple *contrat.*

Ceci posé, je dis que non-seulement une Banque d'escompte peut être l'objet d'un établissement public, mais qu'il y a nécessité que cela soit : voici mes preuves.

1° La *Banque de France* a été fondée, avec *privilége du Gouvernement*, par une compagnie d'actionnaires, au capital de 90 millions. Le numéraire actuellement enfoui dans ses caves, s'élève à 600 millions, environ. Or, ce numéraire qui s'est accumulé dans les caves de la Banque, par suite de la substitution du papier au métal dans la circulation générale, est, pour les cinq sixièmes, la propriété des citoyens. Donc la Banque, par la nature de son mécanisme, qui consiste à la faire jouir de capitaux qui ne lui appartiennent pas, doit être un établissement public.

2° Une autre cause de cette accumulation de numéraire est le privilégeGRATUIT, que la Banque de France a obtenu de l'État, d'émettre des billets en guise des écus dont elle est dépositaire.

CINQUIÈME ÉTUDE

Or, comme tout privilége est une propriété publique, la Banque de France, en vertu de son privilége même, tend à devenir un établissement public.

3° Le privilége d'émettre des billets de banque, et de remplacer peu à peu dans la circulation les espèces par du papier, a pour résultat immédiat, d'un côté, de faire jouir les actionnaires de la Banque d'un intérêt qui n'est pas celui de leurs capitaux ; d'autre part, d'entretenir le prix de l'argent à un taux élevé, au grand profit de la classe des banquiers et prêteurs, mais au grand détriment des producteurs, fabricants, commerçants, consommateurs de toute nature, qui font emploi de numéraire. — Cette jouissance et cette surélévation, effet du désir qu'a eu de tout temps le Pouvoir d'être agréable à la classe capitaliste et riche, sont injustes ; elles ne peuvent être éternelles : donc la Banque, par l'illégitimité de ses bénéfices, est condamnée à devenir un établissement public.

Je propose donc en premier lieu, pour obéir aux indications que fournit la pratique financière, que les Représentants du peuple, porteurs des cahiers de leurs départements, utilisant la qualité que leur donne la Constitution politique de 1848, rendent un décret, par lequel la Banque de France serait déclarée, non pas propriété de l'État, je dirai pourquoi tout à l'heure, mais établissement d'utilité publique, et la liquidation de la compagnie ordonnée.

Ce n'est pas tout.

La Banque de France, devenant établissement d'utilité publique, ayant pour capitalistes ses propres clients, n'aurait d'intérêts à servir à personne. D'abord, l'axiome de droit, *Res sua nulli servit,* y est contraire. Ensuite, le bien général, qui veut que l'argent, comme la viande, le vin et les autres marchandises, soit donné au meilleur marché possible, s'y opposerait. Tous les commerçants et industriels le reconnaissent : c'est la cherté de l'argent et des capitaux qui entretient la misère dans notre pays, et qui fait notre infériorité vis-à-vis de l'Angleterre.

L'intérêt de l'argent, à la Banque actuelle, est 4 : ce qui veut dire, 5, 6, 7, 8 et 9 chez les autres banquiers, qui, presque seuls, ont la faculté d'escompter à la Banque.

Or, cet intérêt appartenant au public, le public serait maître de le réduire, à volonté, à 3, 2, 1, 1/2 et 1/4 p. %, suivant qu'il trouverait plus d'avantage à tirer de la Banque un gros revenu, ou à faire ses affaires à meilleur compte.

Qu'on entre dans cette voie de réduction, pour si peu que ce soit, qu'on la parcoure avec la lenteur qu'on voudra : le plus ou le moins de célérité ne fait rien à la chose. Mais je dis qu'alors la tendance sociale, en ce qui concerne l'escompte et le prix de l'argent, sur tout le territoire de la République, sera immédiatement, *ipso facto,* changée, et que ce simple changement aura fait passer le Pays du *statu quo* capitaliste et gouvernemental, à l'état révolutionnaire.

Eh bien ! est-ce quelque chose de si effrayant qu'une révolution ?

Que si à présent l'on me demande à quel chiffre je pense, en mon particulier, que doive être poussée tout d'abord la réduction de l'intérêt, je n'hésite point à répondre : au chiffre rigoureusement nécessaire pour couvrir les frais d'administration et d'usure des métaux, soit 1/2 ou 1/4 p. % ; et tel est le second article que je propose d'ajouter au décret.

Je ne discuterai point ici les raisons de ce sentiment, qui m'a été longtemps personnel. Je les ai données ailleurs. Quant à présent, je ne m'occupe ni d'économie politique, ni de finance, ni de morale ; je fais purement et simplement de la révolution. C'est pourquoi, tout en prenant la liberté d'exprimer à l'avance mon opinion en ce qui touche la pratique, j'insiste principalement sur le principe. Le jour où vous aurez décrété la démocratisation de la Banque et la réduction de l'intérêt, ce jour-là vous serez entré dans la voie révolutionnaire.

Toutefois, je ne puis me dispenser de toucher en passant une considération essentielle. Si je désire ne payer aucun intérêt à la Banque, c'est que l'intérêt est à mes yeux une pratique gouvernementale, féodale, dont nous ne parviendrions jamais à nous délivrer, si la Banque du Pays devenait une Banque d'État. Pendant longtemps le Socialisme n'a rêvé que Banque d'État, Crédit de l'État, revenus et bénéfices de l'État ; ce qui voulait dire : consécration démocratique et sociale du principe spoliateur ; exploitation du travailleur au nom, à l'exemple et sous le patronage de la République. Mettez la Banque du peuple aux mains du Gouvernement : et sous prétexte de ménager à l'État les produits de l'escompte en compensation d'autres impôts, on créera à la charge du Peuple de nouvelles sinécures, de gros traitements, des gaspillages inconnus ; on favorisera de nouveau l'usure, le parasitisme et le privilége. Non, non, je ne veux pas de l'État, même pour serviteur ; je repousse le Gouvernement, même direct ; je ne vois dans toutes ces inventions que des prétextes au parasitisme et des retraites pour les fainéants.

Tel serait mon premier acte révolutionnaire, celui par lequel je procéderais à la liquidation de la société.

Qu'y trouvez-vous d'injuste et de violent ? Vous paraît-il empreint de despotisme, ou marqué au coin de la liberté ? N'y reconnaissez-vous pas l'expression du principe organique, la réciprocité, le contrat ? Les commerçants, fabricants, industriels, agriculteurs, etc., auront-ils à s'en plaindre ? Une fois le décret rendu par l'Assemblée nationale, — car pourquoi ne me servirais-je pas pour changer les choses des choses mêmes ? — l'institution fondée, le conseil d'administration élu, qu'est-ce que la Banque du peuple pourrait avoir de commun avec le Gouvernement ? Et quant à cette fameuse centralisation dont on paraît si fier et si jaloux, celle qu'aurait créée, entre toutes les communes, industries et corporations, l'égalité du taux de l'intérêt, à 3, à 2, à 1, ou 1/2 p. %, ne vous semble-t-elle pas supérieure à celle qui résulterait, dans le même ordre d'intérêts, de la haute prépondérance de la Banque centrale, présidée par le ministre des finances, sur tous les travaux agricoles et industriels ? Sachez-le donc, politiques de routine, la vraie centralisation, ce n'est pas la hiérarchie des fonctionnaires, c'est l'égalité des garanties et des moyens.

2. Dette de l'État.

J'ai dit, en faisant la critique générale du Gouvernement, que si le contrat pouvait résoudre une seule question d'intérêt entre deux individus, il pouvait résoudre de même toutes celles qui surgissent entre des millions : d'où il suit que le problème de l'ordre dans la société est des millions de fois plus aisé à attaquer par voie de transaction que par voie d'autorité. C'est ce que j'espère porter dans cette étude et celles qui suivront, jusqu'au dernier degré d'évidence. Le premier problème, celui de l'échange et de la circulation, résolu, tous les autres vont se résoudre.

La dette publique, flottante et consolidée, est d'environ 6 milliards. Les intérêts, d'après le budget de 1851, sont de 270 millions.

À cette rente de 270 millions est attachée une autre rente qui, sous le nom d'*amortissement,* a pour but d'éteindre chaque année, par le rachat, une partie de la rente perpétuelle. Cet amortissement est de 74 millions.

Dire comment cet amortissement, toujours porté au budget, toujours fourni par le contribuable, n'amortit jamais rien ; comment il passe tout entier dans les excédants de dépense ; comment la dette s'accroît sans cesse, est une question qui n'entre pas dans mon plan. Tout ce que je cherche, pour le moment, c'est le moyen de rembourser la dette.

Enfin, à ces 344 millions d'intérêts et amortissement, ajoutez 56 millions de pensions et retraites, dont, par exception, le Gouvernement fait jouir, aux frais du Pays, après vingt-cinq, trente ans de service, ses fonctionnaires : vous aurez le total des redevances de l'État, en dehors de tout service, 400 millions.

Or, de cela seul que l'État, en se faisant emprunteur, a fondé une caisse d'amortissement, qui a pour but avoué de le libérer, il s'ensuit déjà qu'il y a tendance et désir de l'État à s'exonérer ; je dis plus, l'État a droit, droit naturel, inhérent à sa qualité de débiteur, et moyennant remboursement, de poursuivre son exonération.

Les intérêts de la dette sont constitués aux taux de 5, 4 ½, 4 et 3 p. %. — Cela prouve encore que, selon les circonstances, l'État, comme tous les emprunteurs, subit des conditions plus ou moins onéreuses, et que s'il trouvait la possibilité d'emprunter à un taux inférieur, il aurait la faculté d'en user.

En effet, qui dit rente perpétuelle, dit dette non exigible par le créancier, mais remboursable à volonté par le débiteur : les praticiens de la finance reconnaissent généralement que telle est la condition de l'État vis-à-vis des rentiers.

Si donc, par le premier décret que nous avons fait rendre aux Représentants de 1852, le crédit était organisé démocratiquement par toute la République, et l'intérêt de l'argent à la Banque nationale réduit de 4 à 3 p. % : par suite de cette concurrence faite aux banquiers, il y aurait affluence de capitaux à la Bourse

CINQUIÈME ÉTUDE

et demande de placements sur l'État, qui serait maître alors de remplacer une partie de ses rentes à 5, 4 ½ et 4 p. % par des rentes à 3 ; c'est ce qu'on appelle une conversion. Si l'intérêt à la Banque était réduit à 1/2 ou 1/4 p. %, la facilité du remboursement croîtrait pour l'État dans une proportion analogue. Au bout d'un certain temps, il aurait converti toute la dette, diminué la rente annuelle de sept huitièmes ; ou pour mieux dire, la rente à recevoir devenant insignifiante pour les titulaires, et la demande de remboursement se faisant par eux-mêmes, l'État aurait à servir, non plus des intérêts, mais des annuités. La force des choses, indépendamment de toute sollicitation de l'État, amènerait cette situation.

Il s'agit maintenant, au lieu d'attendre le mouvement, d'aller au-devant de lui, de le provoquer, de faire servir à l'acquittement rapide et définitif des dettes de l'État toute la faculté que lui assure son droit, toute la puissance que lui fournit l'institution d'une Banque nationale.

J'observe d'abord, comme je l'ai fait tout à l'heure, que, quelque parti qu'on choisisse, qu'on se résigne à attendre les effets de la réduction de l'intérêt à l'escompte, offres de capitaux, demandes d'inscriptions, etc., ou qu'on prenne l'initiative des conversions, la tendance du Budget, conséquemment celle du Pays, en ce qui concerne cette partie de l'organisme politique, aura été changée ; et qu'une fois en train de payer nos dettes au lieu de les aggraver continuellement, nous serons dans la voie révolutionnaire. La différence de rapidité dans la marche à suivre, le *quantum* des réductions à opérer, ne touche pas au principe ; et c'est le principe, c'est la *tendance* qu'il faut surtout considérer.

Voulez-vous augmenter vos dettes ? c'est de la Réaction. En ce cas, point de Banque nationale, point de réduction de l'intérêt. Liberté entière à l'agiotage, concession à perpétuité du privilége de la Banque de France, consolidation périodique de la dette flottante, emprunts de l'État à 25, 30, 40 au-dessous du pair, etc.

Voulez-vous, au contraire, diminuer vos dettes ? c'est de la Révolution. Alors, vous n'avez qu'un moyen, c'est d'enlever aux capitaux particuliers l'industrie de l'escompte, et de fixer partout l'intérêt du commerce à 1/2 ou 1/4 p. %. Par cette mesure les capitaux affluent à la Bourse : vous convertissez et amortissez jusqu'à extinction.

Entre la Réaction et la Révolution, voilà toute la différence !

Or, puisque j'ai commencé de donner mon opinion, je dirai qu'à mon avis la meilleure marche à suivre, la plus sûre, la plus équitable, c'est de faire pour la Dette comme pour la Banque, d'anéantir d'un seul coup l'intérêt. Je veux dire qu'à partir du jour du décret, les intérêts, que l'on continuerait de payer, comme devant, aux porteurs d'inscriptions, leur seraient comptés en déduction du principal, à titre d'annuités, ledit principal fixé, quel que fût l'état de la Bourse, *au pair*, et la différence du cours au pair devant tenir lieu de prime pour le délai du remboursement.

Oh ! je sais bien que les rentiers, les joueurs de Bourse, toute la séquelle financière, crieront à la spoliation, parce que l'État, au lieu d'opérer sur le principal, comme cela se fait tous les jours à la Bourse, opérerait sur l'intérêt. Admirez la morale bancocratique ! La spéculation agioteuse, qui exagère ou atténue le capital inscrit, la valeur réelle, en conservant le même intérêt, est chose légitime : le décret du Souverain au contraire, qui, suivant l'impulsion de la Banque, annulerait l'intérêt, la valeur instable, abusive, en restituant intégralement le Capital, serait vol ! Et ces gens-là se disent économistes, moralistes, jurisconsultes, hommes d'État ! il y en a même qui se font passer pour chrétiens ! Soit. J'ai trop longtemps disputé avec cette canaille : j'en demande pardon à l'Humanité. Ils sont les plus forts ! prenons patience, il y a des retours aux choses d'ici-bas...

Je m'adresse aux hommes de bon sens et de bonne foi. Si, par le cours naturel des choses, par la loi du marché, l'intérêt de l'argent tombait généralement en France à 3 p. %, il n'y a personne qui ne trouvât qu'une conversion du 5, du 4 ½ et du 4 en 3 fût chose parfaitement légitime. Pourquoi donc cesserait-elle de l'être si, par un acte de la volonté souveraine, par un progrès de la raison publique et une transaction entre tous les intérêts, le principe *créditez-vous les uns les autres,* qui n'est aujourd'hui que de conseil, devenait le premier article du pacte social ? si, en vertu de cette loi du Pays, dont on voit poindre déjà la première lueur dans les associations pour le bon marché, le prix du numéraire tombait au niveau des frais d'administration de la Banque ? Toutes les affaires étant subordonnées au mouvement de l'escompte public, quelle iniquité y aurait-il à ce que la réciprocité fût exigée des créanciers de l'État ? Et parce que la dette aurait été contractée avant la loi, s'ensuivrait-il que le capital prêté dût en être affranchi ? Ne suffirait-il pas, pour que la non-rétroactivité fût observée à son égard, que la loi ne s'étendît pas aux termes antérieurs et ne frappât que ceux à échoir postérieurement ?

Ce que la Société fait pour tous, elle a droit de l'attendre de chacun ; la même remise dont elle fait jouir les citoyens sur leurs escomptes, elle doit en profiter à son tour sur les intérêts qu'elle paye. La première est la mesure de la seconde : telle est la loi de la Réciprocité, la loi du Contrat, hors de laquelle il n'est que misère et servitude pour le producteur.

Or, dites-moi, pour accomplir cette importante réforme, payer les dettes de l'État, faire défense à tous ministres, à l'avenir, de contracter au nom du Pays aucun emprunt, attendu que sous le nouveau régime cette pratique de la vieille finance sera complétement abandonnée ; supprimer toutes pensions, retraites, etc., parce que c'est aux départements, communes, corporations, associations, etc., de prendre soin de leurs invalides, comme de récompenser et décorer leurs serviteurs ; décharger, en un mot, l'Administration centrale de cette énorme gestion du Grand-Livre, de l'Amortissement, de la Dette flottante, des caisses d'Épargnes, de la distribution des croix, rubans, retraites et pensions : faut-il remanier dix fois encore notre constitution politique ? nous épuiser pendant cinquante ans en bacchanales parlementaires ? recommencer la tragi-comédie de 91, 93, 95, 99, 1804, pour finir par 1814, 1830 et 1848 ? user jusqu'à la Nation, avec ces billevesées de Législation directe, Gouvernement direct, et autres, qu'enfante tous les jours le cerveau malade des chefs de partis et d'écoles ?...

Le Peuple, en immense majorité, ne sait pas même qu'il a des dettes. Il ignore ce que c'est qu'amortissement, consolidation, conversion, annuités ; il serait étrangement scandalisé si on lui disait ce que c'est qu'un Emprunt à 55, 70 ou 75. Il se passera peut-être un demi-siècle avant qu'il soit en état de comprendre ce fait, d'histoire élémentaire, que de 1789 à 1852, les choses ont été arrangées de telle façon dans le Gouvernement, qu'à la seconde de ces époques, après avoir balayé les dettes de l'ancien régime,

Pierre-Joseph Proudhon

le Peuple avait à payer de nouveau chaque année, sous les noms de Dette publique, Amortissement, Emprunts, Pensions, Retraites, une somme de plus de 400 millions de francs, en remplacement des anciens droits féodaux qu'il croyait abolis !

Et c'est ce peuple, ignorant de tout ce qui l'intéresse, qu'on entretient de souveraineté, de législation, de gouvernement ! Pour amuser son esprit et le détourner de la Révolution, on lui parle politique et fraternité ! Plaisants révolutionnaires, qui prennent toujours, comme disait un ancien, la fève blanche pour la rouge, et ne sont occupés qu'à éluder, dissimuler, enterrer les questions essentielles. En vérité, s'ils eussent vécu en 89, ils auraient sauvé, par leur prudence, la monarchie et la féodalité. Ils n'auraient pas permis qu'on parlât au Peuple, ni du *Déficit,* ni du *Livre rouge,* ni du *Pacte de famine,* ni de la *Dîme,* ni des *Droits féodaux,* ni des *Biens du clergé,* ni des millions de misères qui rendaient la Révolution nécessaire. Ils auraient prêché l'Association et l'État serviteur ! N'est-ce pas ainsi qu'ils en ont usé après février ? Qui donc s'occupait de la Révolution dans le Gouvernement provisoire ? qui s'inquiétait d'une liquidation à l'Hôtel-de-Ville ? qui y songeait au Luxembourg ? qui, dans la Montagne, oserait articuler cette forte parole ?...

Ne comptons plus sur les hommes : la Révolution, au dix-neuvième siècle, sera l'œuvre de la Fatalité. Fatalité ! ayez pitié de nous.

3. Dettes hypothécaires : Obligations simples.

La dette publique arrêtée, liquidée, il faut arrêter aussi et liquider les dettes des citoyens.

Les dettes des particuliers sont de deux sortes : hypothécaires, quand elles ont été contractées à long terme, et qu'elles reposent sur un gage immobilier ou hypothèque ; chirographaires, quand elles n'ont pour garantie qu'un simple billet.

Joignons-y les actions de commandite, dont l'intérêt se distingue généralement du bénéfice, et se porte chaque année au débit des sociétés.

CINQUIÈME ÉTUDE

Les intérêts payés pour ces deux espèces de dettes peuvent être évalués à 1,200 millions : la totalité de la dette publique, évaluée en capital au denier vingt, ne serait donc que le tiers de la dette privée.

Or, il en est de celle-ci comme de l'autre : non-seulement elle a le désir de décroître, elle cherche à réduire ses intérêts. Les projets présentés sous la Constituante par les propriétaires les plus honorables, tels que MM. Flandin, Pougeard et autres, qui, sous ce rapport, firent preuve d'esprit révolutionnaire, n'avaient d'autre but, sous le titre d'*Organisation du crédit foncier,* que de fournir à l'agriculture, à la propriété, à l'industrie, l'argent à bas prix, et de les délivrer petit à petit de l'usure. L'amélioration dont ces très-honnêtes et très-modérés républicains espéraient faire jouir leurs commettants par leur réforme, n'était pas moindre de 6 p. % en moyenne, sur la totalité des intérêts. Au lieu de 9 p. % que l'argent coûte à la propriété, les Banques de crédit foncier n'auraient exigé que 3. C'était faire en une certaine mesure ce que je propose par la liquidation de la Banque de France de faire pour le tout ; c'était, du plus au moins, entrer dans la Révolution. Personne n'avisa cependant qu'une telle institution eût été la spoliation des anciens prêteurs. Les critiques se bornèrent à soutenir qu'on n'y aurait pas confiance, que le papier de crédit serait sujet à dépréciation, etc. Je n'ai point à approuver ni désapprouver les divers modes d'exécution qui furent tour à tour présentés et rejetés. Je me borne à constater que la pensée était éminemment révolutionnaire, et que c'est surtout parce qu'elle était révolutionnaire qu'elle fut écartée. La corporation des exploiteurs de numéraire trouva que l'intérêt à 9 p. % valait mieux pour elle que l'intérêt à 3, que le privilége était bon pour le privilégié, que la Banque agricole menait droit au socialisme, etc. *Qui tient tient, badin qui demande,* dit le proverbe. Ceux qui voulaient rogner les ongles à l'usure n'étant pas en majorité dans la Constituante, furent battus, et avec raison. Puisque, dans nos mœurs gouvernementales, la justice est primée par la politique, et la vérité par le scrutin, ce qui a été fait a été bien fait : nous n'avons pas droit de nous plaindre.

Toutefois, il est permis d'y revenir. Un simple changement de majorité peut faire changer la loi : c'est dans cette prévision que je publie ce programme.

L'honorabilité de la réforme hypothécaire, je veux dire de la réduction de l'intérêt des prêts sous seing-privé et sur hypothèque, ainsi mise hors de cause, la question est de savoir, 1° à quel taux sera fixé l'intérêt ; 2° en quel délai le nouveau régime sera, partout, substitué à l'ancien.

Quelque système que l'on adopte, et sur le taux de l'intérêt, et sur les conditions du prêt, et sur la forme du papier, et sur le chiffre des émissions, il est clair qu'une fois engagée dans cette route, la tendance de la société, en ce qui concerne les prêts et les dettes, aura changé ; de rétrograde qu'elle est en ce moment par la difficulté du crédit et l'élévation de l'intérêt, elle sera devenue, par la facilité du prêt et la modération du prix, révolutionnaire. Le plus ou le moins de vivacité qu'on donnera au mouvement ne fera rien à sa nature : que vous partiez de Paris pour Dunkerque par le chemin de fer ou par le roulage, vous n'en tournez pas moins le dos à Bayonne.

Supposez que la Banque hypothécaire de MM. Flandin, Pougeard, etc., à 3 p. %, existe : au bout de quelque temps, par ses émissions, cette banque sera devenue la régulatrice de l'hypothèque, et généralement de l'intérêt, qui s'abaissera de toutes parts à mesure que s'étendra l'influence de l'institution.

Supposez encore que cette Banque borne ses émissions, c'est-à-dire la quotité de ses crédits, à 500 millions par an : le total des dettes, publiques, communales et privées, étant par hypothèse de 25 milliards, en moins de cinquante ans le roulement de la Banque aura entièrement absorbé cette masse, à moins que les prêteurs actuels ne maintiennent leurs titres par la prolongation des échéances et la réduction volontaire de leurs intérêts.

D'après ce calcul, la révolution du crédit, dans la mesure de 9 à 3 p. %, s'accomplirait en un demi-siècle.

Préférez-vous, au contraire, continuer l'ancien régime et le fortifier encore ? Le moyen est simple. Ne faites rien ; repoussez, comme a fait la majorité de la Constituante, tous les projets relatifs au crédit. Les dettes s'accumulant toujours, le Pays sera écrasé, la propriété ruinée, le travail dompté ; la Nation avec l'État s'enfoncera dans l'esclavage, jusqu'à ce qu'elle en sorte par le moyen ordinaire, la banqueroute.

Ainsi, point de milieu entre la Réaction et la Révolution. Mais la Réaction est mathématiquement impossible : nous ne sommes

CINQUIÈME ÉTUDE

pas libres de ne pas nous révolutionner, nous n'avons de choix que pour la vitesse. Je préfère, quant à moi, la locomotive.

Mon avis est donc d'en user pour la dette privée comme nous avons fait pour la dette publique et pour la Banque ; c'est-à-dire de franchir d'un bond la carrière, et de toucher borne sans faire de station dans les auberges. À cette fin, sans nous préoccuper de gouvernement, de constitution, prorogation, révision, ni d'association, nous procéderons par mesure générale, et puisque l'État, bien que déjà entamé par notre précédent projet, est encore le grand ressort de la société, nous nous servirons de l'État.

« Par décret de l'Assemblée Nationale,

» Vu les décrets antérieurs qui fixent le taux des escomptes à la Banque et les intérêts de la dette publique à 1/2 p. %,

» Les intérêts de toutes créances, hypothécaires, chirographaires, actions de commandite, sont fixés au même taux.

» Les remboursements ne pourront être exigés que par annuités.

» L'annuité, pour toutes les sommes au-dessous de 2,000 fr., sera de 10 p. % ; pour les sommes au-dessus de 2,000 fr., 5 p. %.

» Pour faciliter le remboursement des créances et suppléer à la fonction des anciens prêteurs, une division des bureaux de la Banque nationale d'escompte deviendra Banque foncière : le maximum de ses avances sera, par année, de 500 millions. »

Qui donc se plaindra d'une réforme logique, bienfaisante, dans son universalité comme dans son radicalisme ? Les prêteurs ? Ils ne sont pas un sur mille. Mais, si peu nombreux qu'ils soient, il faut les entendre : ce n'est pas notre force qui fait notre droit.

À coup sûr, celui qui prête à 6, 8 et 9, ne se plaindra jamais que le paysan le vole, parce qu'il lui préfère un autre prêteur qui fait crédit à 3 : sur ce point, les capitalistes ne feront pas d'objections. Mais voici ce qu'ils diront aux hypothéqués et à l'État :

Vous pouvez réduire l'intérêt, et même généraliser la réduction, si, par une affluence subite de capitaux ou une combinaison financière, vous trouvez un crédit au-dessous du taux actuel. Mais ce que vous n'avez pas le droit de faire, c'est d'ajourner le remboursement. Vous violeriez la foi des contrats. Ou rendez-nous, sur-le-champ, nos capitaux ; ou subissez l'intérêt. Voilà le dilemme.

Pierre-Joseph Proudhon

Et comme la totalité des dettes, non compris celles des communes et de l'État, s'élève peut-être à 18 milliards, tandis qu'il existe tout au plus un milliard de numéraire dans la circulation, il est clair que le remboursement est impossible. Nous sommes pris.

J'étais à Lyon en 1846-47, employé dans une maison de commission et de transports par eau. La maison avait des marchés à l'année, avec un grand nombre d'expéditeurs et réceptionnaires du Midi et de l'Est. Les prix de voiture, fixés à forfait, comprenaient les droits de navigation, tant sur les canaux que sur les fleuves. Une ordonnance de dégrèvement en faveur des céréales étant survenue, le montant des droits de navigation fut intégralement déduit des lettres de voiture : ce furent les clients, non les voituriers, qui profitèrent de la remise. Le contraire aurait eu lieu, si le ministre, au lieu de diminuer les droits, les avait augmentés. Dans les deux cas, il y avait force majeure, provenant du fait du prince, et qui, se passant hors des prévisions du contrat, devait se liquider indépendamment du contrat.

Appliquons cette règle.

Si, par un événement imprévu, résultant de l'amélioration de la place et de l'intervention de l'autorité, le taux légal de l'intérêt est abaissé à 3, 2, 1 ou 1/2 p. %, il est clair qu'à l'instant même tous les intérêts stipulés dans les contrats antérieurement écrits, doivent être réduits proportionnellement. Le prix de l'argent est, comme le prix du transport et de toute marchandise, composé d'éléments divers, dont la multiplication produit la hausse, dont l'absence doit par conséquent amener la baisse. Jusqu'ici la parité est exacte.

Mais le créancier, qui n'a plus d'intérêt au crédit, exige le remboursement : c'est-à-dire qu'il profite de la rareté du numéraire pour éluder la loi et maintenir ses intérêts. La mauvaise foi est flagrante : toutefois le prétexte est spécieux ; il faut y répondre.

Sur quoi repose le commerce de l'argent ? sur la rareté même de l'argent. Si la quantité d'or et d'argent était dix fois, vingt fois plus forte, la valeur de ces métaux serait dix fois, vingt fois moindre : par conséquent l'intérêt dix fois, vingt fois plus faible. On finirait même par ne faire pas plus d'état de l'argent et de l'or que du fer et du cuivre : ils ne seraient plus réputés instruments d'échange. On les vendrait, on les achèterait comme le fer et le cuivre ; on ne les prêterait plus à intérêt. La rareté du numéraire est donc essentielle à la nature de sa fonction.

Mais cette rareté n'en est pas moins un mal, puisqu'en dernière analyse c'est toujours de cette rareté que se plaignent l'agriculture, le commerce et l'industrie : en sorte que, par une contradiction singulière, le travail et l'échange sont condamnés à souffrir de la rareté d'une marchandise qui leur est nécessaire, et qui ne peut pas ne pas être rare.

Or, les citoyens par leur accord, ou l'État qui jusqu'à nouvel ordre les représente, ont trouvé moyen de faire que l'argent, sans devenir moins rare, par conséquent sans rien perdre de sa valeur, ne mette plus en souffrance leurs intérêts, ne soit plus une gêne au commerce et au travail ; ce moyen, c'est d'en centraliser la circulation et d'en rendre le prêt réciproque.

N'est-il pas évident, après cela, que se prévaloir de la rareté du numéraire pour exiger un remboursement impossible, ou à défaut un intérêt illégal, c'est argumenter du fait même dont le législateur a voulu annihiler la maligne influence, et poser comme principe ce qui est précisément en question, mieux que cela, ce qui a été jugé ?

Vous nous réclamez dix-huit milliards d'espèces, pouvons-nous dire aux capitalistes ; comment donc se fait-il qu'il en existe à peine deux ? Comment, avec deux milliards d'écus, êtes-vous parvenus à vous rendre nos créanciers pour dix-huit ? C'est, direz-vous, par le roulement du numéraire et le renouvellement des prêts. C'est donc aussi par le roulement du numéraire et le renouvellement des annuités que nous nous acquitterons envers vous. Vous avez pris temps pour prêter, nous prendrons temps pour rembourser. N'êtes-vous pas déjà bien heureux, en perdant l'intérêt, de conserver les valeurs ?

Mais le raisonnement n'y fera rien. L'aigle défend son aire, le lion son antre, le pourceau son auge : le capital ne lâchera pas son intérêt. Et nous, pauvres patients, nous sommes ignorants, désarmés, divisés ; il n'est pas un de nous, lorsqu'une veine le pousse à la révolution, qui ne soit retenu par une autre dans la résistance !

En 89, la chose était claire au moins : d'un côté la noblesse, le clergé, la couronne ; de l'autre le Tiers-État, formant à lui seul les quatre-vingt dix-neufcentièmes de la nation. Aujourd'hui les intérêts sont divisés, compliqués à l'infini ; le même individu peut résumer en sa personne dix intérêts, dix opinions contradictoires. La République de février, en s'engageant dans ce fourré, a été comme le dragon à plusieurs têtes : elle est restée dans la haie. Plus elle fait d'efforts, plus elle s'embarrasse. Il n'y a qu'un moyen d'en finir : c'est de mettre le feu au buisson.

4. Propriété immobilière : BÂTIMENTS.

Quelles que soient mes conclusions personnelles, quelque radicalisme que je professe dans mes propositions, on remarquera cependant que toujours je pars d'un principe généralement admis, d'une pratique suivie, d'une tendance reconnue, d'un désir exprimé par les personnages les plus honorables ; de plus, que je procède constamment par voie de conséquence directe, en supposant le progrès aussi lent, aussi imperceptible qu'on voudra. Autre chose est pour moi la révolution, et autre chose l'exécution. La première est certaine, invinciblement engagée ; quant à la seconde, si je crois prudent et utile de lui donner la plus vive accélération, je ne verrais pas pour cela un adversaire dans un homme qui ne serait pas tout à fait de mon sentiment.

Abordons cette grande question de la propriété, source de prétentions si intolérables et de craintes si ridicules. La Révolution a deux choses à faire sur la propriété, sa liquidation et sa reconstitution. Je m'occuperai d'abord de la liquidation, et je commence par les bâtiments.

Si, par les mesures plus haut indiquées, la propriété bâtie était purgée de ses hypothèques ; si les propriétaires et entrepreneurs trouvaient, les uns pour les maisons qu'ils veulent faire bâtir, les autres pour l'achat de leurs matériaux, le capital à bas prix : il s'ensuivrait, d'abord, que les frais de construction diminueraient considérablement ; que les vieilles bâtisses pourraient, avec avantage et avec peu de dépense, se réparer ; et par contre-coup, qu'une certaine baisse se ferait sentir dans le prix des logements.

D'autre part, les capitaux ne trouvant plus à se placer avec le même avantage dans les fonds publics et les banques, les capitalistes seraient conduits à rechercher le placement en immeubles, notamment dans les maisons, toujours plus productives que la terre. Il y aurait donc, de ce côté-là aussi, surcroît de concurrence ; l'offre des logements tendrait à surpasser la demande, le prix de location descendrait encore.

Il descendrait d'autant plus que la réduction de l'intérêt perçu à la Banque et payé aux créanciers de l'État serait plus forte ; et si, comme je le propose, l'intérêt de l'argent était de suite fixé à zéro, le revenu du capital engagé dans les maisons devrait, au bout d'un certain temps, descendre également à zéro.

Alors le prix des logements ne se composant plus que de ces trois choses : l'amortissement du capital dépensé dans la construction, l'entretien du bâtiment, et l'impôt, le contrat de loyer cesserait d'être un *prêt à usage* pour devenir une vente de l'entrepreneur du bâtiment au domicilié.

Alors, enfin, la spéculation ne recherchant plus les maisons comme lieu de placement, mais comme objet d'industrie, le rapport entièrement civil que nous a transmis le droit romain, de propriétaire à locataire, disparaîtrait pour faire place à un rapport purement commercial ; entre le bailleur de logement et le preneur, il y aurait la même relation, par conséquent la même loi, la même juridiction, qu'entre l'expéditeur d'un colis et le réceptionnaire. En deux mots, le *bail à loyer,* dépouillant son caractère féodal, serait devenu ACTE DE COMMERCE.

C'est toujours la loi du contrat et de la réciprocité qui nous régit, à l'exclusion de toute réminiscence gouvernementale.

Maintenant est-il vrai que l'abaissement du prix des loyers, en tant qu'il a pour cause le bas prix des capitaux et des services, est un signe d'augmentation de richesse et de bien-être pour le peuple ?

Est-il vrai que la Société aspire naturellement à cette réduction, et qu'elle n'est frustrée de son désir que par l'anarchie économique où l'a plongée l'ancienne Révolution ?

Est-il vrai, enfin, que depuis trois ans l'idée d'organiser le bon marché des logements s'est produite d'une manière officielle, notamment à l'occasion des *Cités ouvrières,* dont le premier souscripteur a été M. le Président de la République ?

Si ces faits sont indéniables, légitimes, dignes en tout des vœux

Pierre-Joseph Proudhon

du gouvernement et du peuple, il en résulte que la société aspire à changer la constitution de la propriété bâtie, et que si, dès le lendemain de février, elle avait su se placer dans cette direction, si l'impulsion donnée d'en haut avait pu ou su se continuer, nous serions aujourd'hui, quant à ce qui regarde les logements, en pleine voie révolutionnaire. S'il y a eu recul dans l'opinion à cet égard, la cause en est tout à la fois à l'acharnement avec lequel les *factotons* de M. Louis Bonaparte ont combattu toute idée d'amélioration, au défaut d'intelligence et d'énergie du parti républicain, à la misère et à l'ignorance des classes travailleuses.

Le mouvement, au lieu de se propager en réduction sur les loyers, s'est donc continué en baisse sur les immeubles : ce sont les propriétaires qui ont pâti. Tandis que le prix de loyer demeurait à peu près fixe, la propriété a perdu 50, 60 et 80 p. %. La révolution aurait soutenu la propriété ; la réaction, par ses fureurs, lui a fait subir une dépréciation irréparable.

Ceci compris, supposons que la ville de Paris, reprenant en sous-œuvre le projet abandonné des Cités ouvrières, ouvre la campagne contre la cherté des logements ; achète, aux prix les plus bas, les maisons en vente ; traite, pour leur réparation et entretien, avec des compagnies d'ouvriers en bâtiment ; puis loue ces maisons, d'après les lois de la concurrence et de l'égal échange. Dans un temps donné, la ville de Paris sera propriétaire de la majorité des maisons qui la composent ; elle aura pour locataires tous ses citoyens.

Ici, comme toujours, la tendance est avérée et significative, le droit incontestable. Si depuis la prise de la Bastille, la ville de Paris avait consacré à cette acquisition les sommes qu'elle a dépensées en fêtes publiques, au couronnement des rois et à la naissance des princes, elle aurait amorti déjà pour quelques centaines de millions de propriétés. Que le pays soit donc juge ; qu'il décide en combien d'années il entend révolutionner cette première catégorie de propriétés : ce qu'il aura résolu, je le tiendrai pour sagement résolu, et d'avance je l'accepte.

Qu'il me soit permis, en attendant, de formuler un projet.

Le droit de propriété, si respectable dans sa cause, quand cette cause n'est autre que le travail, est devenu, à Paris et dans la plupart des villes, un instrument de spéculation abusive et immorale sur le logement des citoyens. On punit comme un délit, quelquefois comme un crime, l'agiotage sur le pain et les denrées de première nécessité : est-ce donc un acte plus licite de spéculer sur l'habitation du peuple ? Nos consciences, égoïstes, paresseuses, aveugles, surtout en ce qui touche le gain, n'ont pas encore saisi cette parité : raison de plus pour que la Révolution la dénonce. Si la trompette du dernier jugement retentissait à nos oreilles, qui de nous, au moment suprême, refuserait de faire sa confession ? Faisons-la donc ; car, je vous le jure, la dernière heure approche pour la vieille prostituée. Il est trop tard pour parler de purgatoire, de pénitence graduelle, de réforme progressive. L'Éternité vous attend ; plus de milieu entre le ciel et l'enfer : il faut franchir le pas.

Je propose d'opérer la liquidation des loyers dans les mêmes conditions que celle de la Banque, de la Dette publique, des Dettes et Obligations privées.

« À dater du jour du décret qui sera rendu par les futurs représentants, tout payement fait à titre de loyer sera porté en à-compte de la propriété, celle-ci estimée au vingtuple du prix de location.

» Tout acquittement de terme vaudra au locataire part proportionnelle et indivise dans la maison par lui habitée, et dans la totalité des constructions exploitées à loyer, et servant à la demeure des citoyens.

» La propriété ainsi remboursée passera à fur et mesure au droit de l'administration communale, qui, par le fait du remboursement, prendra hypothèque et privilége de premier ordre, au nom de la masse des locataires, et leur garantira à tous, à perpétuité, le domicile, au prix de revient du bâtiment.

» Les communes pourront traiter de gré à gré avec les propriétaires, pour la liquidation et le remboursement immédiat des propriétés louées.

» Dans ce cas, et afin de faire jouir la génération présente de la réduction des prix de loyer, lesdites communes pourront opérer immédiatement une diminution sur le loyer des maisons pour lesquelles elles auront traité, de manière que l'amortissement en soit opéré seulement en trente ans.

» Pour les réparations, l'agencement et l'entretien des édifices,

Pierre-Joseph Proudhon

comme pour les constructions nouvelles, les communes traiteront avec les *Compagnies maçonnes* ou associations d'ouvriers en bâtiment, d'après les principes et les règles du nouveau contrat social.

» Les propriétaires, occupant seuls leurs propres maisons, en conserveront la propriété aussi longtemps qu'ils le jugeront utile à leurs intérêts. »

Que le Pays entre dans cette phase, et le salut du peuple est assuré. Une garantie plus forte que toutes les lois, toutes les combinaisons électorales, toutes les sanctions populaires, assure à jamais le logement aux travailleurs, et rend impossible le retour de la spéculation locative. Il n'y faut plus ni gouvernement, ni législation, ni codes ; il suffit d'un pacte entre les citoyens, dont l'exécution sera confiée à la commune : ce que ne feront jamais ni dictateurs ni rois, le producteur, par une simple transaction, est logé.

5. Propriété foncière.

C'est par la terre que l'exploitation de l'homme a commencé ; c'est dans la terre qu'elle a posé ses solides fondements. La terre est encore la forteresse du capitalisme moderne, comme elle fut la citadelle de la féodalité et de l'antique patriciat. C'est la terre enfin, qui rend à l'autorité, au principe gouvernemental, une force toujours nouvelle, chaque fois que l'Hercule populaire a renversé le géant.

Maintenant la place d'armes, attaquée sur tous les points, privée de ses fortins, va tomber devant nous comme tombèrent, au bruit des trompettes de Josué, les murailles de Jéricho. La machine qui doit enfoncer les remparts est trouvée : ce n'est pas moi qui en suis l'inventeur ; c'est la propriété elle-même.

Tout le monde a entendu parler des banques de crédit foncier, en usage depuis longtemps déjà parmi les propriétaires de Pologne, d'Écosse, de Prusse, et dont les propriétaires et agriculteurs français réclament avec tant d'instance l'introduction dans notre pays. Dans un précédent article, parlant de la liquidation des dettes hypothécaires, j'ai eu l'occasion de rappeler les tentatives faites à l'Assemblée nationale par quelques honorables conservateurs, pour doter la France de cette bienfaisante institution. J'ai montré, à ce propos, comment la banque foncière pouvait devenir un instrument de révolution à l'égard des dettes et usures ; je vais montrer comment elle peut l'être encore, vis-à-vis de la propriété.

Le caractère spécial de la banque foncière, après le bas prix et la facilité de son crédit, c'est le *remboursement par annuités*.

Supposons que les propriétaires, n'attendant plus rien de l'initiative du gouvernement, suivent l'exemple des associations ouvrières, et, prenant en main leurs propres affaires, s'entendent pour fonder, par souscription ou garantie mutuelle, une Banque.

Supposons que dans cet établissement de crédit, le chiffre des émissions soit fixé au maximum de 400 millions par année, jusqu'à concurrence d'un capital de 2 milliards, et l'annuité fixée au vingtième, payable d'avance, plus un intérêt léger en sus.

On comprend qu'avec le secours de cette banque, la propriété, qui emprunte au taux moyen de 9 p. %, peut opérer chaque année la conversion de 400 millions de ses hypothèques, c'est-à-dire, rembourser 400 millions à 9, par une inscription d'annuité de 5 ½, 6 ou 7 p. %.

Au bout de cinq ans, le capital de deux milliards aura été épuisé : mais la banque, avec ses recouvrements d'annuités et les retenues qu'elle fait sur les crédits, se trouvera avoir en caisse, du produit de ses opérations, une somme de 400 millions, plus ou moins, qu'elle replacera à nouveau. Le mouvement se continuera donc, de telle sorte qu'au bout de vingt ans la propriété foncière aura converti quatre fois 2 milliards, soit 8 milliards d'hypothèques : en trente ans elle sera délivrée des usuriers.

Encore une fois, je n'entends patroner ici aucun des projets de banque foncière qui ont pu se produire. Je crois possible d'organiser une pareille institution, et je raisonne sur cette donnée, qui est pour moi plus qu'une hypothèse.

Or, rien de plus aisé que d'appliquer au rachat de la propriété foncière le mécanisme de ce crédit, dans lequel on a l'habitude de ne voir qu'un préservatif contre l'usure et un instrument de conversion des hypothèques.

En moyenne, le revenu du capital terre est 3 p. %. Quand on dit que la terre rapporte 2, 3, 4 ou 5 p. %, cela signifie que, les frais

Pierre-Joseph Proudhon

du travail payés (il faut quele fermier, métayer ou esclave vive), le surplus, tel quel, en autres termes la part du maître, est censé représenter le vingtième, le vingt-cinquième, le tren- tième ou le quarantième de la valeur totale du fonds.

Ainsi, trente-quatre années de fermage à 3 p. %, ou quarante années à 2 ½, couvrent la valeur de la propriété.

Le paysan, fermier ou métayer, pourrait donc rembourser la terre qu'il cultive en vingt-cinq, trente, trente-quatre ou quarante années, si le propriétaire voulait traiter à cette condition ; il la rembourserait même en vingt, dix-huit et quinze ans, s'il pouvait l'acheter sous la loi de l'annuité. Qui donc alors empêche le paysan de devenir partout maître du sol et de s'affranchir du fermage ?

Ce qui l'en empêche, c'est que le propriétaire exige d'être payé comptant, et qu'à défaut de comptant, il *loue* la terre, c'est-à-dire qu'il s'en fait payer à perpétuité.

S'il est ainsi, dira-t-on, pourquoi le paysan ne s'adresse-t-il pas au notaire ?

Ah ! c'est que le prêt d'argent, sur hypothèques et par main de notaire, se comporte exactement comme le fermage. L'intérêt stipulé pour cette espèce de prêt ne sert nullement à l'éteindre, et il est plus fort encore que celui qu'on paye pour le sol. Le paysan se trouve ainsi enfermé dans un cercle : il faut qu'il cultive éternellement sans posséder jamais. S'il emprunte, c'est un second maître qu'il se donne : double intérêt, double esclavage. Pas moyen de se tirer de là ; il faudrait le secours d'une fée.

Eh bien ! cette fée existe ; il ne tient qu'à nous d'éprouver la vertu de sa baguette : c'est la Banque foncière.

Un jeune paysan, entrant en ménage, désire acheter un fonds : ce fonds vaut 15,000 francs.

Supposons que ce paysan, avec la dot de sa femme, un coin d'héritage, quelques économies, puisse faire le tiers de la somme, la Banque foncière, sur un gage de 15,000 francs, n'hésitera pas à en prêter 10,000, remboursables, comme il a été dit, par annuités.

Ce sera donc comme si, pour devenir propriétaire d'une propriété de 10,000 francs, le cultivateur n'avait qu'à en payer la rente pendant quinze, vingt ou trente années. Cette fois, le fermage n'est plus perpétuel ; il s'impute annuellement sur le prix de la chose ; il vaut titre de propriété. Et comme le prix de l'immeuble ne peut pas s'élever indéfiniment, puisqu'il n'est autre chose que la capitalisation au vingtuple, trentuple ou quarantuple, de la partie du produit qui excède les frais de labourage, il est évident que la propriété ne pourra plus fuir le paysan. Avec la Banque foncière le fermier est dégagé ; c'est le propriétaire qui est pris. Comprenez-vous, maintenant, pourquoi les conservateurs de la Constituante n'ont pas voulu du crédit foncier ?...

Ainsi, ce que nous appelons fermage, reste de la tyrannie quiritaire et de l'usurpation féodale, ne lient qu'à un fil, l'organisation d'une Banque, réclamée par la propriété elle-même. Il est démontré que la terre tend à revenir aux mains qui la cultivent, et que son affermage, comme le loyer des maisons, comme l'intérêt hypothécaire, n'est qu'une spéculation abusive, qui accuse le désordre et l'anomalie du régime économique.

Quelles que soient les conditions de cette Banque, qui existera le jour que le voudront ceux qui en ont besoin ; à quelque taux qu'elle fixe son courtage ; si modérées que soient ses émissions, on pourra calculer en combien d'années le sol sera délivré du parasitisme qui l'épuise en étranglant le cultivateur.

Et le sol, une fois purgé par la machine révolutionnaire, l'agriculture redevenue franche et libre, l'exploitation féodale ne pourra jamais se rétablir. Que la propriété se vende alors, s'achète, circule, qu'elle se divise ou s'agglomère, qu'elle aille où elle voudra ; dès lors qu'elle ne traînera plus le boulet de l'antique servage, elle aura perdu ses vices essentiels ; elle sera transfigurée. Ce ne sera plus la même chose. Appelons-la cependant toujours de son ancien nom, si doux au cœur de l'homme, si agréable à l'oreille du paysan, la Propriété.

Que demandé-je à cette heure ? qu'on crée immédiatement une Banque foncière ? Ce serait quelque chose, sans doute. Mais pourquoi ne ferions-nous pas d'une enjambée tout le chemin que la Banque foncière mettra peut-être un siècle à parcourir ?

Notre tendance, c'est notre loi ; et, bien qu'il n'y ait jamais solution de continuité entre les idées, bien que l'esprit sache toujours, au besoin, insérer entre une idée et une autre idée autant de moyens

Pierre-Joseph Proudhon

termes qu'il veut, la Société se plaît quelquefois aux vastes équations, aux grands sauts. Quoi de plus puéril que de faire des tiers, des quarts, des dixièmes, des vingtièmes de révolution ? Le capital n'a-t-il pas assez joui ? Est-il si honorable, si généreux, si pur, que nous lui devions encore le sacrifice de cinquante années de pots-de-vin ? Nous sommes dans la ligne du progrès ; la pratique universelle plaide pour nous. Qu'attendrions-nous davantage ? En avant ! et au pas de course sur la rente de la terre.

Je propose de décréter :

« Tout payement de redevance pour l'exploitation d'un immeuble acquerra au fermier une part de propriété dans l'immeuble, et lui vaudra hypothèque.

» La propriété, intégralement remboursée, relèvera immédiatement de la commune, laquelle succédera à l'ancien propriétaire, et partagera avec le fermier la nue-propriété et le produit net.

» Les communes pourront traiter de gré à gré avec les propriétaires qui le désireront, pour le rachat des rentes et le remboursement immédiat des propriétés.

» Dans ce cas il sera pourvu, à la diligence des communes, à l'installation des cultivateurs et à la délimitation des possessions, en ayant soin de compenser autant que possible l'étendue superficiaire avec la qualité du fonds, et de proportionner la redevance au produit.

» Aussitôt que la propriété foncière aura été intégralement remboursée, toutes les communes de la République devront s'entendre pour égaliser entre elles les différences de qualité des terrains, ainsi que les accidents de culture. La part de redevance à laquelle elles ont droit sur les fractions de leurs territoires respectifs, servira à cette compensation et assurance générale.

» À partir de la même époque, les anciens propriétaires qui, faisant valoir par eux-mêmes leurs propriétés, auront conservé leur titre, seront assimilés aux nouveaux, soumis à la même redevance et investis des mêmes droits, de manière que le hasard des localités et des successions ne favorise personne, et que les conditions de culture soient pour tous égales.

» L'impôt foncier sera aboli.

CINQUIÈME ÉTUDE

» La police agricole est dévolue aux conseils municipaux. »

Je n'ai pas besoin, je pense, de montrer par un commentaire que ce projet, complément nécessaire des autres, n'est encore qu'une application en grand de l'idée de contrat ; que l'autorité centrale n'y figure un moment que pour la promulgation de la volonté populaire, que je suppose déjà exprimée dans les cahiers des électeurs ; et qu'une fois la réforme opérée, la main du pouvoir disparaît à jamais des affaires de l'agriculture et de la propriété. De telles redites deviendraient à la longue fatigantes. Je crois plus utile en ce moment de présenter à l'appui de mon projet quelques considérations d'urgence.

Dans un grand nombre de départements, l'attention des habitants des campagnes s'est éveillée sur les conséquences probables de la Révolution de février, relativement à la propriété agraire. Ils ont compris que cette Révolution devait mettre fin à leur déshérence et leur procurer, non-seulement la vente de leurs denrées, non-seulement l'argent à bas prix, mais encore, mais surtout, la propriété.

Une des idées qui, sous ce rapport, ont obtenu faveur chez les paysans, c'est le *Droit* du cultivateur à la plus-value de la propriété qu'il cultive.

Un immeuble valant 40,000 francs est livré à bail à un laboureur, moyennant le prix de 1,200 francs, soit à 3 p. %.

Au bout de dix ans cet immeuble, sous la direction intelligente du fermier, a gagné 50 p. % de valeur : au lieu de 40,000 francs, il en vaut 60. Or, non-seulement cette plus-value, qui est l'œuvre exclusive du fermier, ne lui profite en rien, mais le propriétaire, l'oisif, arrive, qui, le bail expiré, porte le prix d'amodiation à 1,800 francs. Le laboureur a créé 20,000 fr. pour autrui ; bien plus, en augmentant de moitié la fortune du maître, il a augmenté proportionnellement sa propre charge ; il a donné la verge, comme l'on dit, pour se faire fouetter.

Cette injustice a été comprise du paysan ; et plutôt que de n'en pas obtenir réparation, il brisera tôt ou tard gouvernement et propriété, comme en 89 il brûla les chartriers. On peut désormais s'y attendre. D'un autre côté, quelques propriétaires ont également senti la nécessité de faire jouir enfin le travail de ses propres œuvres ; ils sont allés au-devant des désirs de leurs fermiers, et ont commencé spontanément cette œuvre de réparation. Le *Droit à la plus-value* est un des premiers que le législateur devra reconnaître, au moins en principe, à peine de révolte et peut-être d'une jacquerie.

Quant à moi, je ne crois point que, dans le système de nos lois et l'état des propriétés, une pareille innovation soit praticable, et je doute que l'espoir des paysans triomphe des difficultés et des complications sans nombre de la matière. Je suis le premier à reconnaître la légitimité du droit à la plus-value, mais autre chose est de *reconnaître le droit,* et autre chose de *faire droit ;* et celui-ci est incompatible avec toutes les lois, traditions et usages qui régissent la propriété. Il ne faudrait pas moins qu'une refonte complète, avec suppressions, additions, modifications, presque à chaque phrase et à chaque mot, des deuxième et troisième livres du Code civil, *dix-sept cent soixante-six articles* à reviser, discuter, approfondir, abroger, remplacer, développer, plus de travail que n'en pourrait faire l'Assemblée nationale en dix ans.

Tout ce qui concerne la distinction des biens, le droit d'accession, l'usufruit, les servitudes, successions, contrats, prescriptions, hypothèques, devra êtreraccordé avec le droit à la plus-value et remanié de fond en comble. Quelque bonne volonté qu'y mettent les représentants, quelques lumières qu'ils y apportent, je doute qu'ils parviennent à faire une loi qui satisfasse leurs commettants et leur amour-propre. Une loi qui dégage, qui consacre et qui règle, dans toutes les circonstances, le droit à la plus-value et les conséquences qu'il traîne après lui, est tout simplement une loi impossible. C'est ici un de ces cas où le Droit, malgré son évidence, échappe aux définitions du législateur.

Le droit à la plus-value a encore un autre défaut bien plus grave, c'est de manquer de logique et d'audace.

De même que la propriété n'augmente de valeur que par le travail du fermier, de même elle ne conserve sa valeur acquise que par ce même travail. Une propriété abandonnée ou mal soignée perd et se détériore, autant que dans le cas contraire elle profite et s'embellit. Conserver une propriété, c'est encore la créer, car c'est la refaire tous les jours, à fur et mesure qu'elle périclite. Si donc

CINQUIÈME ÉTUDE

il est juste de reconnaître au fermier une part dans la plus-value que par son travail il ajoute à la propriété, il est également juste de lui reconnaître une autre part pour son entretien. Après avoir reconnu le droit à la plus-value, il faudra reconnaître le droit de conservation. Qui fera ce nouveau règlement ? qui saura le faire entrer dans la législation, le faire cadrer avec le Code ?...

Remuer de pareilles questions, c'est jeter la sonde dans des abîmes. Le droit à la plus-value, si cher au cœur du paysan, avoué par la loyauté d'un grand nombre de propriétaires, est impraticable, parce qu'il manque de généralité et de profondeur, en un mot, parce qu'il n'est point assez radical. Il en est de lui comme du DROIT AU TRAVAIL, dont personne, à la Constituante, ne contestait la justice, mais dont la codification est également impossible. Le Droit au travail, le Droit à la vie, le Droit à l'amour, le Droit au bonheur, toutes ces formules, capables à un instant donné de remuer les masses, sont entièrement dépourvues de raison pratique. Si elles trahissent dans le peuple un besoin respectable, elles accusent encore plus l'incompétence de leurs auteurs.

Allons-nous dire, à cette heure, au paysan, comme nous avons dit en 1848 à l'ouvrier, qu'il n'y a rien à faire ; que le droit à la plus-value, de même que le droit au travail et tous les droits évangéliques, est une belle chose, sans doute, mais parfaitement irréalisable ; que le monde a toujours été comme cela, et qu'il ira toujours de même ; que la Providence a fait les uns propriétaires et les autres fermiers, comme elle a créé des chênes et des aubépines, et tous ces lieux communs de morale malthusienne cent fois réfutés ? La confidence pourrait être mal reçue, et il est permis de douter que les paysans, pas plus que les ouvriers, en prennent leur parti. Avant peu il faudra une solution ; sinon, prenez garde !... Je vois venir l'expropriation universelle, sans utilité publique, et sans indemnité préalable.

Je termine ici cette étude, laissant à mes lecteurs le soin de la poursuivre dans ses détails, et me contenterai d'avoir touché les points généraux.

Une liquidation générale est le préliminaire obligé de toute révolution. Après soixante années d'anarchie mercantile et

Pierre-Joseph Proudhon

économique, une seconde nuit du 4 août est indispensable. Nous sommes encore maîtres de procéder avec toute la prudence, toute la modération qui sera jugée utile ; plus tard, notre destinée pourrait ne plus dépendre de notre libre arbitre.

J'ai depuis longtemps prouvé que tout, dans les aspirations du Pays, dans les idées qui ont cours parmi les capitalistes et propriétaires comme parmi les paysans et les ouvriers, conduit fatalement à cette liquidation : associations pour le bon marché des produits, entassement du numéraire à la Banque, comptoirs d'escompte, papier de crédit, banque foncière, cités ouvrières, droit à la plus-value, etc., etc. J'ai fait l'analyse et la déduction de ces idées, et j'ai trouvé partout au fond le principe de la réciprocité et du contrat, nulle part celui du gouvernement. J'ai montré enfin comment la liquidation pouvait, sur chaque point donné, s'opérer avec telle rapidité qu'on voudrait ; et si je me suis déclaré pour la forme la plus expéditive et la plus prompte, ce n'est point, comme on pourrait croire, par amour des opinions extrêmes, mais parce que je suis convaincu que ce mode est de tous le plus sage, le plus juste, le plus conservateur, le plus avantageux à tous les intéressés, débiteurs, créanciers, rentiers, locataires, fermiers et propriétaires.

Moi, chercher les opinions extrêmes ! Eh ! croyez-vous donc qu'au delà de l'idée toute de conciliation que je préfère et que je propose, il n'y en ait pas de plus radicale et de plus sommaire ? Avez-vous oublié ce mot du grand Frédéric au meunier Sans-Souci :

Sais-tu que sans payer je pourrais bien le prendre ?

Entre le remboursement par annuités et la confiscation, il peut exister bien des moyens termes. Que la contre-révolution poursuive le cours de ses exploits : et avant un an peut-être le prolétariat demandera aux riches, à titre de réparations et indemnités, quart, tiers, moitié de leurs propriétés, dans quelques années le tout. Et le prolétariat, est plus fort que le grand Frédéric. Alors, ce ne sera plus le Droit au travail, ni le Droit à la plus-value qu'invoqueront les paysans et les ouvriers : ce sera le Droit de la guerre et des représailles. Qu'aura-t-on à répondre ?

CINQUIÈME ÉTUDE

SIXIÈME ÉTUDE

ORGANISATION DES FORCES ÉCONOMIQUES.

Rousseau a dit vrai : Nul ne doit obéir qu'à la loi qu'il a lui-même consentie ; et M. Rittinghausen n'a pas moins raison quand il prouve en conséquence, que la loi doit émaner directement du souverain, sans intermédiaire de représentants.

Mais où les deux écrivains ont également failli, c'est à l'application. Avec le suffrage ou vote universel, il est évident que la loi n'est ni directe ni personnelle, pas plus que collective. La loi de la majorité n'est pas ma loi, c'est la loi de la force ; par conséquent le gouvernement qui en résulte n'est pas mon gouvernement, c'est le gouvernement de la force.

Pour que je reste libre, que je ne subisse d'autre loi que la mienne, et que je me gouverne moi-même, il faut renoncer à l'autorité du suffrage, dire adieu au vote comme à la représentation et à la monarchie. Il faut supprimer, en un mot, tout ce qui reste de divin dans le gouvernement de la société, et rebâtir l'édifice sur l'idée humaine du CONTRAT.

En effet, lorsque je traite pour un objet quelconque avec un ou plusieurs de mes concitoyens, il est clair qu'alors c'est ma volonté seule qui est ma loi ; c'estmoi-même qui, en remplissant mon obligation, suis mon gouvernement.

Si donc le contrat que je fais avec quelques-uns, je pouvais le faire avec tous ; si tous pouvaient le renouveler entre eux ; si chaque groupe de citoyens, commune, canton, département, corporation, compagnie, etc., formé par un semblable contrat et considéré comme personne morale, pouvait ensuite, et toujours dans les mêmes termes, traiter avec chacun des autres groupes et avec tous, ce serait exactement comme si ma volonté se répétait à l'infini. Je serais sûr que la loi ainsi faite sur tous les points de la République, sous des millions d'initiatives différentes, ne serait jamais autre chose que ma loi, et si ce nouvel ordre de choses était appelé gouvernement, que ce gouvernement serait le mien.

Ainsi le principe contractuel, beaucoup mieux que le principe d'autorité, fonderait l'union des producteurs, centraliserait leurs

Pierre-Joseph Proudhon

forces, assurerait l'unité et la solidarité de leurs intérêts.

Le *régime des contrats*, substitué au *régime des lois*, constituerait le vrai gouvernement de l'homme et du citoyen, la vraie souveraineté du peuple, laRÉPUBLIQUE.

Car le contrat, c'est la Liberté, premier terme de la devise républicaine : nous l'avons surabondamment démontré dans nos études sur le principe d'autorité et sur la liquidation sociale. Je ne suis pas libre quand je reçois d'un autre, cet autre s'appelât-il la Majorité ou la Société, mon travail, mon salaire, la mesure de mon droit et de mon devoir. Je ne suis pas libre davantage, ni dans ma souveraineté ni dans mon action, quand je suis contraint de me faire rédiger ma loi par un autre, cet autre fût-il le plus habile et le plus juste des arbitres. Je ne suis plus libre du tout, quand je suis forcé de me donner un mandataire qui me gouverne, ce mandataire fût-il le plus dévoué des serviteurs.

Le contrat, c'est l'Égalité dans sa profonde et spirituelle essence. — Celui-là se croit-il mon égal, et ne se pose-t-il point en exploiteur et en maître, qui exige de moi plus qu'il ne me convient de fournir, et qu'il n'est dans l'intention de me rendre ; qui me déclare incapable de faire ma loi, et qui prétend que je subisse la sienne ?

Le contrat, c'est la Fraternité, puisqu'il identifie les intérêts, ramène à l'unité toutes les divergences, résout toutes les contradictions, et par conséquent rend l'essor aux sentiments de bienveillance et de dévouement que refoulait l'anarchie économique, le gouvernement des représentants, la loi étrangère.

Le contrat, enfin, c'est l'Ordre, puisque c'est l'organisation des forces économiques, à la place de l'aliénation des libertés, du sacrifice des droits, de la subordination des volontés.

Donnons une idée de cet organisme : après la liquidation la réédification ; après la thèse et l'antithèse, la synthèse.

1. Crédit.

L'organisation du crédit est faite aux trois quarts par la liquidation des banques privilégiées et usuraires et leur conversion en une Banque nationale de circulation et de prêt, à 4/2, 1/4 ou 1/8 p. %.

Il ne reste qu'à créer, partout où le besoin l'exige, des succursales de banque, et à retirer peu à peu les espèces de la circulation, en faisant perdre à l'or et à l'argent le privilége de monnaie.

Quant au crédit personnel, ce n'est pas à la Banque nationale d'en faire l'application ; c'est dans les compagnies ouvrières et les sociétés agricoles et industrielles qu'il doit trouver son exercice.

2. Propriété.

J'ai dit précédemment comment la propriété, rachetée par le loyer ou fermage, revenait au fermier et au locataire. Il me reste, notamment en ce qui touche la propriété territoriale, à montrer la puissance organique du principe que nous avons invoqué pour opérer cette conversion.

Tous les socialistes, Saint-Simon, Fourier, Owen, Cabet, Louis Blanc, les chartistes, ont conçu l'organisation agricole de deux manières,

Ou bien le laboureur est simplement ouvrier associé d'un grand atelier de culture, qui est la Commune, le Phalanstère.

Ou bien, la propriété territoriale étant rappelée à l'État, chaque cultivateur devient lui-même fermier de l'État, qui seul est propriétaire, seul rentier. Dans ce cas, la rente foncière compte au budget, et peut même le remplacer intégralement.

Le premier de ces deux systèmes est à la fois gouvernemental et communiste : par ce double motif, il n'a aucune chance de succès. Conception utopique, mort-née. Les phalanstériens parleront longtemps encore de leur commune modèle ; les communistes ne sont pas près de renoncer à leur fraternité champêtre. Qu'on leur laisse cette consolation. Si l'idée d'association agricole ou de culture par le Gouvernement se produisait jamais d'une manière sérieuse dans la Révolution, à supposer que le gouvernement subsistât dans une révolution dirigée principalement contre lui, le cas d'insurrection serait posé au paysan. Il y aurait pour lui, de la part de ceux-là mêmes qui se diraient socialistes, menace de tyrannie.

Le second système semble plus libéral : il laisse le cultivateur maître dans son exploitation, ne le soumet à aucun conseil, ne lui impose aucun règlement. En comparaison du sort actuel des fermiers, il est probable qu'avec la longueur des baux et la modération des fermages, l'établissement de ce système rencontrerait peu d'opposition dans les campagnes. J'avoue, pour mon compte, que je me suis longtemps arrêté à cette idée, qui fait une certaine part à la liberté, et à laquelle je ne trouvais à reprocher aucune irrégularité de droit.

Toutefois, elle ne m'a jamais complétement satisfait. J'y trouve toujours un caractère d'autocratie gouvernementale qui me déplaît ; je vois une barrière à la liberté des transactions et des héritages ; la libre disposition du sol enlevée à celui qui le cultive, et cette souveraineté précieuse, ce domaine éminent, comme disent les légistes, de l'homme sur la terre, interdit au citoyen, et réservé tout entier à cet être fictif, sans génie, sans passions, sans moralité, qu'on appelle l'État. Dans cette condition, le nouvel exploitant est moins, relativement au sol, que l'ancien ; il a plus perdu qu'il n'a gagné ; il semble que la motte de terre se dresse contre lui et lui dise : Tu n'es qu'un esclave du fisc ; je ne te connais pas !

Pourquoi donc le travailleur rural, le plus ancien, le plus noble de tous, serait-il ainsi découronné ? Le paysan aime la terre d'un amour sans bornes, comme dit poétiquement Michelet : ce n'est pas un colonat qu'il lui faut, un concubinage ; c'est un mariage.

On allègue le droit antérieur, imprescriptible, inaliénable de l'espèce sur le sol. On en déduit, comme faisaient jadis les physiocrates, la participation de la commune ou de l'État au produit net. On veut que ce produit net soit l'impôt. Et de tout cela on conclut à l'inféodation, à l'emphytéose perpétuelle, irréméable de la terre, et ce qui est plus grave, à la non-circulation, à l'immobilisme de toute une catégorie, la plus considérable par sa masse, la plus précieuse par sa solidité, de capitaux.

Cette doctrine me paraît fausse, contraire à toutes les notions de la science, et en l'état dangereuse.

1° Ce qu'on appelle *produit net,* en agriculture, n'a d'autre cause que l'inégalité de qualité des terres : sans cette inégalité, il n'y aurait pas de produit net, puisqu'il n'y aurait pas de comparaison. Si donc quelqu'un a droit de réclamer contre cette inégalité, ce n'est pas l'État, ce sont les laboureurs mal partagés : c'est pour cela que dans notre projet de liquidation nous avons stipulé sur toute espèce de culture une redevance proportionnelle, destinée à former entre les laboureurs la compensation des revenus et l'assurance des produits.

2° Les professions industrielles, en faveur desquelles on semble réserver une rente foncière, n'ont pas plus que l'État le droit d'y prétendre : la raison, c'est qu'elles n'existent point à part et indépendamment du travail agricole, elles en sont un démembrement. Le laboureur cultive et récolte pour tous : l'artisan, le commerçant, le manufacturier, travaille pour le laboureur. Dès que l'industriel a reçu le prix de sa marchandise il est payé ; son compte est réglé ; il a reçu sa part du produit net comme du produit brut du sol. Faire supporter exclusivement au laboureur sous prétexte de produit net, l'impôt public, c'est créer une immunité au profit des industrieux, et les faire jouir eux-mêmes, sans réciprocité de leur part, de la totalité de la rente.

3° Quant aux inconvénients de la non-circulation des immeubles, j'en montrerai tout à l'heure la gravité.

4° Enfin ce fermage universel, absolu, irrévocable, contraire aux aspirations les plus certaines de l'époque, me paraît, dans l'état actuel des choses, souverainement impolitique. Le peuple, même celui du socialisme, veut, quoi qu'il dise, être propriétaire ; et si l'on me permet de citer ici mon propre témoignage, je dirai qu'après dix ans d'une critique inflexible, j'ai trouvé sur ce point l'opinion des masses plus dure, plus résistante que sur aucune autre question. J'ai fait violence aux convictions, je n'ai rien obtenu sur les consciences. Et, chose à noter, qui prouve jusqu'à quel point la souveraineté individuelle s'identifie dans l'esprit du peuple avec la souveraineté collective, plus le principe démocratique a gagné de terrain, plus j'ai vu les classes ouvrières, dans les villes et les campagnes, interpréter ce principe dans le sens le plus favorable à la propriété.

Tout en maintenant donc une critique sur le but de laquelle personne ne saurait désormais se méprendre, j'ai dû conclure que l'hypothèse d'un fermage général ne contenait pas la solution que je cherchais, et qu'après avoir liquidé la terre, il fallait songer sérieusement à la remettre, en toute souveraineté, au laboureur ;

Pierre-Joseph Proudhon

que hors de là, ni son orgueil de citoyen, ni ses droits de producteur, ne pouvaient être satisfaits.

Cette solution importante, sans laquelle rien de stable ne se peut produire dans la société, j'ai cru l'avoir trouvée, et comme toujours, d'autant plus simple,plus pratique et plus féconde, qu'elle était plus près de moi : ce n'est autre chose que le principe qui nous a servi pour la liquidation, transformé en principe d'acquisition.

« Tout payement de loyer ou fermage, avons-nous dit, acquiert au locataire, fermier, métayer, une part proportionnelle dans la propriété. »

Faites de cette disposition, toute négative en apparence, et qui tout à l'heure ne semblait imaginée que pour le besoin de la cause, une règle positive, générale, immuable, et la propriété est constituée. Elle aura reçu son organisation, sa réglementation, sa police, sa sanction. Elle aura rempli son Idée enfin, en un seul article, charte consentie par tous et à tous, et de laquelle tout le reste va se déduire par les seules lumières du sens commun.

Avec ce simple contrat, protégé, consolidé et garanti par l'organisation du crédit commercial et agricole, vous pouvez, sans la moindre inquiétude, permettre au propriétaire de vendre, transmettre, aliéner, faire circuler à volonté la propriété. La propriété, sous ce nouveau régime ; la propriété séparée de la rente, délivrée de sa chaîne et guérie de sa lèpre, est dans la main du propriétaire comme la pièce de 5 francs ou le billet de banque dans la main de celui qui le porte. Elle vaut tant, ni moins ni plus ; elle ne peut ni perdre ni gagner à changer de main ; elle n'est plus sujette à dépréciation ; surtout elle a perdu cette puissance fatale d'accumulation qu'elle tenait, non d'elle-même, mais de l'antique préjugé de caste et de patriciat.

Ainsi, au point de vue de l'égalité des conditions, de la garantie du travail et de la sécurité publique, la propriété foncière ne peut plus causer à l'économie sociale la moindre perturbation ; elle a perdu ses vices : reste à voir les qualités qu'elle a dû acquérir. C'est ici surtout que j'appelle l'attention de mes lecteurs, notamment des communistes, que je prie de bien peser la différence qu'il y a entre l'association, c'est-à-dire le gouvernement et le contrat.

Si la propriété foncière, comme quelques-uns le proposent,

revenait à l'État ; si par conséquent elle s'immobilisait dans ses mains, ne laissant plus hors de lui que des cultivateurs associés ou fermiers, il arriverait que la propriété, non-seulement comme droit, comme principe juridique, mais aussi comme valeur, aurait disparu.

En effet, supposez que, dans l'état actuel des choses, le Gouvernement ordonne un inventaire général de la richesse, mobilière et immobilière, du Pays. Après avoir porté en compte l'argent, les marchandises en magasins, les récoltes sur pied, les meubles et instruments de travail, les maisons et les usines, on ajouterait les terres, les immeubles, ce qu'on nomme vulgairement les propriétés. Et l'on dirait : la propriété foncière vaut 80 milliards, qui, ajoutés à 50 milliards de produits, marchandises, etc., forment un total de 130 milliards.

Dans le système de l'affermage universel, au contraire, ces 80 milliards de valeurs en propriétés devraient être retranchés de l'inventaire : attendu que ne se vendant et ne s'échangeant point, n'entrant en comparaison avec aucune autre valeur, appartenant à tout le monde, ce qui veut dire à personne, elles ne pourraient à aucun titre, pas plus que l'air et le soleil, figurer dans l'avoir de la nation.

On me dira peut-être que ce n'est là qu'une subtilité de comptable, qui n'affecte en rien la richesse réelle, le bien-être positif du Peuple. Erreur : lepeuple a perdu 80 milliards, car il a perdu le droit d'en disposer. En effet, d'après la déclaration de 93, la propriété, c'est la *libre disposition*. Or, la propriété ou la libre disposition dans l'homme est précisément ce que nous appelons valeur dans la chose, en sorte que celui qui perd l'une des deux perd tout : ceci est de la pratique la plus usuelle. Suivez bien cette filière.

D'après la Constitution de 1848, qui a confirmé à son tour le droit de propriété en le faisant découler du travail, celui qui défriche un champ, qui l'enclôt, le laboure, l'engraisse, qui y enfouit sa sueur, son sang, son âme, celui-là n'a pas seulement droit à la récolte, qui déjà lui est une récompense ; il a gagné en outre un champ, une VALEUR, qui lui constitue un bénéfice supplémentaire, qu'il porte à son *Avoir,* et qu'il appelle sa propriété. Cette propriété, il peut l'échanger, la vendre, en tirer, suivant l'importance, un prix

Pierre-Joseph Proudhon

qui le fera vivre, sans travail, plusieurs années.

À l'instar de cette pratique, consacrée par toutes nos constitutions, nous avons à notre tour posé cette règle, en nous autorisant de la Banque foncière : « Tout payement de loyer ou fermage acquiert au locataire une part proportionnelle dans la propriété. »

Supposons donc que le fermier, profitant du bénéfice de la révolution, ait acquis, par vingt ans de redevance, une propriété estimée 20,000 fr., croyez-vous que ce soit pour lui la même chose de pouvoir dire, dans le système communiste et gouvernemental :

La Révolution allonge mon bail, et réduit mon fermage, c'est vrai. Mais elle ne me permet pas de rien acquérir ; je ne posséderai jamais cette terre ; nu j'en suis sorti, nu j'y rentrerai. Et comme mon métier est de piocher le sol, que je ne sais pas faire autre chose, ma condition est immuable : me voilà, pour ma vie et pour la vie de mes enfants, attaché à la glèbe. Ainsi le veulent nos mandataires, que nous avons choisis pour nous donner des lois ; nos mandataires, qui nous représentent et qui nous gouvernent !

Ou bien, dans le système de la réciprocité contractuelle :

La Révolution m'affranchit du fermage. Chaque année de rentaire me vaut une part de ce terrain ; dans vingt ans la propriété est à moi. Dans vingt ans, moi qui n'ai rien, qui devais n'avoir jamais rien, qui serais mort sans laisser à mes enfants autre chose que le souvenir de mes fatigues et de ma résignation ; dans vingt ans, je posséderai ce fonds, qui vaudra 20,000 fr. J'en serai le maître, le propriétaire ! Je le vendrai si je veux, contre de l'or, de l'argent, des billets de banque ; je changerai de pays si cela me convient ; je ferai de mon fils un commerçant, si le commerce lui plaît ; je marierai ma fille avec l'instituteur, si cette alliance agrée à ma fille ; et moi, quand je ne pourrai plus travailler, je me ferai avec mon fonds une rente viagère. Ma retraite, la retraite de mes vieux ans, c'est, ma propriété !…

Croyez-vous, dis-je, que le paysan hésite un instant sur l'alternative ?

Sans doute la richesse COLLECTIVE de la nation ne perd ni ne gagne dans aucun cas ; que les 80 milliards d'immeubles qui constituent les fortunes individuelles figurent ou non dans le total, qu'importe à la société ? Mais pour le colon, entre les mains duquel

SIXIÈME ÉTUDE

le sol mobilisé devient une valeur circulante, une monnaie encore une fois, est-ce la même chose ?...

Au reste, ce que j'en dis ici n'est à d'autre fin que d'avertir l'opinion, et de prévenir autant qu'il est en moi des expériences ruineuses. Quant à l'événement, il sera tel, en dernier résultat, que je viens de le définir : la plus grande des puissances, la nécessité des choses, d'accord avec le cœur humain, le veut ainsi. Le fermier qui ne reconnaîtrait d'autre propriétaire que l'État se serait bientôt mis à la place de l'Etat ; il traiterait sa possession en vrai propriétaire. Il s'établirait entre laboureurs, pour la transmission des fermes, le même usage qu'entre les notaires, greffiers, etc., pour la vente des offices ; et comme les paysans en France seront toujours les plus forts, ils auraient bientôt consacré, par un vigoureux décret, ce qu'il aurait plu à certains utopistes de considérer comme une usurpation.

Allons donc au-devant d'une solution inéluctable, que l'intérêt des campagnes, la conservation du sol, l'équilibre des fortunes et la liberté des mutations appellent, et que la réforme financière indique et sollicite. Il est ridicule de vouloir soumettre les masses humaines, au nom de leur propre souveraineté, à des lois auxquelles leurs instincts répugnent : il est d'une saine politique, au contraire, il est juste et vraiment révolutionnaire, de leur proposer ce que cherche leur égoïsme, et qu'elles peuvent acclamer d'enthousiasme. L'égoïsme du peuple, en matière politique, est la première des lois.

Que l'Assemblée de 1852, Constituante ou Législative, donne l'impulsion ; qu'elle arrête, en même temps que le fermage, ce morcellement absurde, qui est un désastre pour la fortune publique ; qu'elle profite de la grande liquidation du sol, pour recomposer les héritages et en empêcher à l'avenir la dissémination. Avec les facilités du remboursement par annuités, la valeur de l'immeuble peut être indéfiniment partagée, échangée, subir toutes les mutations imaginables, sans que l'immeuble soit entamé jamais. Le reste est affaire de police ; nous n'avons point à nous en occuper.

3. Division du travail, forces collectives, machines.

— Compagnies ouvrières.

Pierre-Joseph Proudhon

La propriété foncière, en France, intéresse les deux tiers des habitants ; cette proportion doit augmenter encore. Après le crédit, qui gouverne tout, c'est la plus grande de nos forces économiques ; c'était donc par elle que nous devions procéder en second lieu à l'organisation révolutionnaire.

Le travail agricole, constitué sur cette base, apparaît dans sa dignité naturelle. C'est de toutes les occupations la plus noble, la plus salutaire au point de vue de la morale et de l'hygiène, et sous le rapport de l'exercice intellectuel la plus encyclopédique. Par toutes ces considérations, le travail agricole est celui qui exige le moins, disons mieux, qui repousse avec le plus d'énergie la forme sociétaire : jamais on ne vit de paysans former une société pour la culture de leurs champs, on ne le verra jamais. Les seuls rapports d'unité et de solidarité qui puissent exister entre laboureurs, la seule centralisation dont l'industrie rurale soit susceptible, nous l'avons indiquée ; c'est celle qui résulte de la compensation du produit net, de la mutualité de l'assurance, et surtout de l'abolition de la rente, abolition qui rend les agglomérations foncières, le morcellement du sol, le servage du paysan, la dissipation des héritages, à tout jamais impossibles.

Il en est autrement de certaines industries, qui exigent l'emploi combiné d'un grand nombre de travailleurs, un vaste déploiement de machines et de bras, et, pour me servir des expressions techniques, une grande division du travail, par conséquent une haute concentration de forces. Là, l'ouvrier est nécessairement subordonné à l'ouvrier, l'homme dépend de l'homme. Le producteur n'est plus, comme au champ, un père de famille souverain et libre ; c'est une collectivité. Les chemins de fer, les mines, les manufactures, sont dans ce cas.

Ici donc, de deux choses l'une : ou le travailleur, nécessairement parcellaire, sera simplement le salarié du propriétaire-capitaliste-entrepreneur ; ou bien il participera aux chances de perte et de gain de l'établissement, il aura voix délibérative au conseil, en un mot il deviendra associé.

Dans le premier cas le travailleur est subalternisé, exploité ; sa condition perpétuelle est l'obéissance et la misère. Dans le second seulement il reprend sa dignité d'homme et de citoyen ; il peut aspirer à l'aisance ; il fait partie du producteur, dont il n'était auparavant que l'esclave, comme dans la cité il fait partie du souverain, dont auparavant il n'était que le sujet.

Ainsi nous n'avons point à hésiter, car nous n'avons pas le choix. Là où la production nécessite une grande division du travail, une force collective considérable, il y a nécessité de former entre les agents de cette industrie uneASSOCIATION, puisque sans cela ils resteraient les uns par rapport aux autres subalternes, et qu'il y aurait ainsi, du fait de l'industrie, deux castes, celle des maîtres et celle des salariés : chose qui répugne dans une société démocratique et libre.

Telle est donc la règle que nous devons nous poser, si nous voulons conduire avec quelque intelligence la Révolution :

Toute industrie, exploitation ou entreprise, qui par sa nature exige l'emploi combiné d'un grand nombre d'ouvriers de spécialités différentes, est destinée à devenir le foyer d'une société ou compagnie de travailleurs.

C'est ce qui me faisait dire un jour, en février ou mars 1849, dans une réunion de patriotes, que je repoussais également l'exécution et l'exploitation des chemins de fer par des compagnies de capitalistes et par l'État. Suivant moi les chemins de fer sont dans les attributions de sociétés ouvrières, aussi différentes des sociétés de commerce actuelles qu'elles doivent être indépendantes de l'État. Un chemin de fer, une mine, une manufacture, un navire, etc., sont aux ouvriers qu'ils occupent ce que la ruche est aux abeilles : c'est tout à la fois leur instrument et leur domicile, leur patrie, leur territoire, leur propriété. Il est surprenant que ceux qui soutiennent avec le plus de zèle le principe d'association n'aient pas vu que tel était son emploi naturel.

Mais là où le produit peut s'obtenir sans un concours de facultés spéciales, par l'action d'un individu ou d'une famille, il n'y a pas lieu à association. L'association, n'étant pas indiquée par la nature des fonctions, ne saurait être profitable ni de longue durée ; j'en ai donné ailleurs les motifs.

Lorsque je parle, soit de la *force collective,* soit d'une extrême division du travail, comme condition nécessaire de l'association, il est entendu que je raisonne au point de vue de la pratique plutôt que dans la rigueur juridique ou mathématique des termes. La liberté d'association étant illimitée, il est évident que si les paysans jugeaient utile de s'associer, indépendamment des considérations économiques qui les en éloignent, ils s'associeraient ; d'autre part, il n'est pas moins clair que si l'on devait s'en rapporter aux définitions rigoureuses de la science, la force collective et la division du travail, à un degré si faible qu'on voudra, se retrouvant partout, on en induirait que partout aussi le travailleur doit être associé. Il faut suppléer ici aux défectuosités du langage, et faire pour l'économie politique ce que les naturalistes font pour leurs classifications : prendre toujours les caractères tranchés, non douteux, pour point de départ des définitions.

Je veux donc dire que le degré de solidarité entre les travailleurs doit être en raison du rapport économique qui les unit, de telle sorte que là où ce rapport cesse d'être appréciable ou demeure insignifiant, on n'en tienne aucun compte ; là où il prédomine et subjugue les volontés, on y fasse droit.

Ainsi je ne considère pas comme tombant dans le cas juridique de la division du travail et de la force collective cette foule de petits ateliers qu'on rencontre dans toutes les professions, et qui me paraissent, à moi, l'effet des convenances particulières des individus qui les composent, beaucoup plus que le résultat organique d'une combinaison de forces. Le premier venu, capable de tailler et de coudre une paire de bottes, peut prendre patente, s'installer dans un magasin et mettre sur son enseigne : *Un tel, marchand fabricant de chaussures,* bien qu'il soit seul à travailler derrière son comptoir. Qu'à cet entrepreneur solitaire se joigne un compagnon qui aime mieux se contenter du salaire de sa journée que de courir les chances du commerce : de ces deux hommes, l'un sedira patron, l'autre ouvrier ; au fond, ils seront parfaitement égaux, parfaitement libres. Qu'un jeune homme, de quatorze à quinze ans, se présente ensuite pour apprendre le métier : avec celui-ci une certaine division du travail pourra être appliquée ; mais cette division du travail est la condition de l'apprentissage, elle n'a rien d'extraordinaire. Que les commandes se multiplient, il pourra y avoir plusieurs ouvriers et apprentis ; ajoutez les bordeuses, peut-être un commis : vous aurez alors ce qu'on appelle un atelier, c'est-à-dire, six, dix, quinze personnes faisant toutes à peu près la même

SIXIÈME ÉTUDE

chose, et dont la réunion n'a pour objet que de multiplier le produit, non de concourir, de leurs facultés diverses, à son essence. Aussi, que tout à coup les affaires de l'entrepreneur se dérangent, qu'il fasse faillite : les ouvriers qu'il occupait n'y perdront que la peine de chercher un autre atelier ; quant à la clientèle, elle ne courra pas plus de risque : chacun des ouvriers, ou tous ensemble, pourront la reprendre.

En pareil cas je ne vois point, si ce n'est pour des raisons de convenance particulière, qu'il y ait matière à association. La force collective compte là-dedans pour trop peu de chose ; elle ne balance pas les risques de l'entreprise. Des ouvriers peuvent souhaiter d'être admis en participation des bénéfices d'un établissement qui prospère : je n'y verrai aucune difficulté si l'entrepreneur y consent, et la loi non plus ne s'y oppose pas. Il se peut même que tous, ouvriers et patron, y trouvent leur avantage : cela lient alors à des causes spéciales, qui ne peuvent entrer ici en considération. Mais, devant la loi économique qui nous dirige, cette participation ne peut pas être exigée ; elle est tout à fait hors des prescriptions du nouveau droit. Recommander, imposer l'association dans des conditions semblables, ce serait refaire malheureusement, par un esprit mesquin et jaloux, les corporations féodales qu'a détruites la Révolution ; ce serait mentir au progrès et rétrograder, chose impossible. Là n'est pas l'avenir de l'association, considérée comme institution économique et révolutionnaire. Aussi ne puis-je que répéter en ce moment ce que j'ai dit ailleurs : les compagnies ouvrières qui se sont formées à Paris pour des industries de ce genre, de même que les chefs de maisons qui ont associé leurs employés à leurs bénéfices, doivent se considérer comme servant la Révolution à un tout autre point de vue et pour un autre objet. J'y reviendrai tout à l'heure.

Mais lorsque l'entreprise requiert l'intervention combinée de plusieurs industries, professions, spécialités différentes ; lorsque de cette combinaison ressort une œuvre nouvelle, impraticable à toute individualité, où chaque homme s'engrène à l'homme comme la roue à la roue, où l'ensemble des travailleurs forme machine, comme le rapprochement des pièces d'une horloge ou d'une locomotive : oh ! alors les conditions ne sont plus les mêmes. Qui donc pourrait s'arroger le droit d'exploiter une pareille servitude ?

Pierre-Joseph Proudhon

Qui serait assez osé que de prendre un homme pour marteau, un autre en guise de pelle ; d'employer celui-ci comme crochet, celui-là comme levier ?

Le capitaliste, dira-t-on, court seul les risques de l'entreprise, de même que le maître bottier dont nous parlions tout à l'heure. Sans doute, et cela est juste ; mais la parité ne va pas plus loin. Est-ce que le capitaliste tout seul pourrait exploiter une mine ou faire le service d'un chemin de fer ? Est-ce qu'un homme seul pourrait faire marcher une manufacture, monter un navire, jouer Athalie, construire le Panthéon ou la colonne de Juillet ? De pareils travaux sont-ils à la disposition du premier venu, même assorti de tout le capital nécessaire ? Et celui qu'on nomme l'*entrepreneur* est-il autre chose qu'un initiateur ou un capitaine ?…

C'est dans ce cas, parfaitement défini, que l'association, à peine d'immoralité, de tyrannie et de vol, me paraît être tout à fait de nécessité et de droit. L'industrie à exercer, l'œuvre à accomplir, sont la propriété commune et indivise de tous ceux qui y participent : la concession des mines et chemins de fer à des compagnies de traitants, exploiteurs du corps et de l'âme de leurs salariés, est une trahison du pouvoir, une violation du droit public, un outrage à la dignité et à la personnalité humaine.

Certes, les ouvriers parisiens, qui les premiers ont marqué le pas de la Révolution et affirmé le principe de l'identité des intérêts, ne pouvaient, à leurs débuts, observer une telle méthode. Il ne tenait pas à eux de s'organiser en compagnies de manufactures et de chemins de fer. Dieu me garde de leur en faire le moindre reproche. La place était prise (elle sera reprise !) et gardée par des milliers de baïonnettes. Les capitaux qu'il eût fallu rembourser étaient énormes ; les institutions de crédit, indispensables à une pareille liquidation, n'existaient pas. Les ouvriers ne pouvaient rien de ce côté : la force des choses les a donc rejetés dans les industries où l'association est le moins utile. Aussi leur œuvre, toute de dévouement et de provisoire, n'a-t-elle d'autre but, quant à présent, que de dompter le commerce agioteur, d'expulser la spéculation parasite et de former une élite de praticiens, qui, semblables aux jeunesgénéraux de l'ancienne révolution, sauront renouveler la tactique industrielle et organiser la victoire du prolétariat.

SIXIÈME ÉTUDE

Ainsi l'aspect général de la révolution commence à se dessiner : déjà cet aspect est grandiose.

D'un côté voici les paysans, maîtres enfin du sol qu'ils cultivent, et où leur volonté est de prendre racine. Leur masse énorme, indomptable, ralliée par une commune garantie, unie d'un même intérêt, assure à jamais le triomphe de la démocratie et la solidité du *Contrat*.

D'autre part, ce sont ces myriades de petits fabricants, artisans, marchands, volontaires du commerce et de l'industrie, travaillant isolément ou par petits groupes, les plus mobiles des êtres, qui préfèrent à la souveraineté du sol leur incomparable indépendance, sûrs d'avoir toujours une patrie là où ils trouvent du travail.

Enfin apparaissent les *compagnies ouvrières,* véritables armées de la révolution, où le travailleur, comme le soldat dans le bataillon, manœuvre avec la précision de ses machines ; où des milliers de volontés, intelligentes et frères, se fondent en une volonté supérieure, comme les bras qu'elles animent engendrent par leur concert une force collective, plus grande que leur multitude même.

Le cultivateur, par la rente et l'hypothèque, était resté courbé sous le servage féodal. Par la banque foncière, et surtout par le droit du colon à la propriété, il est rendu libre. La terre devient la base, immense en largeur et profondeur, de l'égalité.

De même, par l'aliénation de la force collective, le salarié de la grande industrie s'était ravalé à une condition pire que celle de l'esclave. Mais par lareconnaissance du droit que lui confère cette force, dont il est le producteur, il ressaisit sa dignité, il revient au bien-être : la grande industrie, agent redoutable d'aristocratie et de paupérisme, devient à son tour un des principaux organes de la liberté et de la félicité publique.

Les lois de l'économie sociale, nos lecteurs doivent le comprendre maintenant, sont indépendantes de la volonté de l'homme et du législateur : notre privilége est de les reconnaître, notre dignité d'y obéir.

Cette reconnaissance et cette soumission, dans l'état actuel de nos préjugés, et sous l'empire des traditions qui nous obsèdent, ne peuvent s'effectuer que du consentement mutuel des citoyens, en un mot, par un contrat. Ce que nous avons fait pour le crédit, l'habitation, l'agriculture, nous devons le faire pour la grande industrie : ici, comme ailleurs, l'autorité législative n'interviendra que pour dicter son testament.

Posons donc les principes du pacte qui doit constituer cette nouvelle puissance révolutionnaire.

La grande industrie peut être assimilée à une terre nouvelle, découverte ou créée tout à coup, par le génie social, au milieu de l'air, et sur laquelle la société envoie, pour en prendre possession et l'exploiter au profit de tous, une colonie.

Cette colonie sera donc régie par un double contrat : le contrat qui lui donne l'investiture, établit sa propriété, fixe ses droits et ses obligations envers la mère-patrie ; le contrat qui unit entre eux ses divers membres, et détermine leurs droits et leurs devoirs.

Vis-à-vis de la Société, dont elle est une création et une dépendance, la compagnie ouvrière s'engage à fournir toujours, au prix le plus près du revient, les produits et services qui lui sont demandés, et à faire jouir le public de toutes les améliorations et perfectionnements désirables.

À cet effet, la compagnie ouvrière s'interdit toute coalition, se soumet à la loi de la concurrence, tient ses livres et archives à la disposition de la société, qui conserve à son égard, comme sanction de son droit de contrôle, la faculté de la dissoudre.

Vis-à-vis des personnes et des familles dont le travail fait l'objet de l'association, la compagnie a pour règles :

Que tout individu employé dans l'association, homme, femme, enfant, vieillard, chef de bureau, contre-maître, ouvrier, apprenti, a un droit indivis dans la propriété de la compagnie ;

Qu'il a droit d'en remplir successivement toutes les fonctions, d'en remplir tous les grades, suivant les convenances du sexe, de l'âge, du talent, de l'ancienneté ;

Que son éducation, son instruction et son apprentissage, doivent en conséquence être dirigés de telle sorte, qu'en lui faisant supporter sa part des corvées répugnantes et pénibles, ils lui fassent parcourir une série de travaux et de connaissances, et lui assurent, à l'époque de la maturité, une aptitude encyclopédique et un revenu suffisant ;

Que les fonctions sont électives, et les règlements soumis à l'adoption des associés ;

Que le salaire est proportionné à la nature de la fonction, à l'importance du talent, à l'étendue de la responsabilité ;

Que tout associé participe aux bénéfices comme aux charges de la compagnie, dans la proportion de ses services,

Que chacun est libre de quitter à volonté l'association, conséquemment de faire régler son compte et liquider ses droits, et réciproquement la compagnie maîtresse de s'adjoindre toujours de nouveaux membres.

Ces principes généraux suffisent à faire connaître l'esprit et la portée de cette institution, sans précédents comme sans modèles. Ils fournissent la solution de deux problèmes importants de l'économie sociale : celui de la *force collective,* et celui de la *division du travail.*

Par la participation aux charges et bénéfices, par l'échelle des salaires et l'élévation successive à tous les grades et emplois, la force collective, produit de la communauté, cesse de profiter à un petit nombre de capacitaires et spéculateurs ; elle devient la propriété de tous les ouvriers. En même temps, par l'éducation encyclopédique, l'obligation de l'apprentissage et la coopération à toutes les parties du travail collectif, la division du travail ne peut plus être pour l'ouvrier une cause de dégradation ; elle est au contraire l'instrument de son éducation et le gage de sa sécurité.

Ajoutons que l'application de ces principes, à une époque de transition, aurait pour conséquence une chose dont tout homme de cœur, tout vrai révolutionnaire doit se féliciter, l'initiative de la classe bourgeoise et sa fusion avec le prolétariat.

Il faut le reconnaître : si la classe travailleuse, par sa force numérique et par la pression irrésistible qu'elle peut exercer sur les décisions d'une assemblée, est parfaitement à même, avec le concours de quelques citoyens éclairés, de réaliser la première partie du programme révolutionnaire, la liquidation sociale et la constitution de la propriété foncière ; elle est encore, par l'insuffisance de ses vues et son inexpérience des affaires, incapable de gérer d'aussi grands intérêts que ceux du commerce et de la haute industrie, et conséquemment au-dessous de sa propre destinée.

Les hommes manquent dans le prolétariat aussi bien que dans

Pierre-Joseph Proudhon

la démocratie ; nous ne le voyons que trop depuis trois ans. Ceux qui ont fait le plus de bruit comme tribuns sont les derniers qui, en matière de travail et d'économie sociale, méritent la confiance du Peuple. Demandez aux associations parisiennes, éclairées déjà par l'expérience, ce qu'elles pensent aujourd'hui d'une foule de petits grands hommes qui naguère portaient devant elles le drapeau de la fraternité. Force serait donc, pour ce qui concerne l'exploitation des grandes industries, d'associer aux travailleurs affranchis des notabilités industrielles et commerciales qui les initient à la discipline des affaires. On les trouverait en abondance : il n'est bourgeois, sachant le commerce, l'industrie et leurs innombrables risques, qui ne préfère un traitement fixe et un emploi honorable dans une compagnie ouvrière à toutes les agitations d'une entreprise personnelle ; il n'est commis exact et capable qui ne quitte une position précaire pour recevoir un grade dans une grande association. Que les travailleurs y songent, qu'ils se défassent de tout esprit mesquin et jaloux : il y a place pour tout le monde au soleil de la révolution. Ils ont plus à gagner à des conquêtes de cette nature qu'aux tâtonnements interminables, toujours ruineux, que leur feraient éprouver des chefs dévoués, sans doute, mais peu capables.

4. Constitution de la valeur : organisation du bon marché.

Si le commerce ou l'échange, tellement quellement exercé, est déjà, par sa propre vertu, producteur de richesse ; si pour cette raison il a été pratiqué de tout temps et par toutes les nations du globe ; si, en conséquence, nous avons dû le considérer comme une force économique, il n'est pas moins vrai, et ceci ressort de la notion même d'échange, que le commerce doit être d'autant plus profitable, que la vente et l'achat se fait au plus bas et au plus juste prix, c'est-à-dire que les produits échangés peuvent être fournis en plus grande abondance et dans une proportion plus exacte.

La rareté du produit, en autres termes, la cherté de la marchandise, est un mal dans le commerce ; l'imperfection du rapport, c'est-à-dire l'arbitraire du prix, l'anomalie de la valeur, est un autre mal.

Délivrer le commerce de ces deux maladies qui le rongent et

l'étiolent, ce serait donc augmenter la productivité de l'échange, par suite, le bien-être de la société.

À toutes les époques la spéculation s'est prévalue de ces deux fléaux du commerce, la rareté du produit et l'arbitraire de la valeur, pour les exagérer encore et pressurer le pauvre peuple. De tous temps aussi la conscience publique a réagi contre les exactions du mercantilisme, et s'est efforcée de ramener l'équilibre. On connaît la guerre acharnée de Turgot contre les accapareurs de grains, soutenus par la cour et le préjugé ; on se souvient aussi des tentatives moins heureuses de la Convention et de ses lois de maximum. De nos jours, la taxe du pain, l'abolition du privilége de la boucherie, les tarifs de chemins de fer, ceux des officiers ministériels, etc., etc., sont autant de pas faits dans cette voie.

Certains économistes, il ne faut pas se lasser de rappeler cette honte, n'en prétendent pas moins ériger en loi le désordre du marché et l'arbitraire mercantile. Ils y voient un principe aussi sacré que celui de la famille et du travail. L'école de Say, vendue au capitalisme anglais et indigène, après les jésuites foyer le plus infect de contre-révolution, semble n'exister depuis dix ans que pour patroner et préconiser l'exécrable industrie des accapareurs de capitaux et de denrées, en épaississant de plus en plus les ténèbres d'une science naturellement ardue et pleine de complications. Ces apôtres du matérialisme étaient faits pour s'entendre avec les éternels bourreaux de la conscience : après les événements de février ils ont signé un pacte avec les jésuites, pacte de famine et pacte d'hypocrisie. Que la réaction qui les soudoie se hâte de leur faire à tous une retraite et qu'ils se cachent vite ; car je les en avertis, si la Révolution épargne les personnes, elle ne pardonnera pas aux œuvres.

Sans doute la Valeur, expression de la liberté, incrément de la personnalité du travailleur, est de toutes les choses humaines celle qui répugne le plus à toute espèce de réglementation. Là est le prétexte de la routine, l'argument de la mauvaise foi économiste. Aussi les disciples de Malthus et de Say, repoussant de toutes leurs forces l'intervention de l'État dans les choses du commerce et de l'industrie, ne manquent-ils pas de se prévaloir, à l'occasion, de ces apparences libérales, et de se prétendre plus révolutionnaires que la révolution. Plus d'un esprit honnête s'y est laissé prendre : on n'a pas vu que cette abstension du Pouvoir en matière économique était la base même du gouvernement. Qu'aurions-nous à faire d'une organisation politique, en effet, si le Pouvoir nous faisait jouir une fois de l'ordre économique ?...

Mais, précisément parce que la Valeur est au plus haut degré antiréglementaire, elle est éminemment transactionnelle, attendu qu'elle résulte toujours d'une transaction entre le vendeur et l'acheteur, ou comme disent les économistes, entre l'*offre* et la *demande*.

En effet, le prix des choses est la matière par excellence des conventions, l'élément naturel, constant, exclusif, de tous les contrats entre l'homme et l'homme. D'où il suit que la théorie de la Valeur est la base de toute justice commutative : elle devrait se trouver en tête de toute législation, comme un décalogue, puisque, sans une Valeur quelconque et préexistante, il n'y a ni vente, ni échange, ni louage, ni société, ni dommages-intérêts, ni servitudes, ni hypothèques, etc. Ce n'est donc point une réglementation de la valeur que l'on demande ; c'est la manière d'arriver à une transaction de bonne foi à son égard.

Qui croirait, si nous n'en avions sous les yeux les témoignages, que depuis six mille ans que l'humanité a commencé de se gouverner par des lois, il n'en a pas été fait une seule, sur toute la face de la terre, qui eût pour objet, non pas de fixer la valeur des choses, ce qui est impossible, mais d'apprendre aux échangistes à l'approximer ? Les prescriptions sur la *forme* des contrats abondent et varient à l'infini ; de la *matière* en général ou de la valeur, il n'en fut jamais question. Aussi, nous avons des lois par centaines de mille, et pas de principes. C'est le monde renversé, le monde de la guerre, tel que l'ont fait de tout temps les avocats et les juges, et que veulent l'entretenir les jésuites et les malthusiens.

On comprend que je ne puis ici me livrer aux discussions de théorie et de pratique que soulève la valeur ; question sans bornes, dans laquelle on pourrait faire entrer, et je n'exagère point, toute l'économie politique, toute la philosophie et toute l'histoire. Je réserve pour d'autres temps ces belles études ; quant à présent, il faut que je sois bref, catégorique, positif. Je désespérerais de ma tâche si le Peuple, dans son instinct à la fois si pratique et si

SIXIÈME ÉTUDE

révolutionnaire, ne m'avait abrégé des neuf dixièmes le chemin. C'est sa pratique la plus récente dont je vais essayer la formule. Le Peuple est le dieu qui inspire les vrais philosophes. Puisse-t-il, dans mes rapides paroles, reconnaître sa propre intuition !

Tout le monde sait que l'ÉCHANGE a été, dès les premiers siècles, décomposé en deux opérations élémentaires, la *Vente* et l'*Achat*. La monnaie est la marchandise commune, la taille qui sert à joindre les deux opérations et qui complète l'échange.

Il suffit donc, pour régulariser l'échange, discipliner le commerce, d'effectuer avec méthode l'un ou l'autre des deux actes qui le constituent, la Vente ou l'Achat.

Prenons pour exemple la Vente.

D'après ce que nous venons de dire, la Vente, au point de vue de la justice économique et de la valeur, sera sincère, normale, irréprochable, si elle est faite, autant que permet de le constater l'appréciation humaine, à *juste prix*.

Qu'est-ce que le *juste prix,* en toute nature de service et de marchandise ?

C'est celui qui représente avec exactitude : 1° le montant des frais de production, d'après la moyenne officielle des libres producteurs ; 2° le salaire du commerçant, ou l'indemnité de l'avantage dont le vendeur se prive en se dessaisissant de la chose.

Si toutes les choses qui font la matière des contrats se vendaient, se louaient ou s'échangeaient d'après cette règle, le monde entier serait à l'aise : la paix serait inviolable sur la terre ; il n'y aurait jamais eu ni soldats ni esclaves, ni conquérants ni nobles.

Mais, pour le malheur de l'humanité, les choses ne se passent point ainsi dans le commerce. Le *prix* des choses n'est point adéquat à leur VALEUR ; il est plus ou moins considérable, suivant une influence que la justice réprouve, mais que l'anarchie économique excuse, l'agiotage.

L'agiotage est l'arbitraire commercial. Comme dans le régime actuel le producteur n'a aucune garantie d'échange, ni le commerçant aucune certitude de revendre, chacun s'efforce de faire passer sa marchandise au plus haut prix possible, afin d'obtenir, par l'exagération du bénéfice, la sécurité que ne donnent pas suffisamment le travail et l'échange. Le bénéfice obtenu de la sorte, en sus des frais de production et du salaire du commerçant, se nomme *agio*. L'agio, le vol, est donc la compensation de l'insécurité.

Tout le monde se livrant à l'agiotage, il y a réciprocité de mensonge dans toutes les relations, tromperie universelle, et d'un commun accord, sur la valeur des choses. Cela, sans doute, ne se dit point en toutes lettres dans les contrats ; les tribunaux seraient capables de s'en formaliser ! Mais cela est parfaitement, dans l'esprit de la justice et dans l'opinion des parties, sous-entendu.

Si l'agio était égal, comme il est réciproque, la sincérité des conventions, l'équilibre du commerce, partant le bien-être des sociétés, n'en souffriraient pas. Deux quantités égales, augmentées d'une quantité égale, sont toujours égales : c'est un axiome de mathématique.

Mais l'agio, c'est l'arbitraire, c'est le hasard ; et il est contre la nature du hasard de produire l'égalité, l'ordre. Il en résulte que la réciprocité de l'agio n'est autre chose que la réciprocité de l'escroquerie : et que cette prétendue *loi* des économistes, appliquée en grand, est le principe le plus actif de spoliation et de misère.

Voici donc ce que propose la Révolution.

Puisqu'il y a convention tacite et universelle, entre tous les producteurs et échangistes, de prendre l'un sur l'autre un agio pour leurs produits et services, d'opérer à tâtons dans leurs marchés, de jouer au plus fin, de se surprendre, en un mot, par toutes les ruses du commerce : pourquoi n'y aurait-il pas aussi bien convention tacite et universelle de renoncer réciproquement à l'agio, c'est-à-dire de vendre et faire payer tout au prix le plus juste, qui est le prix moyen de revient ?

Une pareille convention n'a rien d'illogique ; elle seule peut assurer le bien-être et la sécurité des populations. Elle peut donc, elle doit tôt ou tard se réaliser, et pour mon compte je ne doute point qu'avec un peu de persévérance de la part du peuple, elle ne se réalise.

Mais il est dur de remonter le torrent des âges, et de faire rebrousser chemin au préjugé ; il s'écoulera du temps, des générations peut-être, avant que la conscience publique se soit élevée à cette hauteur. En attendant cette merveilleuse conversion il n'est qu'un moyen,

SIXIÈME ÉTUDE

c'est d'obtenir, par des conventions particulières, formelles et expresses, ce qui plus tard résultera sans autre forme de procès, du consentement tacite et universel.

La Vente à juste prix ! vont dire les habiles ; il y a longtemps que c'est connu. À quoi cela a-t-il servi ? Les marchands à juste prix ne font pas plus fortune, ne se ruinent pas moins que les autres ; et quant à la clientèle, elle n'est pas non plus mieux servie et ne paye pas moins cher qu'auparavant. Tout cela n'est qu'empirisme, rajeunissement de vieilles idées, illusion, désespoir.

C'est précisément ce que je nie. Non, la vente à juste prix n'est pas connue ; elle n'a jamais été mise en pratique, et par une bonne raison, elle n'a jamais été comprise.

Chose qui surprendra plus d'un lecteur, et qui semble d'abord contradictoire, le *juste prix,* comme toute espèce de service et de garantie, doit être PAYÉ ; le bon marché de la marchandise, comme la marchandise elle-même, doit avoir sa récompense : sans cette prime offerte au commerçant, le juste prix devient impossible, le bon marché une chimère.

Rendons-nous compte de cette vérité, l'une des plus profondes de l'économie politique.

Si, la plupart du temps, le négociant refuse de livrer sa marchandise à prix de revient, c'est, d'une part, qu'il n'a pas la certitude de vendre en quantité suffisante pour se former un revenu ; c'est, en second lieu, que rien ne lui garantit qu'il obtiendra la réciproque pour ses achats.

Sans cette double garantie, la vente au juste prix, de même que la vente au-dessous du cours, est impossible : les seuls cas qu'on en puisse citer résultent de déconfitures et de liquidations.

Voulez-vous donc obtenir la marchandise au plus juste prix ? jouir du bon marché ? exercer un commerce véridique ? assurer l'égalité de l'échange ?

Il faut offrir au marchand une garantie équivalente.

Cette garantie peut exister de plusieurs manières : soit que les consommateurs qui veulent jouir du juste prix, et qui sont en même temps producteurs, s'obligent à leur tour envers le marchand à lui livrer, à des conditions égales, leurs propres produits, comme cela se pratique entre les différentes associations parisiennes ; — soit que lesdits consommateurs se contentent, sans autre réciprocité, d'assurer au débitant une prime, l'intérêt, par exemple, de son capital, ou un traitement fixe, ou bien encore une vente assez considérable pour lui assurer un revenu. C'est ce qui se pratique généralement dans les boucheries sociétaires et dans la société la *Ménagère,* dont nous avons ailleurs rendu compte.

Ces différentes espèces de garanties pourraient, avec l'initiative des représentants et le secours du budget, se généraliser très-vite, et produire immédiatement des effets extraordinaires.

Supposons que le Gouvernement, provisoire, ou l'Assemblée Constituante, à qui la proposition en fut faite, eût voulu sérieusement faire reprendre les affaires, relever le commerce, l'industrie, l'agriculture, arrêter la dépréciation de la propriété, assurer du travail aux ouvriers ?

On le pouvait, en garantissant, par exemple, aux dix mille premiers entrepreneurs, fabricants, manufacturiers, commerçants, etc., de toute la République, l'intérêt à 5 p. % des capitaux que chacun d'eux engagerait dans les affaires jusqu'à concurrence, en moyenne, de 100,000 fr.

Je dis en *garantissant,* non en payant l'intérêt : il eût été convenu que si le produit net des affaires commencées dépassait 5 p. %, l'État n'aurait à rembourser aucun intérêt.

Le capital ainsi garanti, pour dix mille établissements, se fût élevé à un milliard. L'intérêt à payer eût été, le cas échéant, de 50 millions. Mais il est évident que l'État n'aurait jamais eu à verser une pareille somme : dix mille établissements de commerce et d'industrie ne peuvent travailler simultanément sans se servir réciproquement de soutien ; ce que l'un produit, l'autre le consomme ; le travail, c'est le débouché. L'État, sur les 60 millions d'intérêt, dont il offrait la garantie, n'aurait pas eu à payer 40 millions.

Croit-on qu'une pareille somme puisse entrer en comparaison avec le déficit causé dans la production par le retrait des capitaux et l'insécurité des entrepreneurs, avec l'énorme dépréciation des propriétés, avec les misères et les luttes qui ont décimé le prolétariat ?

Dans un mémoire rendu public, j'ai fait au Gouvernement, au

SIXIÈME ÉTUDE

nom d'une maison de Lyon, une proposition d'une autre nature : c'était de garantir à tout le commerce français et à tous les voyageurs la circulation des personnes et des marchandises, d'Avignon à Châlon-sur-Saône, à 60 et 80 p. % au-dessous de tous les tarifs de chemin de fer, moyennant que l'État garantît aux entrepreneurs l'intérêt à 5 p. % de leur matériel.

C'était acheter 300,000 fr. une économie de plusieurs millions.

Sait-on la réponse qui a été faite ?

La Direction du chemin de fer de Paris à Lyon, sous prétexte qu'elle ne voulait pas, en favorisant un monopole, *gâcher les prix,* aima mieux traiter, pour sa correspondance, avec des spéculateurs amis, à des prix plus élevés que ne pourront être ceux de la voie ferrée. De manière que, si dans deux ou trois ans cette voie s'exécute, la compagnie ou l'État aura l'air encore de faire jouir le pays d'un bienfait. C'est ainsi qu'opère un gouvernement qui sait ses devoirs. Louis XV était le plus fort actionnaire du pacte de famine ; les historiens, amis de l'autorité, ont voué à l'infamie sa mémoire. Il spéculait sur les subsistances. Les ministres de la République et leurs subalternes conserveront leur réputation d'intégrité : ils ne favorisent la spéculation que sur les transports.

Oui, je le dis bien haut : les associations ouvrières, de Paris et des départements, tiennent en leurs mains le salut du peuple, l'avenir de la révolution. Elles peuvent tout, si elles savent manœuvrer avec habileté. Il faut qu'une recrudescence d'énergie de leur part porte la lumière dans les intelligences les plus épaisses, et fasse mettre à l'ordre du jour, aux élections de 1852, et en première ligne, la *constitution de la valeur.*

Or, cette constitution ne peut résulter, comme j'ai dit, que du consentement universel, librement exprimé et obtenu. Pour le préparer et l'amener, dans le plus bref délai, il suffit que, par l'organe des nouveaux représentants, injonction soit faite à l'État et aux Communes, chacun dans le ressort de ses attributions et la limite de ses ressources, de traiter avec un certain nombre d'entrepreneurs, fabricants, manufacturiers, agriculteurs, éleveurs de bétail, voituriers, commissionnaires, etc., etc., de la sous-enchère, et sur les bases suivantes :

« L'État, au nom des intérêts que provisoirement il représente,

Pierre-Joseph Proudhon

les Départements et les Communes, au nom de leurs habitants respectifs, voulant assurer à tous le juste prix et la bonne qualité des produits et services, prévenir les effets de la fraude, du monopole et de l'agiotage, offrent de garantir aux entrepreneurs qui offriront les conditions les plus avantageuses, soit un intérêt pour les capitaux et le matériel engagé dans leurs entreprises, soit un traitement fixe, soit, s'il y a lieu, une masse suffisante de commandes.

» Les soumissionnaires s'obligeront, en retour, à fournir les produits et services pour lesquels ils s'engagent, à toute réquisition des consommateurs. — Toute latitude réservée, du reste, à la concurrence.

» Ils devront indiquer les éléments de leurs prix, le mode des livraisons, la durée de leurs engagements, leurs moyens d'exécution.

» Les soumissions déposées, sous cachet, dans les délais prescrits, seront ensuite ouvertes et publiées, huit jours, quinze jours, un mois, trois mois, selon l'importance des traités, avant l'adjudication.

» À l'expiration de chaque engagement, il sera procédé à de nouvelles enchères. »

La constitution de la Valeur est le contrat des contrats. C'est celui qui résume tous les autres, réalisant l'idée que nous avons exprimée dans une autre étude, que le contrat social doit embrasser en un article unique toutes les personnes, toutes les facultés, tous les intérêts.

Lorsque par la liquidation des dettes, l'organisation du crédit, l'improductivité de l'argent, la constitution de la propriété, l'institution des compagnies ouvrières, la pratique du juste prix, la tendance à la hausse aura été définitivement remplacée par la tendance à la baisse, les perturbations du marché par la norme des mercuriales ; lorsque le consentement universel aura accompli cette grande volte-face dans la sphère des intérêts, alors la Valeur, la chose à la fois la plus idéale et la plus réelle, pourra être dite constituée, et tout en conservant son mouvement par le progrès éternel de l'industrie, elle exprimera, à chaque instant, en tout genre de produit, le rapport vrai du Travail et de la Richesse.

La constitution de la Valeur résout le problème de la Concurrence et celui des droits d'Invention, comme l'organisation des compagnies ouvrières résout celui de la force collective et de la division du travail. Je ne puis, en ce moment, qu'indiquer ces conséquences du grand théorème : leur développement tiendrait trop de place dans un précis philosophique de la Révolution.

5. Commerce extérieur : Balance des importations et des exportations.

C'est par la suppression des douanes que la Révolution sociale doit, d'après la théorie, et abstraction faite de toute influence militaire et diplomatique, rayonner de la France à l'étranger, s'étendre sur l'Europe, et par suite sur le globe.

Supprimer nos douanes, en effet, c'est organiser l'échange au dehors comme nous l'avons organisé au dedans ; c'est mettre les pays avec lesquels nous faisons des échanges de moitié dans notre législation de l'échange ; c'est leur imposer la constitution de la Valeur et de la Propriété ; c'est, en un mot, établir la solidarité de la Révolution entre le Peuple français et le reste du genre humain, en rendant commun à toutes les nations, par la vertu de l'Échange, le nouveau pacte social.

Je vais, en peu de mots, donner un aperçu de ce mouvement.

Dans quel but ont été établies les douanes ?

Dans le but de protéger le travail national.

En quoi consiste cette protection ?

En ce que l'État, qui garde les portes du Pays, fait payer aux marchandises étrangères, à leur entrée en France, une taxe plus ou moins forte, qui en élève le prix et favorise, par conséquent, le débit des marchandises indigènes.

Pourquoi, dira-t-on, ne pas préférer les produits étrangers, s'il est vrai qu'ils soient à meilleur marché que les nôtres ?

C'est que les produits ne peuvent s'obtenir que par des produits ; et que si la concurrence étrangère écrase notre industrie sur tous les points, ou du moins sur le plus grand nombre, il arrivera que ne pouvant acquitter nos achats en produits, nous devrons les solder en argent, et quand nous n'aurons plus d'argent, en emprunter à l'étranger, par conséquent lui donner hypothèque sur nos propriétés, et ce qui est pis, lui payer intérêt, rente et fermage.

Pierre-Joseph Proudhon

Telle est la raison, très-judicieuse et très-réelle, de l'établissement des douanes. Toutes les nations l'ont comprise, et toutes les nations se protégent. Ne disputons donc pas de l'efficacité du moyen : prenons-le pour ce qu'il veut être, avec sa signification officielle.

Il résulte de la définition de la douane, que si elle protége le producteur, elle n'entend pas pour cela lui conférer un privilége, le constituer en exploiteur et sinécuriste parmi ses concitoyens ; mais simplement lui assurer le travail, en sauvegardant l'indépendance du pays vis-à-vis de l'étranger. C'est dans cet esprit que la douane, à mesure qu'elle s'aperçoit qu'une industrie se développe et fait des bénéfices, réduit ses tarifs et appelle la concurrence extérieure, afin de protéger les intérêts du consommateur comme elle protége ceux du producteur.

Ne cherchons pas, encore une fois, si toutes ces mesures que le bon sens suggère, rendent bien le service qu'on en attend ; si elles sont exécutées avec justice ; s'il ne s'y glisse point de prévarication. Il ne s'agit point en ce moment de la moralité et de la capacité de l'État protecteur, mais uniquement du but de l'institution, et de la nécessité qui la détermine.

Comme donc il y a progrès en toute industrie, tendance à réduire les frais de production, et conséquemment à augmenter les bénéfices de la vente, il y a tendance aussi à diminuer les tarifs de la douane.

L'idéal du système serait que le travail, étant partout garanti, la concurrence partout établie, la vente partout assurée, le prix des choses fût partout au plus bas. Telle est la signification et la destinée de la douane.

Or, il ressort de ce que nous avons dit précédemment, tant à propos de la liquidation sociale que sur la constitution de la propriété, l'organisation des compagnies ouvrières et la garantie du bon marché, que si, d'une part, les frais de l'argent diminuaient à la Banque, si l'intérêt de la dette publique et des obligations privées était proportionnellement réduit, si les loyers et fermages baissaient de prix à leur tour et dans une mesure analogue, si l'on faisait une charte des valeurs et des propriétés, etc., etc., le prix de revient, pour toutes les espèces de produits, décroîtrait d'une façon notable, et qu'en conséquence la douane serait en mesure d'ajouter

SIXIÈME ÉTUDE

encore, pour sa part, par la réduction de ses tarifs, au bien-être universel.

Ce serait un progrès d'ensemble comme il ne s'en est jamais vu, comme un Gouvernement n'en produira jamais.

Que ce mouvement général, ainsi que je l'ai plus d'une fois observé, soit seulement indiqué ; que la douane, poussée par le crédit, avance, d'aussi peu qu'elle voudra, dans cette ligne, et l'ancien ordre de choses, en ce qui concerne nos rapports avec l'étranger, se modifie tout à coup ; l'économie internationale entre dans la voie révolutionnaire. En fait de douane comme en toute autre chose, le *statu quo* ou la hausse, c'est la réaction ; le progrès ou la baisse, c'est la révolution. Ainsi l'avait compris, ainsi le pratiqua un aristocrate fameux, Robert Peel, qui se montra du reste, à cette occasion, aussi éloigné des théories de Cobden que de l'égoïsme des propriétaires. Les réformes douanières de Robert Peel avaient pour base et condition préalable la surabondance et le bas prix des capitaux en Angleterre, tandis que chez nous les libre-échangistes, assistés des Montagnards, réclament l'abolition de la douane comme compensation du capital national, ce qui revient à dire l'invasion de l'étranger pour réparation de nos défaites, l'exploitation des capitalistes anglais, suisses, hollandais, américains, russes, pour aider à l'émancipation de nos prolétaires ! Nous n'avions pas besoin de cet exemple pour savoir que si le peuple français est vendu à l'étranger, si la Révolution est trahie, si la conspiration est organisée contre le socialisme, c'est surtout par les organes et les représentants du parti républicain. Mais pardonnons-leur : ils ne savent pas plus ce qu'ils font que ce qu'ils veulent !

Pour moi, qui combats les libre-échangistes, parce que tout en supprimant la douane, ils demandent la liberté de l'usure ; dès lors que l'intérêt baissera, je suis pour l'abaissement des tarifs, et si cet intérêt est supprimé ou seulement de 1/4 ou 1/2 p. %, je me prononce pour le libre-échange.

C'est, dis-je, comme conséquence de l'abolition de l'intérêt, non autrement, que je propose le libre-échange même sans réciprocité, et voici sur quoi je me fonde.

Si demain, par aventure, la Banque de France réduisait le taux de ses escomptes à 1/2 p. %, intérêt et commission compris, tout aussitôt les fabricants et commerçants de Paris et des provinces, qui n'auraient pas crédit à la Banque, s'efforceraient dans leurs négociations de s'en procurer le papier, puisque ce papier, reçu au pair, ne coûterait que 1/2 p. %, au lieu de 6, 7, 8 et 9 que coûtent les écus chez les banquiers.

Mais ce ne seraient pas seulement les négociants français qui se livreraient à cette spéculation, ceux de l'étranger y auraient aussi recours. Le papier de France ne coûtant que 1/2 p. %, tandis que celui des autres États coûterait dix et douze fois autant, la préférence serait acquise au premier ; tout le monde aurait avantage à se servir de cette monnaie pour ses payements.

Pour avoir de ce papier en plus grande quantité, les producteurs du dehors diminueraient donc le prix de leurs marchandises, ce qui augmenterait la quantité de nos importations. Mais comme les billets de la Banque de France ne pourraient plus servir ni à acheter des rentes, puisque nous avons liquidé la dette de l'État, ni à prendre hypothèque sur le sol national, puisque nous avons liquidé les hypothèques et réformé la propriété ; comme ces billets ne pourraient être employés qu'en payement de nos propres produits, il est clair qu'alors nous n'aurions plus à nous protéger contre les importations de l'étranger, nous y trouverions au contraire le plus grand intérêt. Le rapport serait interverti ; ce ne serait plus à nous de modérer nos achats, ce serait à l'étranger de se tenir en garde sur ses ventes.

Or, comment une nation renoncerait-elle à vendre ? Une telle hypothèse répugne ; avec le développement universel de l'industrie et la division du travail entre les peuples, elle implique contradiction.

Pour rétablir la balance et se protéger lui-même contre cette tactique mercantile, l'étranger serait donc obligé d'abolir ses propres douanes, de réformer sa Banque, de constituer chez lui la valeur, d'émanciper ses prolétaires, en un mot, de se mettre en révolution. Le libre échange devenant alors l'égal échange, la diversité des intérêts entre les nations se ramenant peu à peu à l'unité, on verrait poindre le jour où la guerre cesserait entre les nations, comme les procès entre les citoyens, par l'absence des

SIXIÈME ÉTUDE

litiges et l'impossibilité des conflits…

Je ne puis, sans sortir des bornes que j'ai dû me prescrire, donner plus d'étendue à cet exposé de l'organisme industriel, surtout en ce qui concerne l'application du nouveau principe d'ordre, le libre contrat. Ceux de mes lecteurs qui ont suivi, depuis une dizaine d'années, le progrès de la critique révolutionnaire, suppléeront facilement à la brièveté de mes paroles. En reprenant la série des négations économiques, ils n'auront pas de peine à dégager les affirmations et reconstruire la synthèse.

C'est aux jurisconsultes républicains, c'est aux Crémieux, aux Michel (de Bourges), aux Martin (de Strasbourg), aux Jules Favre, aux Marie, aux Bethmont, aux Grévy, aux Dupont (de Bussac), aux Marc-Dufraisne, aux Ledru-Rollin, à frayer à l'esprit du siècle cette route nouvelle, en développant la formulerévolutionnaire telle qu'elle résulte de l'opposition du Contrat social au Gouvernement. Assez longtemps la politique a été pour les juristes une pierre d'achoppement ; et ce n'est pas sans raison que le paysan comme le soldat, les voyant à l'œuvre, se moque de leur éloquence et de leur patriotisme. Que peut-il y avoir de commun entre l'homme du *Droit* et la pratique du Pouvoir ? Le retour au despotisme s'est consommé, il y a cinquante-deux ans, par l'expulsion des*avocats :* c'était justice. La Constitution de l'an V était pour eux une mauvaise cause. Dès lors qu'ils admettaient le principe du gouvernement, ils devaient céder la place à l'homme gouvernemental par excellence ; la raison juridique n'avait que faire dans l'exercice de l'autorité.

Qu'il me soit permis, en terminant cette étude, de répondre un mot au reproche d'orgueil qui m'a été si souvent et si sottement adressé à propos de la devise que j'ai placée en tête de mon livre des Contradictions, *Destruam et œdificabo,* je détruis et j'édifie.

Cette antithèse, tirée du Deutéronome, n'est autre chose que la formule de la loi révolutionnaire qui sert de base au présent écrit, savoir, que toute négation implique une affirmation, et que celui-là seul est vraiment réparateur, qui est vraiment démolisseur.

Pierre-Joseph Proudhon

SEPTIÈME ÉTUDE

DISSOLUTION DU GOUVERNEMENT DANS L'ORGANISME
ÉCONOMIQUE.

1. La société sans l'autorité.

Étant donné,

L'Homme, la FAMILLE, la SOCIÉTÉ ;

Un être collectif, sexuel et individuel, doué de raison, de conscience et d'amour, dont la destinée est de s'instruire par l'expérience, de se perfectionner par la réflexion, et de créer sa subsistance par le travail ;

Organiser les puissances de cet être, de telle sorte qu'il reste perpétuellement en paix avec lui-même, et qu'il tire de la Nature, qui lui est donnée, la plus grande somme possible de bien-être.

Tel est le problème.

Ce problème, on sait comment les générations antérieures l'ont résolu.

Elles ont emprunté à la Famille, à la partie moyenne de l'Être humain, le principe qui lui est exclusivement propre, l'AUTORITÉ ; et de l'application arbitraire de ce principe elles ont fait un système artificiel, varié suivant les siècles et les climats, et qui a été réputé l'ordre naturel, nécessaire de l'Humanité.

Ce système, qu'on peut définir le système de l'ordre par l'autorité, s'est d'abord divisé en deux : l'autorité spirituelle, et l'autorité temporelle.

Après une courte période de prépondérance, et de longs siècles de luttes, le sacerdoce semblait avoir définitivement renoncé à l'empire ; la papauté avec toutes ses milices, que résument actuellement les jésuites et les ignorantins, avait été rejetée en dehors et au-dessous des affaires humaines.

Depuis deux ans, la puissance spirituelle est en voie de ressaisir la suprématie. Elle s'est coalisée, contre la Révolution, avec la puissance séculière, et traité maintenant d'égale à égale avec celle-ci. Toutes deux ont fini par reconnaître que leurs différends provenaient de malentendu, que leur but étant le même, leurs principes, leurs moyens, leurs dogmes, absolument identiques, le Gouvernement leur devait être commun, ou plutôt, qu'elles devaient se considérer comme complément l'une de l'autre, et former, par leur union, une seule et indivisible Autorité.

Telle est du moins la conclusion à laquelle arriveraient peut-être l'Église et l'État, si les lois du mouvement dans l'Humanité rendaient de semblables réconciliations possibles, si déjà la Révolution n'avait marqué leur dernière heure.

Quoi qu'il en soit, il importe, pour la conviction des esprits, de mettre en parallèle, dans leurs idées fondamentales, d'un côté, le système politico-religieux, — la philosophie, qui a distingué si longtemps le spirituel du temporel, n'a plus droit de les séparer ; — d'autre part, le système économique.

Le Gouvernement donc, soit l'Église et l'État indivisiblement unis, a pour dogmes :

1. La perversité originelle de la nature humaine ;

2. L'inégalité essentielle des conditions ;

3. La perpétuité de l'antagonisme et de la guerre ;

4. La fatalité de la misère.

D'où se déduit :

5. La nécessité du gouvernement, de l'obéissance, de la résignation et de la foi.

Ces principes admis, ils le sont encore presque partout, les formes de l'autorité se définissent elles-mêmes. Ce sont :

a) La division du Peuple par classes, ou castes, subordonnées l'une à l'autre, échelonnées et formant une pyramide, au sommet de laquelle apparaît, comme la Divinité sur son autel, comme le roi sur son trône, l'Autorité ;

b) La centralisation administrative ;

c) La hiérarchie judiciaire ;

d) La police ;

e) Le culte.

Ajoutez, dans les pays où le principe démocratique est devenu prépondérant :

f) La distinction des pouvoirs ;

g) L'intervention du Peuple dans le Gouvernement, par voie représentative ;

h) Les variétés innombrables de systèmes électoraux, depuis la convocation par *États,* usitée au moyen âge, jusqu'au suffrage universel et direct ;

i) La dualité des chambres ;

j) Le vote des lois et le consentement de l'impôt par les représentants de la nation ;

k) La prépondérance des majorités.

Telle est, en général, l'architecture du Pouvoir, indépendamment des modifications que chacune de ses parties est susceptible de recevoir, comme par exemple le Pouvoir central, qui peut être tour à tour monarchique, aristocratique ou démocratique : ce qui a fourni de bonne heure aux publicistes une classification des états d'après leurs caractères superficiels.

On remarquera que le système gouvernemental tend à se compliquer de plus en plus, sans devenir pour cela plus régulier ni plus moral, sans offrir plus de garanties aux personnes et aux propriétés. Cette complication résulte, d'abord, de la législation, toujours incomplète et insuffisante ; en second lieu de la multiplicité des fonctionnaires ; mais surtout de la transaction entre les deux éléments antagonistes, l'initiative royale et le consentement populaire. Il était réservé à notre époque de constater, d'une manière définitive, que cette transaction, rendue inévitable par le progrès des siècles, est l'indice le plus certain de la corruption, de la décadence, et de la disparition prochaine de l'autorité.

Quel est le but de cet organisme ?

De maintenir l'ordre dans la société en consacrant et sanctifiant l'obéissance du citoyen à l'État, la subordination du pauvre au riche, du villain au noble, du travailleur au parasite, du laïc au prêtre, du bourgeois au soldat.

Aussi haut que la mémoire de l'humanité remonte, elle se trouve organisée, d'une manière plus ou moins complète, sur ces bases, qui constituent l'ordre politique, ecclésiastique ou gouvernemental.

SEPTIÈME ÉTUDE

Tous les efforts tentés pour donner au Pouvoir une allure plus libérale, plus tolérante, plus sociale, ont constamment échoué : ils sont même d'autant plus infructueux qu'on essaye de faire au Peuple une part plus large dans le Gouvernement, comme si ces deux mots : Souveraineté et Peuple, qu'on a cru pouvoir accoler ensemble, répugnaient autant l'un à l'autre que ceux-ci, Liberté et Despotisme.

C'est donc sous cet inexorable système, dont le premier terme est le Désespoir et le dernier la Mort, que l'humanité a dû vivre et la civilisation se développer depuis six mille ans. Quelle vertu secrète l'a soutenue ? Quelles forces l'ont fait vivre ? Quels principes, quelles idées lui renouvelaient le sang sous le poignard de l'autorité ecclésiastique et séculière ?

Ce mystère est aujourd'hui expliqué.

Au-dessous de l'appareil gouvernemental, à l'ombre des institutions politiques, loin des regards des hommes d'État et des prêtres, la société produisait lentement et en silence son propre organisme ; elle se faisait un ordre nouveau, expression de sa vitalité et de son autonomie, et négation de l'ancienne politique comme de l'ancienne religion.

Cette organisation, aussi essentielle à la société que l'autre lui est étrangère, a pour principes :

1. La perfectibilité indéfinie de l'individu et de l'espèce ;

2. L'honorabilité du travail ;

3. L'égalité des destinées ;

4. L'identité des intérêts ;

5. La cessation de l'antagonisme ;

6. L'universalité du bien-être ;

7. La souveraineté de la raison ;

8. La liberté absolue de l'homme et du citoyen ;

Ses formes d'action sont, je cite les principales :

a) La division du travail, par laquelle s'oppose, à la classification du Peuple par *castes,* la classification par INDUSTRIES ;

b) La force collective, principe des COMPAGNIES OUVRIÈRES, remplaçant les*armées ;*

Pierre-Joseph Proudhon

c) Le commerce, forme concrète du Contrat, qui remplace la *loi ;*

d) L'égalité d'échange ;

e) La concurrence ;

f) Le crédit, qui centralise les Intérêts, comme la hiérarchie gouvernementale centralisait l'*obéissance ;*

g) L'équilibre des valeurs et des propriétés.

L'ancien régime, fondé sur l'Autorité et la Foi, était essentiellement de *Droit divin.* Le principe de la souveraineté du Peuple qui y fut plus tard introduit n'en changea point la nature ; et ce serait à tort qu'aujourd'hui, en face des conclusions de la science, on voudrait maintenir entre la monarchie absolue et la monarchie constitutionnelle, entre celle-ci et la république démocratique, une distinction qui ne touche nullement au principe, et n'a été, si j'ose ainsi dire, depuis un siècle, qu'une tactique de la liberté. L'erreur ou la ruse de nos pères a été de faire le peuple souverain à l'image de l'homme-roi ; devant la Révolution mieux entendue, cette mythologie s'évanouit, les nuances de gouvernement s'effacent et suivent le principe dans sa déconfiture.

Le nouveau régime, basé sur la pratique spontanée de l'industrie, d'accord avec la raison sociale et individuelle, est de *Droit humain.* Ennemi de tout arbitraire, essentiellement objectif, il ne comporte par lui-même ni partis ni sectes ; il est ce qu'il est, et ne souffre ni restriction ni partage.

Entre le régime politique et le régime économique, entre le régime des lois et le régime des contrats, pas de fusion possible : il faut opter. Le bœuf, continuant d'être bœuf, ne peut pas devenir aigle, ni la chauve-souris colimaçon. De même la Société, en conservant, à quelque degré que ce soit, sa forme politique, ne peut s'organiser selon la loi économique. Comment accorder l'initiative locale avec la prépondérance d'une autorité centrale ? le suffrage universel avec la hiérarchie des fonctionnaires ? le principe que nul ne doit obéissance à la loi s'il ne l'a lui-même et directement consentie, avec le droit des majorités ?... L'écrivain qui, ayant l'intelligence de ces contradictions, se flatterait de les résoudre, ne ferait pas même preuve de hardiesse : ce serait un misérable charlatan.

Cette incompatibilité absolue, tant de fois constatée, des deux régimes, ne suffit cependant pas pour convaincre les publicistes

SEPTIÈME ÉTUDE

qui, tout en convenant des dangers de l'autorité, s'y rattachent néanmoins comme au seul moyen d'assurer l'ordre, et ne voient, hors de là, que vide et désolation. Comme ce malade de la comédie, à qui l'on disait que le premier moyen qu'il dût employer pour se guérir était de chasser ses médecins, ils se demandent ce que c'est qu'un honnête homme sans docteur, une société sans gouvernement. Ils feront le gouvernement aussi républicain, bénin, libéral, égalitaire que possible ; ils prendront contre lui toutes les garanties ; ils l'humilieront, devant la majesté des citoyens, jusqu'à l'offense. Ils nous diront : C'est vous qui serez le gouvernement ! Tous vous gouvernerez vous-mêmes, sans président, sans représentants, sans délégués. De quoi alors pourrez-vous vous plaindre ? Mais vivre sans gouvernement ; abolir sans réserve, d'une manière absolue, toute autorité ; faire de l'*anarchie* pure : cela leur semble inconcevable, ridicule ; c'est un complot contre la république et la nationalité. Eh ! que mettent-ils à la place du gouvernement, s'écrient-ils, ceux qui parlent de le supprimer ?…

Nous ne sommes plus embarrassés pour répondre.

Ce que nous mettons à la place du gouvernement, nous l'avons fait voir : c'est l'organisation industrielle.

Ce que nous mettons à la place des lois, ce sont les contrats. — Point de lois votées ni à la majorité ni à l'unanimité ; chaque citoyen, chaque commune ou corporation fait la sienne.

Ce que nous mettons à la place des pouvoirs politiques, ce sont les forces économiques.

Ce que nous mettons à la place des anciennes classes de citoyens, noblesse et roture, bourgeoisie et prolétariat, ce sont les catégories et spécialités de fonctions, Agriculture, Industrie, Commerce, etc.

Ce que nous mettons à la place de la force publique, c'est la force collective.

Ce que nous mettons à la place des armées permanentes, ce sont les compagnies industrielles.

Ce que nous mettons à la place de la police, c'est l'identité des intérêts.

Ce que nous mettons à la place de la centralisation politique, c'est la centralisation économique.

Pierre-Joseph Proudhon

L'apercevez-vous maintenant cet ordre sans fonctionnaires, cette unité profonde et tout intellectuelle ? Ah ! vous n'avez jamais su ce que c'est que l'unité, vous qui ne pouvez la concevoir qu'avec un attelage de législateurs, de préfets, de procureurs généraux, de douaniers, de gendarmes ! Ce que vous appelez unité et centralisation, n'est autre chose que le chaos éternel, servant de base à un arbitraire sans fin ; c'est l'anarchie des forces sociales prise pour argument du despotisme, qui sans cette anarchie n'existerait pas.

Eh bien ! à notre tour, qu'avons-nous besoin de gouvernement là où nous avons fait l'accord ? Est-ce que la Banque nationale, avec ses comptoirs, ne donne pas la centralisation et l'unité ? Est-ce que le pacte entre les laboureurs, pour la compensation, la mobilisation, le remboursement des propriétés agraires, ne crée pas l'unité ? Est-ce que les compagnies ouvrières, pour l'exploitation des grandes industries, n'expriment pas, à un autre point de vue, l'unité ? Et la constitution de la valeur, ce contrat des contrats, comme nous l'avons nommé, n'est-elle pas aussi la plus haute et la plus indissoluble unité ? Et si, pour vous convaincre, il faut, vous montrer dans votre propre histoire des antécédents, est-ce que le système des poids et mesures, le plus beau monument de la Convention, ne forme pas depuis cinquante ans la pierre angulaire de cette unité économique, destinée par le progrès des idées à remplacer l'unité politique ?

Ne demandez donc plus ni ce que nous mettrons à la place du gouvernement ni ce que deviendra la société quand il n'y aura plus de gouvernement ; car, je vous le dis et vous le jure, à l'avenir il sera plus aisé de concevoir la société sans le gouvernement, que la société avec le gouvernement.

La société, en ce moment, est comme le papillon qui vient d'éclore, et qui avant de prendre son vol, secoue au soleil ses ailes diaprées. Dites-lui donc de se recoucher dans sa soie, de fuir les fleurs et de se dérober à la lumière !...

Mais on ne fait pas une révolution avec des formules. Il faut attaquer à fond le préjugé, le décomposer, le mettre en poussière, en faire sentir la malfaisance, en montrer le ridicule et l'odieux. L'humanité ne croit qu'à ses propres épreuves, heureuse quand ces

SEPTIÈME ÉTUDE

épreuves ne l'épuisent pas d'esprit et de sang. Tâchons donc, par une critique plus directe, de rendre l'épreuve gouvernementale si démonstrative, que l'absurdité de l'institution frappe tous les esprits, et que l'anarchie, redoutée comme un fléau, soit enfin acceptée comme un bienfait.

2. Élimination des fonctions gouvernementales. — CULTES.

L'ancienne révolution n'a point frappé le culte : elle s'est contentée de le menacer. Double faute, qui a été renouvelée de nos jours, et qui s'explique, à l'une et l'autre époque, par une arrière-pensée de réconciliation entre les deux puissances, temporelle et spirituelle.

L'ennemi est là, cependant. Dieu et le Roi, l'Église et l'État, telle est, en corps et en âme, l'éternelle contre-révolution. Le triomphe de la liberté, au moyen âge, fut de les séparer, et, ce qui montre l'imbécillité des deux pouvoirs, de leur faire accepter comme un dogme leur propre scission. Maintenant, nous pouvons l'avouer sans péril : devant la philosophie, cette distinction est inadmissible. Qui nie son roi nie son Dieu, et *vice versâ,* il n'y a guère que les républicains de la veille qui refusent de le comprendre. Mais, rendons cet hommage à nos ennemis, les jésuites le savent : aussi, tandis que depuis 89 les vrais révolutionnaires n'ont cessé de combattre et de ruiner l'un par l'autre l'Église et l'État, la sainte congrégation a toujours pensé à les réunir, comme si la foi pouvait refondre ce que la raison a divisé !

Ce fut Robespierre qui le premier, en 1794, donna le signal du retour de la société à Dieu. Ce misérable rhéteur, en qui l'âme de Calvin semblait revivre, et dont la vertu nous a fait plus de mal que tous les vices des Mirabeau, des Danton, des Dumouriez, des Barras, n'eut toute sa vie qu'une pensée, la restauration du Pouvoir et du Culte. Il se préparait tout doucement à cette grande œuvre, tantôt en envoyant de pauvres athées, d'innocents anarchistes, à la guillotine ; tantôt en donnant des sérénades à l'Être-Suprême, et enseignant au peuple le catéchisme de l'autorité. Il mérita que l'Empereur, qui s'y connaissait, dît de lui : *Cet homme avait plus de suite qu'on ne croit !* La *suite* de Robespierre, c'était tout simplement de rétablir l'autorité par la religion, et la religion par l'autorité. Huit ans avant le premier consul, Robespierre, célébrant des auto-da-fé *À la gloire du grand Architecte de l'Univers,* rouvrait les églises et posait les bases du Concordat. Bonaparte ne fit que reprendre la politique du pontife de prairial. Mais comme le vainqueur d'Arcole avait peu de foi à l'efficacité des dogmes maçonniques, que d'ailleurs il ne se sentait pas de force à fonder, à l'exemple de Mahomet, une nouvelle religion, il se borna à rétablir l'ancien culte, et conclut pour cet objet un traité avec le pape.

Depuis lors, la fortune de l'Église commença de se refaire ; ses acquisitions, ses empiétements, son influence, ont marché du même pas que les usurpations du Pouvoir. C'était logique : l'élément le plus ancien du Gouvernement, le boulevard de l'autorité, est sans contredit le culte. Enfin la Révolution de février a porté au comble l'orgueil et les prétentions du clergé. Il s'est trouvé des disciples de Robespierre qui, à l'exemple du maître, invoquant la bénédiction de Dieu sur la République, l'ont pour la seconde fois livrée aux prêtres : malgré les murmures de la conscience populaire, on ne sait plus aujourd'hui lesquels ont le plus de pouvoir en France des jésuites ou des représentants.

Il faut pourtant que le catholicisme s'y résigne : l'œuvre suprême de la Révolution, au dix-neuvième siècle, est de l'abroger.

Je ne dis point ceci par esprit d'incrédulité ou de rancune ; je ne fus jamais libertin, et je ne hais personne. C'est une simple conclusion que j'exprime ; je dirai même, puisque le sujet m'y autorise, une prédiction. Tout conspire contre le prêtre, jusqu'au pendule de M. Foucaut. À moins que la réaction ne parvienne à restaurer la Société de fond en comble, dans son corps, son âme, ses idées, ses intérêts, ses tendances, le christianisme n'a pas vingt-cinq ans à vivre. Il ne se passera pas un demi-siècle peut-être, avant que le prêtre ne soit poursuivi, pour l'exercice de son ministère, comme escroc.

M. Odilon Barrot s'est défendu d'avoir dit qu'en France la loi est athée : il a donné de sa pensée une autre édition. M. Odilon Barrot a eu tort de se rétracter, l'athéisme légal est le premier article de notre droit public. Dès lors que l'État ne fait point acception d'un dogme, il n'a aucune foi, il nie Dieu et la religion. C'est une contradiction en lui, je le sais bien : mais enfin cette contradiction est réelle, et ce

SEPTIÈME ÉTUDE

n'est pas le moindre triomphe du génie révolutionnaire. La religion n'existe point à l'état de sentiment vague et indéfini, de piété quelconque : elle est positive, dogmatique, déterminée, ou elle n'est rien. Et c'est pour cela que J.-J. Rousseau, Bernardin de Saint-Pierre, Jacobi, etc., quoi qu'ils en disent, sont aussi athées que Hégel, Kant et Spinosa. N'est-ce donc pas de l'athéisme, ou pour mieux dire de l'anti-théisme, que cette indifférence qui nous fait payer et protéger également le juif, le chrétien, le mahométan, le grec, le papiste, et le réformé ? N'est-ce pas de l'athéisme et du plus raffiné, que cet esprit philosophique qui considère les faits en eux-mêmes, dans leur évolution, leur série, leurs rapports, sans se préoccuper jamais d'un principe premier ou d'une fin des fins ? N'est-ce pas, s'il est permis d'accoupler ces deux termes, la théologie de l'athéisme, que cette critique de la raison, qui nous fait voir dans les idées de cause, de substance, d'esprit, de dieu, de vie future, etc., etc., des formes de notre entendement, la symbolique de notre conscience, et qui explique en conséquence et de manière à forcer notre assentiment, toutes les manifestations religieuses, théologies et théogonies, par le déroulement des concepts ?…

En vain l'on se demande ce que peut avoir à faire au monde une religion dont tous les dogmes sont en contradiction diamétrale avec les tendances les plus légitimes, les mieux constatées de la société ; dont la morale, fondée sur l'expiation, est démentie par nos idées de liberté, d'égalité, de perfectibilité et de bien-être ; dont les révélations, dès longtemps convaincues de faux, seraient au-dessous même du ridicule, si la philosophie, en expliquant leur formation légendaire, ne nous y faisait voir le mode primitif des intuitions de l'esprit humain. En vain nous cherchons une raison au culte, une utilité au prêtre, un prétexte à la foi : il est impossible, à moins de s'aveugler volontairement, d'arriver à une réponse si peu que ce soit favorable. Certes, si notre tolérance n'était au-dessus de notre croyance, notre pratique plus large encore que notre rationalisme, depuis longtemps la religion ne serait rien dans la société, rien même dans nos consciences. Le culte extérieur jure avec nos idées, nos mœurs, nos droits, notre tempérament ; ce serait fait de lui, si, par un inconcevable scrupule, la première Constituante, qui décréta la vente des biens du clergé, ne s'était crue obligée par compensation de le doter.

Pierre-Joseph Proudhon

Ce qui soutient parmi nous l'Église, ou plutôt ce qui sert de prétexte à sa conservation, c'est la lâcheté de conscience des soi-disant républicains, qui presque tous en sont encore à la profession de foi du Vicaire savoyard. Comme ces Abyssiniens, dont m'entretenait un jour le docteur Aubert, qui, tourmentés du ténia, se débarrassent d'une partie, mais en ayant soin de garder la tête, nos déistes retranchent de la religion ce qui les incommode et les choque ; ils ne voudraient, pour rien au monde, expurger le principe, source éternelle des superstitions, des spoliations et des tyrannies. Point de culte, point de mystères, point de révélations : cela leur va. Mais ne touchez pas à leur Dieu : ils vous accuseraient de parricide. Aussi superstitions, usurpations, paupérisme, repullulent sans cesse, comme les tresses du ver solitaire. Et ces gens-là prétendent gouverner la République ! Le général Cavaignac, qui par un reste de piété offrit au Pape l'hospitalité nationale, est candidat désigné à la Présidence ! Donnez donc votre fille à un homme qui porte dans son sein un pareil monstre !

Il y a plus de dix-huit siècles, un homme tenta, comme nous faisons aujourd'hui, de régénérer l'humanité. À la sainteté de sa vie, à sa prodigieuse intelligence, aux éclats de son indignation, le Génie des Révolutions, adversaire de l'Éternel, crut reconnaître un fils. Il se présenta à ses yeux et lui dit, en lui montrant les royaumes de la terre : Je te les donne tous, si tu veux me reconnaître pour ton auteur, et m'adorer. Non, répondit le Nazaréen : j'adore Dieu, et je ne servirai que lui seul. L'inconséquent réformateur fut crucifié. Après lui, pharisiens, publicains, prêtres et rois reparurent, plus oppresseurs, plus rapaces, plus infâmes que jamais, et la révolution, vingt fois reprise, vingt fois abandonnée, est restée un problème. À moi, Lucifer, Satan, qui que tu sois, démon que la foi de mes pères opposa à Dieu et à l'Église ! Je porterai la parole, et je ne te demande rien……

Je sais bien qu'il en est de la religion comme de la politique ; qu'il ne suffit pas d'en démontrer la nullité et l'impuissance ; qu'il faut encore, après l'avoir réduite à néant, en combler la lacune. Je sais que ceux qui demandent ce que nous mettons à la place du Gouvernement, ne manqueront pas de nous demander encore ce que nous mettons à la place de Dieu.

Je ne recule devant aucune difficulté. Je déclare même, dans la

SEPTIÈME ÉTUDE

sincérité de ma conviction, à la différence des anciens athées, que tel me paraît être, en effet, le devoir de la philosophie. Je conviens que de même qu'il ne suffit, pas d'abroger le Gouvernement, si on ne le remplace par autre chose, de même nous ne viendrons à bout d'expulser Dieu, qu'en dégageant l'inconnue qui, dans l'ordre des conceptions humaines et des manifestations sociales, lui succède.

Or, sans que je veuille quant à présent m'occuper de cette substitution, qui ne voit déjà qu'elle serait singulièrement avancée, si l'insuffisance théorique et pratique du principe divin, si son inconvenance économique, si son incompatibilité avec la révolution actuelle, était devenue pour tout le monde une vérité ? Qui ne voit que la nouvelle Thèse se ferait d'autant mieux concevoir et d'autant plus vite, que son analogue aurait été plus universellement compris, c'est-à-dire, que la théorie du libre contrat, qui remplace la théorie gouvernementale, aurait été plus tôt vulgarisée, et conséquemment la nécessité de cette équation rendue plus frappante : *L'Être suprême est à* X, *comme le régime gouvernemental est au régime industriel ?*

De même que toute négation dans la société implique affirmation subséquente, de même, *à contrario,* l'affirmation, pour apparaître, exige une élimination préalable. Voulez-vous faire descendre le nouveau principe, invoqué sous le nom de *Paraclet* par les socialistes de tous les âges, annoncé par Jésus-Christ même ? Commencez par renvoyer dans le ciel le Père Éternel. Sa présence parmi nous ne tient plus qu'à un fil, le budget. Coupez la corde : vous saurez ce que la Révolution doit mettre à la place de Dieu.

J'avoue, au surplus, qu'en ce qui touche le budget ecclésiastique, je ne comprends pas la délicatesse de certains démocrates. L'exemple de l'ancienne Constituante les paralyse. La liste civile du clergé fut réglée en 1790, pensent-ils, en remplacement des biens d'Église, vendus pour subvenir aux besoins de la nation. Supprimer le budget des prêtres, cela ne ressemblerait-il pas à une confiscation ?

Il y a là une équivoque qu'il importe de faire cesser, non-seulement à cause des intrigants qui l'exploitent, mais surtout pour les âmes timorées qui en sont dupes.

Dans les siècles de foi, alors qu'il n'existait ni centralisation ni budget, que l'argent était rare, et les biens immeubles la seule garantie de la subsistance, les prêtres reçurent de la piété des fidèles leurs propriétés, non point comme simples particuliers, mais comme ministres du culte. C'était l'institution religieuse que l'on dotait ; le corps sacerdotal n'était qu'usufruitier. Cet usufruit, il devait donc naturellement le perdre, soit lorsque l'économie publique permettrait de subvenir autrement aux frais du culte, soit dans le cas où, l'institution religieuse venant à périr, la dotation n'aurait plus de cause. En 89, l'Église avait fait comme le Pouvoir : elle s'était corrompue, et l'on commençait à n'y avoir qu'une foi médiocre. La piété du peuple croyant acheter le ciel, engraissait une multitude defainéants. Le souverain, revenant à la pensée des donateurs, mais ne voulant pas dès ce moment trancher la question de l'utilité ou de l'inutilité de la religion, décida que le revenu de l'Église serait à l'avenir en raison du service fait ; que ceux-là seuls parmi les clercs seraient rémunérés, qui rempliraient une fonction paroissiale. Certes, la Constituante eût été en droit de se montrer plus rigoureuse. L'Église s'étant mise elle-même hors la révolution, comme elle a fait depuis 1848, il y avait lieu de lui retirer à la fois et les propriétés et le traitement. Bien loin qu'on indemnisât le clergé, on n'eût été que juste en le poursuivant, pour ses menées contre-révolutionnaires, en dommages-intérêts. La Constituante usa de modération ; elle supposa, plus qu'il n'était vrai, que le culte était encore une institution nécessaire. Elle en avait besoin pour son propre gouvernement.

Le progrès des idées, la conscience publique rassérénée, l'hostilité de plus en plus déclarée d'un sacerdoce qui ne souffre ni raison philosophique, ni liberté politique, ni progrès social ; qui ne connaît que la charité pour réparation de l'inégalité, ajoutant ainsi l'injure de la Providence à l'injustice du Hasard ; qui se meurt de la diffusion des sciences, et de l'augmentation du bien-être, nous obligent à faire plus.

J'accorde que le culte doit être libre, que de plus celui qui sert à l'autel doit vivre de l'autel. Mais j'ajoute, pour faire justice exacte, que c'est au participant du sacrifice à payer le sacrificateur. Le budget des cultes supprimé, les 41 millions dont il se compose déduits des cotes communales, les fondations perpétuelles et immobilières interdites, les acquisitions faites par le parti prêtre depuis 1789 placées sous le séquestre, tout rentre dans l'ordre : c'est

SEPTIÈME ÉTUDE

aux communes, s'il y a lieu, ou aux associations de fidèles, à régler comme elles l'entendront la position de leurs prêtres. Pourquoi l'État se ferait-il le caissier des communes vis-à-vis du clergé ? Pourquoi cet intermédiaire entre les curés et leurs paroissiens ? Le Gouvernement connaît-il des œuvres pies ? se mêle-t-il des saintes images, du cœur de Marie, de l'adoration du Saint-Sacrement ? a-t-il besoin pour lui-même de presses et de *Te Deum* ?

Si le culte a véritablement une valeur économique ou morale, si c'est un service que le besoin de la population réclame, je n'y fais nulle opposition.*Laissez faire, laissez passer.* Que le culte, encore une fois, comme l'industrie, soit libre. J'observe seulement que le commerce des choses saintes doit être, comme tout autre, soumis à l'offre et à la demande, non patroné ni subventionné par l'État ; que c'est matière à échange, non à gouvernement. Ici, comme partout, le libre contrat doit être la loi suprême. Que chacun paye son baptême, son mariage, son enterrement : à la bonne heure. Que ceux qui adorent se cotisent pour les frais de leurs adorations : rien de plus juste. Le droit de se réunir pour prier est égal au droit de se réunir pour parler de politique et d'intérêt : l'oratoire comme le club est inviolable.

Mais qu'on ne nous parle plus ni de Religion de l'État, ni de Religion de la majorité, ni de Culte salarié, ni d'Église gallicane, ni de République néo-chrétienne. Ce sont autant d'apostasies à la raison et au droit, la Révolution ne pactise point avec la Divinité. Qu'on ne vienne pas surtout, sous prétexte de législation directe, poser au peuple des questions comme celles-ci, auxquelles je suis sûr qu'il répondrait par un *Oui* formidable, et le plus consciencieux du monde :

Reconnaîtra-t-on un Dieu ?

Y aura-t-il une Religion ?

Cette Religion sera-t-elle servie par des prêtres ?

Ces prêtres seront-ils salariés par l'État ?

Voulez-vous, en quatre jours, que la contre-révolution soit faite, parfaite, satisfaite ? Ne parlez au Peuple ni de Roi, ni d'Empereur, ni de République, ni de Réforme agraire, ni de Crédit gratuit, ni de Suffrage universel. Le Peuple sait à peu près ce que tout cela signifie ; il connaît, sur chacun de ces points, ce qu'il veut et ce qu'il

Pierre-Joseph Proudhon

ne veut pas. Faites comme Robespierre : interrogez le Peuple sur l'*Être-Suprême* et l'*Immortalité de l'âme*...

3. Justice.

Justice, Autorité, termes incompatibles, mais que le vulgaire s'obstine à faire synonymes. Il dit *autorité de justice,* de même que *gouvernement du peuple,* par habitude du pouvoir, et sans apercevoir la contradiction. D'où vient cette dépravation d'idées ?

La justice a commencé comme l'ordre, par la force. Loi du prince à l'origine, non de la conscience ; obéie par crainte, non par amour, elle s'impose plutôt qu'elle ne s'expose : comme le gouvernement, elle n'est que la distribution plus ou moins raisonnée de l'arbitraire.

Sans remonter plus haut que notre histoire, la justice était au moyen âge une propriété seigneuriale, dont l'exploitation tantôt se faisait par le maître en personne, tantôt était confiée à des fermiers ou intendants. On était *justiciable* du seigneur comme on était corvéable, comme on est encore aujourd'hui contribuable. On payait pour se faire juger, comme pour moudre son blé et cuire son pain : bien entendu que celui qui payait le mieux avait aussi plus de chance d'avoir raison. Deux paysans convaincus de s'être arrangés devant un arbitre auraient été traités de rebelles, l'arbitre poursuivi comme usurpateur. Rendre la justice d'autrui ! quel crime abominable !...

Peu à peu le Pays, se groupant autour du premier baron qui était le roi de France, toute justice fut censée en relever, soit comme concession de la couronne aux feudataires, soit comme délégation à des compagnies justicières, dont les membres payaient leurs charges, ainsi que font encore les greffiers et procureurs, à beaux deniers comptant.

Enfin, depuis 1789, la Justice est exercée directement par l'État, qui seul rend des jugements exécutoires, et reçoit pour épingles, sans compter les amendes, un traitement fixe de 27 millions. Qu'a gagné le peuple à ce changement ? rien. La Justice est restée ce qu'elle était auparavant, une émanation de l'autorité, c'est-à-dire une formule de coërcition, radicalement nulle, et dans toutes ses dispositions récusable. Nous ne savons pas ce que c'est que la justice.

J'ai souvent entendu discuter cette question : La société a-t-elle le droit de punir de mort ? Un Italien, génie du reste assez médiocre, Beccaria, s'est fait au siècle dernier une réputation par l'éloquence avec laquelle il réfuta les partisans de la peine de mort. Et le peuple en 1848 crut faire merveille, en attendant mieux, d'abolir cette peine en matière politique.

Mais ni Beccaria, ni les révolutionnaires de février n'ont seulement touché le premier mot de la question. L'application de la peine de mort n'est qu'un cas particulier de la justice criminelle. Or, il s'agit de savoir si la société a le droit, non pas de tuer, non pas d'infliger une peine, si douce qu'elle soit, non pas même d'acquitter et de faire grâce, mais de juger ? Que la société se défende, lorsqu'elle est attaquée, c'est dans son droit.

Quelle se venge, au risque des représailles, cela peut être dans son intérêt.

Mais qu'elle juge, et qu'après avoir jugé elle punisse : voilà ce que je lui dénie, ce que je dénie à toute autorité, quelle qu'elle soit.

L'homme seul a le droit de se juger, et s'il se sent coupable, s'il croit que l'expiation lui est bonne, de réclamer pour soi un châtiment. La justice est un acte de la conscience, essentiellement volontaire : or la conscience ne peut être jugée, condamnée ou absoute que par elle-même : le reste est de la guerre, régime d'autorité et de barbarie, abus de la force.

Je vis en compagnie de *malheureux,* c'est le nom qu'ils se donnent, que la justice fait traîner devant elle pour cause de vol, faux, banqueroute, attentat à la pudeur, infanticide, assassinat.

La plupart, d'après ce que j'en puis apprendre, sont aux trois quarts convaincus, bien qu'ils n'avouent pas, *rei sed non confessi ;* et je ne pense pas les calomnier en déclarant qu'en général ils ne me paraissent nullement être des citoyens sans reproche.

Je comprends que ces hommes, en guerre avec leurs semblables, soient sommés, contraints de réparer le dommage qu'ils causent, de supporter les frais qu'ils occasionnent, et jusqu'à certain point de payer encore amende pour le scandale et l'insécurité dont, avec plus ou moins de préméditation, ils sont un sujet. Je comprends, dis-je, cette application du droit de la guerre entre ennemis. La guerre peut avoir aussi, ne disons pas sa justice, ce serait profaner ce saint nom, mais sa balance.

Mais que hors de là ces mêmes individus soient enfermés, sous prétexte de pénitence, dans des établissements de force ; flétris, mis aux fers, torturés en leur corps et en leur âme, guillotinés, ou, ce qui est pis, placés à l'expiration de leur peine sous la surveillance d'une police dont les inévitables révélations les poursuivent au fond de leur refuge ; encore une fois je nie, de la manière la plus absolue, que rien, ni dans la société, ni dans la conscience, ni dans la raison, autorise une semblable tyrannie. Ce que fait le Code n'est pas de la justice, c'est de la vengeance la plus inique et la plus atroce, dernier vestige de l'antique haine des classes patriciennes envers les classes serviles.

Quel pacte avez-vous fait avec ces hommes, pour que vous vous arrogiez le droit de les rendre comptables de leurs méfaits, par la chaîne, par le sang, par la flétrissure ? Quelles garanties leur avez-vous offertes, dont vous puissiez vous prévaloir ? Quelles conditions avaient-ils acceptées, qu'ils aient violées ? Quelle limite, imposée au débordement de leurs passions, et reconnue par eux, ont-ils franchie ? Qu'avez-vous fait pour eux, enfin, qu'ils aient dû faire pour vous, et que vous doivent-ils ? Je cherche le contrat libre et volontaire qui les lie, et je n'aperçois que l'épée de justice suspendue sur leur tête, le glaive du pouvoir. Je demande l'obligation textuelle et synallagmatique, signée de leur main, qui prononce leur déchéance : je ne trouve que les prescriptions comminatoires et unilatérales d'un soi-disant législateur, qui ne peut avoir d'autorité à leurs yeux que par l'assistance du bourreau.

Là où il n'y a pas de convention, il ne peut y avoir, au for extérieur, ni crime ni délit. Et je vous prends ici par vos propres maximes : *Tout ce qui n'est pas défendu par la loi est permis* ; et : *La loi ne dispose que pour l'avenir, et n'a pas d'effet rétroactif.*

Eh bien ! la loi : ceci est écrit depuis soixante ans dans toutes vos constitutions ; la loi, c'est l'expression de la souveraineté du Peuple, c'est-à-dire, ou je ne m'y connais pas, le contrat social, l'engagement personnel de l'homme et du citoyen, Tant que je ne l'ai pas voulue, cette loi ; tant que je ne l'ai pas consentie, votée, signée, elle ne m'oblige point, elle n'existe pas. La préjuger avant

SEPTIÈME ÉTUDE

que je la reconnaisse, et vous en prévaloir contre moi malgré ma protestation, c'est lui donner un effet, rétroactif, et la violer elle-même. Tous les jours il vous arrive de casser un jugement pour un vice de forme. Mais il n'est pas un de vos actes qui ne soit entaché de nullité, et de la plus monstrueuse des nullités, la supposition de la loi. Soufflard, Lacenaire, tous les scélérats que vous envoyez au supplice, s'agitent dans leur fosse, et vous accusent de faux judiciaire. Qu'avez-vous à leur répondre ?

Ne parlons pas de consentement tacite, de principes éternels de la société, de morale des nations, de conscience religieuse. C'est précisément parce que la conscience universelle reconnaît un droit, une morale, une société, qu'il fallait en exprimer les préceptes, et les proposer à l'adhésion de tous. L'avez-vous fait ? Non : vous avez édicté ce qu'il vous a plu ; et vous appelez cet édit règle des consciences, *dictamen* du consentement universel. Oh ! il y a trop de partialité dans vos lois, trop de choses sous-entendues, équivoques, sur lesquelles nous ne sommes point d'accord. Nous protestons et contre vos lois, et contre votre justice.

Consentement universel ! cela rappelle le prétendu principe que vous nous présentez aussi comme une conquête, que tout accusé doit être envoyé devant ses pairs, qui sont ses *juges naturels*. Dérision ! Est-ce que cet homme, qui n'a pas été appelé à la discussion de la loi, qui ne l'a pas votée, qui ne l'a pas même lue, qui ne la comprendrait point s'il la pouvait lire, qui n'a pas seulement été consulté sur le choix du législateur, est-ce qu'il a des juges naturels ? Quoi ! des capitalistes, des propriétaires, des gens heureux, qui se sont mis d'accord avec le gouvernement, qui jouissent de sa protection et de sa faveur, ce sont les juges naturels du prolétaire ! Ce sont là les *hommes probes et libres qui, sur leur honneur et leur conscience,* quelle garantie pour un accusé ! *devant Dieu,* qu'il n'a jamais entendu ; *devant les hommes,* au nombre desquels il ne compte pas, le déclareront coupable ; et s'il proteste de la mauvaise condition que lui a faite la société, s'il rappelle les misères de sa vie et toutes les amertumes de son existence, lui opposeront le consentement tacite et la conscience du genre humain !

Non, non, magistrats, vous ne soutiendrez pas davantage ce rôle de violence et d'hypocrisie. C'est bien assez que nul ne révoque

Pierre-Joseph Proudhon

en doute votre bonne foi, et qu'en considération de cette bonne foi l'avenir vous absolve, mais vous n'irez pas plus loin. Vous êtes sans titre pour juger ; et cette absence de titre, cette nullité de votre investiture, elle vous a été implicitement signifiée le jour où fut proclamé, à la face du monde, dans une fédération de toute la France, le principe de la souveraineté du Peuple, qui n'est autre que celui de la souveraineté individuelle.

Il n'y a, souvenez-vous-en, qu'une seule manière de faire justice : c'est que l'inculpé, ou simplement l'assigné, la fasse lui-même. Or, il la fera, lorsque chaque citoyen aura paru au pacte social ; lorsque, dans cette convention solennelle, les droits, les obligations et les attributions de chacun auront été définis, les garanties échangées, et la sanction souscrite.

Alors la justice, procédant de la liberté, ne sera plus vengeance, elle sera réparation. Comme entre la loi de la société et la volonté de l'individu il n'existera plus d'opposition, la récrimination lui sera fermée, il n'aura de refuge que l'aveu.

Alors aussi l'instruction des procès se réduisant à une simple convocation de témoins, entre le plaignant et l'accusé, entre le plaideur et sa partie il ne sera besoin d'autre intermédiaire que les amis dont ils invoqueront l'arbitrage. Dès lors, en effet, que, suivant le principe démocratique, le juge doit être l'élu du justiciable, l'État se trouve exclu des jugements comme des duels ; le droit de justice rendu à tout le monde, est la meilleure garantie des jugements.

L'abolition complète, immédiate, sans transition ni substitution aucune, des cours et tribunaux, est une des premières nécessités de la révolution. Quelque délai que l'on prenne pour les autres reformes ; que la liquidation sociale, par exemple, ne s'effectue qu'en vingt-cinq ans, et l'organisation des forces économiques en un demi-siècle : dans tous les cas, la suppression des autorités judiciaires ne peut souffrir d'ajournement.

Au point de vue des principes, la justice constituée n'est jamais qu'une formule du despotisme, par conséquent une négation de la liberté et du droit. Là où vous laisserez subsister une juridiction, là vous aurez élevé un monument de contre-révolution, duquel resurgira tôt ou tard une autocratie politique ou religieuse.

Au point de vue politique, remettre aux anciennes magistratures,

SEPTIÈME ÉTUDE

imbues d'idées néfastes, l'interprétation du nouveau pacte, ce serait tout compromettre. Nous ne le voyons que trop : si les gens de justice se montrent impitoyables à l'égard des socialistes, c'est que le socialisme est la négation de la fonction juridique, comme de la loi qui la détermine. Quand le juge prononce sur le sort d'un citoyen prévenu, d'après la loi, d'idées, de paroles ou d'écrits révolutionnaires, ce n'est plus un coupable qu'il frappe, c'est un ennemi. Par respect de la justice, supprimez ce fonctionnaire, qui, en faisant droit, combat pour sa toge et son foyer.

Du reste, la voie est tracée ; les tribunaux de commerce, les conseils de prud'hommes, les constitutions d'arbitres et les nominations d'experts si fréquemment ordonnées par les tribunaux, sont autant de pas déjà faits vers la démocratisation de la justice. Pour mener le mouvement à fin, il suffit d'un décret donnant autorisation d'informer et jugement exécutoire à tous arbitrages, constitués à la demande de parties quelconques.

4. Administration, police.

Tout est contradiction dans notre société : c'est pourquoi nous ne pouvons venir à bout de nous entendre et nous sommes toujours prêts à nous livrer bataille. L'administration publique et la police vont nous en offrir une nouvelle preuve.

S'il est une chose qui paraisse aujourd'hui, à tout le monde, inconvenante, sacrilége, attentatoire aux droits de la Raison et de la Conscience, c'est un gouvernement qui, usurpant le domaine de la foi, aurait la prétention de réglementer les devoirs spirituels de ses subordonnés. Même aux yeux des chrétiens, une semblable tyrannie serait intolérable : à défaut de l'insurrection, le martyre se chargerait de lui répondre. L'Église, instituée d'en-haut et inspirée, affirme bien, quant à elle, son droit de gouverner les âmes ; mais, chose remarquable, et qui de sa part est déjà un commencement de libéralisme, elle refuse ce droit à l'État. Ne touchez pas à l'encensoir, crie-t-elle aux princes. Vous êtes les évêques du dehors ; nous sommes les évêques du dedans. Devant vous la foi est libre ; la religion ne relève pas de votre autorité.

Sur ce point l'opinion, du moins en France, est unanime. L'État veut bien encore payer le culte, et l'Église accepter la subvention ; quant au fond du dogme et aux cérémonies, l'État ne s'en mêle aucunement. Croyez ou ne croyez pas, adorez ou n'adorez rien, c'est *ad libitum*. Le Gouvernement s'est décidé à ne plus intervenir dans les affaires de conscience.

Or, de deux choses l'une : ou le Gouvernement, en faisant ce sacrifice d'initiative, est tombé dans une erreur grave ; ou bien il a voulu faire un pas en arrière, et nous donner un premier gage de sa retraite. Pourquoi, en effet, si le Gouvernement ne se croit pas le droit de nous imposer la religion, prétendrait-il davantage nous imposer la loi ? Pourquoi, non content de cette autorité de législation, exercerait-il encore une autorité de justice ? Pourquoi une autorité de police ? Pourquoi, enfin, une autorité administrative ?…

Quoi ! le Gouvernement nous abandonne la direction de nos âmes, la partie la plus précieuse de notre être, du gouvernement de laquelle dépend entièrement, avec notre bonheur dans l'autre vie, l'ordre en celle-ci ; et dès qu'il s'agit de nos intérêts matériels, affaires de commerce, rapports de bon voisinage, les choses les plus viles, le Pouvoir se montre, il intervient. Le Pouvoir est comme la servante du curé, il laisse l'âme au démon ; ce qu'il veut, c'est le corps. Pourvu qu'il ait la main dans nos bourses, il se moque de nos pensées. Ignominie ! Ne pouvons-nous administrer nos biens, régler nos comptes, transiger nos différends, pourvoir à nos intérêts communs, tout aussi bien, au moins, que nous pouvons veiller à notre salut et soigner nos âmes ? Qu'avons-nous affaire et de la législation de l'État, et de la justice de l'État, et de la police de l'État, et de l'administration de l'État, plus que de la religion de l'État ? Quelle raison, quel prétexte l'État fournit-il de cette exception à la liberté locale et individuelle ?

Dira-t-on que la contradiction n'est qu'apparente ; que l'autorité est en effet générale et n'exclut rien ; mais que, pour son plus parfait exercice, elle a dû se diviser en deux pouvoirs égaux et indépendants, l'un, l'Église, à qui est confiée la charge des âmes ; l'autre, l'État, à qui appartient le gouvernement des corps ?

À cela je réplique, d'abord, que la séparation de l'État et de l'Église n'a nullement été faite en vue de cette organisation meilleure, mais bien en suite de l'incompatibilité des intérêts qu'ils régissent ; en second lieu, que les résultats de cette séparation ont été on ne peut plus déplorables, attendu que l'Église, ayant perdu la direction du temporel, a fini par n'être plus écoutée même au spirituel ; tandis que l'État, affectant de ne se mêler que de questions matérielles et ne les résolvant que par la force, a perdu le respect et soulevé partout la réprobation des peuples. Et c'est précisément pour cela que l'État et l'Église, convaincus, mais trop tard, de leur indiscernabilité, essayent aujourd'hui, par une fusion impossible, de se relever, au moment même où la Révolution prononce à la fois leur double déchéance.

Mais, ni l'Église, manquant de sanction politique, ne saurait conserver la direction des idées ; ni l'État, dépourvu de principes supérieurs, ne peut aspirer à la domination des intérêts ; quant à leur fusion, elle est encore plus chimérique que celle de la monarchie absolue avec la monarchie constitutionnelle. Ce que la liberté a disjoint, l'autorité ne le réunira pas.

Ma question subsiste donc tout entière : en vertu de quel droit l'État, indifférent aux idées et aux cultes, l'État, athée comme la loi, prétend-il administrer les intérêts ?

À cette question, toute de droit et de moralité, on oppose :

1° Que les citoyens et les communes, ne pouvant connaître des intérêts généraux, attendu qu'ils ne sauraient être d'accord, un arbitre souverain est nécessaire ;

2° Que les choses ne pouvant pas non plus aller d'ensemble, unitairement, si chaque localité, chaque compagnie, chaque groupe d'intérêts était abandonné à son inspiration propre, si les fonctionnaires publics recevaient autant d'ordres différents, contradictoires, qu'il y a d'intérêts particuliers, il est indispensable que l'impulsion parte d'un moteur unique, conséquemment que les fonctionnaires soient à la nomination du Gouvernement.

On ne sort pas de là : antagonisme inévitable, fatal, des intérêts, voilà le motif ; centralisation ordonnatrice et hiérarchique, voilà la conclusion.

C'est d'après ce raisonnement que nos pères, en 93, après avoir détruit le droit divin, le régime féodal, la distinction des classes, les justices seigneuriales, etc., reformèrent un gouvernement

Pierre-Joseph Proudhon

qui avait sa source dans le mandat électoral, et condamnèrent le parti de la Gironde, qui, sans pouvoir dire comment il entendait garder l'unité, ne voulait pas néanmoins, à ce qu'on prétend, de la centralisation.

Les fruits de cette politique peuvent se juger.

D'après M. Raudot, le total des fonctionnaires, pour l'État et les communes, est de 568,365. Dans ce nombre n'est pas comprise l'armée française. C'est donc, en sus des soldats dont le nombre varie de 4 à 500,000, une masse de 568,365 agents, surveillants, gardiens, etc., qui enlacent le pays, que le Gouvernement entretient aux frais de la nation, et dont il dispose, soit pour la morigéner, soit pour se défendre contre les attaques des mécontents et les assauts, bien plus redoutables encore, de l'opinion.

Voilà l'Arbitre que nous impose la centralisation ! Croyez-vous qu'une anarchie complète ne valût pas mieux pour notre repos, notre travail et notre bien-être, que ce million de parasites armés contre nos libertés et nos intérêts ?

Ce n'est pas tout.

Par cela même qu'il existe 568,365 employés de l'État aux ordres du ministère, l'opposition, dynastique ou républicaine, peu importe, a de son côté une armée deux, trois, quatre fois plus nombreuse, composée de tous les individus sans emplois, ruinés, mécontents de leur position, qui convoitent les places de l'État, et qui pour y arriver travaillent de leur mieux, sous leurs chefs de file, à faire tomber les sommités du Gouvernement. Ainsi, d'un côté, la guerre entre le pays officiel et le pays industriel ; de l'autre, la guerre entre le ministère et l'opposition : que dites-vous de cet ordre ?

C'est à ce jeu des quatre coins que notre pauvre pays passe sa vie depuis 93, et nous ne sommes pas à la dernière partie. S'il est permis de révéler un fait connu de tout le monde, la *Solidarité républicaine*, société formée pour affirmer, propager et défendre la Révolution, avait en même temps pour but, non pas de renverser le Gouvernement, mais de préparer un personnel gouvernemental, qui le cas échéant pût remplacer l'ancien et continuer, sans désemparer, la manœuvre. C'est ainsi que les révolutionnaires de nos jours entendent leur rôle. Quel bonheur pour la Révolution que le gouvernement de Louis-Bonaparte ait dissous la *Solidarité*

SEPTIÈME ÉTUDE

républicaine !

Comme la religion d'État est le viol de la conscience, la centralisation administrative est la castration de la liberté. Institutions funèbres, émanées de la même fureur d'oppression et d'intolérance, et dont les fruits empoisonnés montrent bien l'analogie ! La religion d'État a produit l'inquisition, l'administration d'État a engendré la police.

Certes, on comprend que le sacerdoce, qui ne fut, à l'origine, comme le corps des mandarins chinois, qu'une caste de savants et de lettrés, ait conservé des pensées de centralisation religieuse : la science, intolérante à l'erreur, comme le goût au ridicule, aspire légitimement au privilége d'instruire la raison. Le sacerdoce jouit de cette prérogative, tant qu'il eut pour programme la science, dont le caractère est d'être expérimentale et progressive ; il la perdit, dès qu'il se mit en contradiction avec le progrès et l'expérience.

Mais que l'État, dont la force seule fait la science, qui n'a pour doctrine, avec les formules de ses huissiers, que la théorie du peloton et du bataillon ; que l'État, dis-je, traitant éternellement la nation en mineure, prétende, à ses dépens et malgré elle, sous prétexte de désaccord entre ses facultés et ses tendances, gérer, administrer ses biens, juger ce qui convient le mieux à ses intérêts, lui mesurer le mouvement, la liberté, la vie : voilà ce qui serait inconcevable, ce qui révélerait une machination infernale, si nous ne savions, par l'histoire uniforme de tous les gouvernements, que si le pouvoir a de tout temps dominé le peuple, c'est que de tout temps aussi le peuple, ignorant des lois de l'ordre, a été complice du pouvoir.

Si je parlais à des hommes ayant l'amour de la liberté et le respect d'eux-mêmes, et que je voulusse les exciter à la révolte, je me bornerais, pour toute harangue, à leur énumérer les attributions d'un préfet.

D'après les auteurs :

« Le préfet est agent du pouvoir central ; il est intermédiaire entre le gouvernement et le département ; il procure l'action administrative ; il pourvoit directement, par ses propres actes, aux besoins du service public.

» Comme *agent du pouvoir central,* le préfet exerce les actions qui concernent les biens de l'État ou du département, et remplit des fonctions de police.

» Comme *intermédiaire* entre le pouvoir et le département, il fait publier et exécuter les lois que lui transmettent les ministres ; donne force exécutive aux rôles des contributions ; *vice versâ,* fait parvenir au pouvoir les réclamations, renseignements, etc.

» Comme procurateur de l'action administrative, il remplit, vis-à-vis de ses administrés et de ses subalternes, des fonctions très-diverses qui sont : l'instruction, la direction, l'impulsion, l'inspection, la surveillance, l'estimation ou appréciation, le contrôle, la censure, la réformation, le redressement, enfin la correction ou punition.

» Comme *pourvoyant aux besoins du service public,* le préfet agit tantôt comme revêtu d'une autorité de *tutelle ;* tantôt comme revêtu d'un*commandement ;* tantôt comme exerçant une *juridiction.* »

Chargé d'affaires du département et de l'État, officier de police judiciaire, intermédiaire, plénipotentiaire, instructeur, directeur, impulseur, inspecteur, surveillant, appréciateur, contrôleur, censeur, réformateur, redresseur, correcteur, tuteur, commandant, intendant, édile, jugeur : voilà le préfet, voilà le gouvernement ! Et l'on viendra me dire qu'un peuple soumis à une pareille régence, un peuple ainsi mené à la lisière, *in chamo et freno, in baculo et virgâ,*est un peuple libre ! que ce peuple comprend la liberté, qu'il est capable de la goûter et de la recevoir ! Non, non : un tel peuple est moins qu'un esclave, c'est un cheval de combat. Avant de l'affranchir, il faut l'élever à la dignité d'homme, en refaisant son entendement. Lui-même vous le dit, dans la naïveté de sa conscience : Que deviendrai-je, quand je n'aurai plus ni bride ni selle ? je ne connais pas d'autre discipline, pas d'autre état. Débrouillez-moi mes idées ; accordez mes affections ; équilibrez mes intérêts : alors je n'aurai plus besoin de maître, je pourrai me passer de cavalier !

Ainsi la société, de son propre aveu, tourne dans un cercle. Ce Gouvernement, dont elle se fait un principe recteur, n'est autre chose, elle en convient, que le supplément de sa raison. De même qu'entre l'inspiration de sa conscience et la tyrannie de ses instincts, l'homme s'est donné un modérateur mystique, qui a été le prêtre ; de même encore qu'entre sa liberté et la liberté de son prochain, il s'est imposé un arbitre, qui a été le juge ; de même, entre son intérêt privé et l'intérêt général, supposés par lui aussi inconciliables que son instinct et sa raison, il a cherché un nouveau conciliateur, qui a été le prince. L'homme s'est ainsi dépouillé de son caractère moral et de sa dignité judiciaire ; il a abdiqué son initiative : et par cette aliénation de ses facultés, il s'est fait l'esclave impur des imposteurs et des tyrans.

Mais, depuis Jésus-Christ, Isaïe, David, Moïse lui-même, il est admis que le juste n'a nul besoin de sacrifice ni de prêtre ; et nous avons prouvé tout à l'heure que l'institution d'une justice supérieure au justiciable est en principe une contradiction, une violation du pacte social. Nous sera-t-il donc plus difficile de nous passer, pour l'accomplissement de nos devoirs sociaux et civiques, de la haute intervention de l'État ? Le régime industriel, nous l'avons démontré, c'est l'accord des intérêts résultant de la liquidation sociale, de la gratuité de la circulation et du crédit, de l'organisation des forces économiques, de la création des compagnies ouvrières, de la constitution de la valeur et de la propriété.

Dans cet état de choses, à quoi peut servir encore le Gouvernement ? à quoi bon l'expiation ? à quoi bon la justice ? Le CONTRAT résout tous les problèmes. Le producteur traite avec le consommateur, l'associé avec sa compagnie, le paysan avec sa commune, la commune avec le canton, le canton avec le département, etc., etc. C'est toujours le même intérêt qui transige, se liquide, s'équilibre, se répercute à l'infini ; toujours la même idée qui roule, de chaque faculté de l'âme, comme d'un centre, vers la périphérie de ses attractions.

Le secret de cette équation entre le citoyen et l'État, de même qu'entre le croyant et le prêtre, entre le plaideur et le juge, est dans l'équation économique que nous avons faite antérieurement, par l'abolition de l'intérêt capitaliste, entre le travailleur et l'entre- preneur, le fermier et le propriétaire. Faites disparaître, par la réciprocité des obligations, ce dernier vestige de l'antique servitude, et les citoyens et les communes n'ont pas plus besoin de l'intervention de l'État pour gérer leurs biens, administrer leurs propriétés, bâtir leurs ports, leurs ponts, leurs quais, leurs canaux, leurs routes ; passer des marchés, transiger leurs litiges, instruire, diriger, contrôler, censurer leurs agents ; faire tous actes

Pierre-Joseph Proudhon

de surveillance, de conservation et de police, que pour offrir leurs adorations au Très-Haut, juger leurs criminels, et les mettre dans l'impuissance de nuire, à supposer que la cessation du prétexte n'entraîne pas la cessation du crime.

Terminons. La centralisation administrative pouvait se comprendre sous l'ancienne monarchie, alors que le roi, réputé le premier baron du royaume, avait retiré à lui, en vertu de son droit divin, toute justice, toute faculté d'action, toute propriété. Mais après les déclarations de la Constituante ; après les ampliations, plus explicites encore et plus positives, de la Convention, prétendre que le pays, c'est-à-dire chaque localité pour ce qui la concerne, n'a pas le droit de se régir, administrer, juger et gouverner lui-même ; sous prétexte de République une et indivisible, ôter au peuple la disposition de ses forces ; après avoir renversé le despotisme par l'insurrection, le rétablir par la métaphysique ; traiter de *fédéralistes,* et comme tels désigner à la proscription ceux qui réclament en faveur de la liberté et de la souveraineté locale : c'est mentir au véritable esprit de la Révolution française, à ses tendances les plus authentiques, c'est nier le progrès.

Je l'ai dit, et je ne puis trop le redire, le système de la centralisation, qui a prévalu en 93, grâce à Robespierre et aux Jacobins, n'est autre chose que celui de la féodalité transformée ; c'est l'application de l'algèbre à la tyrannie. Napoléon, qui y mit la dernière main, en a rendu témoignage.

Que M. Ledru-Rollin y songe : sa dernière manifestation en faveur du Gouvernement direct est un premier pas en dehors de la tradition jacobine, un retour à la vraie tradition révolutionnaire ; de même que la protestation de Louis Blanc contre ce que celui-ci nomme *girondinisme,* est le premier cri de la réaction gouvernementale. La Constitution de 93, c'est la Gironde, c'est Danton : le système représentatif, c'est le club des Jacobins, c'est Robespierre ! Mais Robespierre et les Jacobins sont condamnés : soixante ans d'expérience nous ont trop appris ce qu'était l'unité et l'indivisibilité de leur République.

Quant à la Constitution de 93, si elle marqua le mouvement vers un autre ordre d'idées, s'il peut être utile aujourd'hui d'en rappeler les dispositions et les tendances, elle ne saurait plus nous servir de

SEPTIÈME ÉTUDE

paradigme. L'esprit révolutionnaire a marché : nous sommes, en effet, dans la ligne de cette Constitution ; mais nous avons soixante ans sur elle.

8. Instruction publique, Travaux publics, Agriculture et Commerce, Finances.

Posez au Peuple les questions suivantes, vous pouvez être certain des réponses.

Demande. L'instruction sera-t-elle gratuite et obligatoire ? — *Réponse.* Oui.

D. Qui donnera l'instruction ? — R. L'État.

D. Qui en supportera les frais ? — R. L'État.

Il y aura donc un ministre de l'Instruction publique ?

— R. Oui.

Rien de plus aisé, comme l'on voit, que de faire légiférer le Peuple. Tout dépend de la manière de l'interroger. C'est la méthode de Socrate, argumentant contre les sophistes.

D. Y aura-t-il aussi un ministère des Travaux publics ? — R. Naturellement, puisqu'il y aura des travaux publics.

D. Un ministère de l'Agriculture et du Commerce ? — R. Oui.

D. Un ministère des Finances ? — R. Oui.

C'est merveilleux ! Le Peuple parle comme l'enfant Jésus au milieu des docteurs. Pour peu que cela vous fasse plaisir, je vais lui faire dire qu'il veut la dîme, le droit de jambage et la royauté de Dagobert.

Rendons-nous compte encore une fois du motif qui sert de prétexte à l'État.

Le Peuple, en raison de sa multiplicité, étant censé ne pouvoir ni gérer ses propres affaires, ni s'instruire, ni se conduire, ni se garder, comme un grand seigneur qui ne connaît pas sa fortune et dont la tête n'est pas sûre, paye, pour l'administration de ses biens, l'économie de sa maison et les soins de sa personne, des agents, serviteurs, intendants de toute espèce : les uns qui font le compte de ses revenus et règlent ses dépenses, les autres qui traitent en son nom avec ses fournisseurs et banquiers ; ceux-ci qui gèrent ses domaines, ceux-là qui veillent à la sûreté de son individu, etc., etc., etc.

Ainsi le budget des dépenses du souverain se divise en deux parts : 1° les services effectifs et consommations réelles dont se composent sa subsistance, ses plaisirs et son luxe ; 2° la rémunération des serviteurs, mandataires, commissionnaires, représentants, chargés d'affaires, collecteurs, aumôniers, procureurs, tuteurs, coerciteurs, qui agissent pour lui.

Or, cette seconde partie du budget est de beaucoup la plus considérable ; elle se compose :

1° Des intérêts dus aux banquiers avec lesquels le Peuple est en compte courant, intérêts qui se montent aujourd'hui, avec l'amortissement, à 346 millions, et constituent la dette publique ;

2° Des dotations des grands pouvoirs, représentants directs du souverain, et chefs de tout le service. Ces dotations forment une somme de 9 millions ;

3° Des traitements dus aux employés, commis, fonctionnaires, gens de livrée, de tout ordre et de tout grade : sur les 805 millions dont se compose le service des différents ministères, les trois quarts au moins sont employés en rémunérations de cette nature ;

4° Des frais de régie, exploitation et perception des revenus du Peuple. On les porte à 149 millions ;

5° Des pensions payées par le Peuple à ses vieux serviteurs, après vingt-cinq et trente ans de services : le total est de 45 millions ;

6° Enfin, des frais imprévus, rentrées non effectuées, recettes fictives, dont le compte se passe par *profits et pertes,* 80 millions.

Ainsi, pour 200, 300 millions au plus de services effectifs et de fournitures réelles dont se compose la dépense annuelle du Peuple, le système gouvernemental lui fait payer 1,434 millions, soit 11 à 1200 millions de bénéfice que les serviteurs du Peuple tirent de leurs charges. Et c'est afin de s'assurer à tout jamais cette immense curée, c'est pour prévenir toute velléité de réforme et d'émancipation chez le maître, que lesdits serviteurs l'ont fait déclarer, par lui-même, en minorité perpétuelle, et interdire de ses droits civils et politiques.

Le pire de ce système, c'est moins encore la ruine inévitable du

SEPTIÈME ÉTUDE

maître, que la haine et le mépris que lui portent ceux qui le servent, et qui, ne le connaissant point, n'ayant affaire qu'avec ses premiers intendants, de qui ils tiennent leurs emplois, dont ils reçoivent la direction, s'attachent à ces subalternes, et prennent en toute occasion leur parti contre le souverain.

Attaquant de front ce régime, nous avons dit :

Le Peuple est un être collectif.

Ceux qui l'exploitent depuis un temps immémorial et le tiennent en servitude, se fondent sur cette collectivité de sa nature pour en déduire une incapacité légale qui éternise leur despotisme. Nous, au contraire, nous tirons de la collectivité de l'être populaire la preuve qu'il est parfaitement et supérieurement capable, qu'il peut tout, et n'a besoin de personne. Il ne s'agit que de mettre en jeu ses facultés.

Ainsi, à propos de la dette publique, nous avons fait voir que le Peuple, précisément parce qu'il est multiple, pouvait très-bien organiser son crédit en lui-même, et n'avait que faire d'entrer en relations avec des usuriers. Et nous avons coupé court aux dettes : plus d'emprunts, plus de grand-livre, partant plus d'intermédiaires, plus d'État entre les capitalistes et le Peuple.

Le culte a été traité de même. Qu'est-ce que le prêtre, avons-nous demandé ? un intermédiaire entre le Peuple et Dieu. Qu'est Dieu lui-même ? un autre intermédiaire, surnaturel et fantastique, entre les instincts naturels de l'homme et sa raison. L'homme ne saurait-il donc vouloir ce que sa raison lui indique sans y être contraint par le respect d'un Auteur ? Cela serait contradictoire. En tout cas, la foi étant libre et facultative, chacun faisant sa propre religion, le culte doit rentrer au for intérieur : affaire de conscience, non d'utilité. L'aumônerie a été supprimée.

La justice a suivi. Qu'est-ce que la Justice ? la mutualité des garanties, ce que nous appelons depuis deux cents ans le Contrat social. Tout homme qui a signé au contrat est juge idoine : la justice à tous, l'autorité à personne. Quant à la procédure, la plus courte sera la meilleure. À bas tribunaux et juridictions !

En dernier lieu, est venue l'administration, traînant après elle la Police. Notre décision a été bientôt prise. Puisque le Peuple est multiple, et que l'unité d'intérêt constitue sa collectivité, la

Pierre-Joseph Proudhon

centralisation existe par cette unité même : pas n'est besoin de centralisateurs. Que chaque ménage, chaque atelier, chaque corporation, chaque commune, chaque département, etc., fasse bien sa propre police, administre avec exactitude ses propres affaires, et le pays sera policé et administré. Qu'avons-nous affaire pour nous surveiller et régir, de payer bon an, mal an, 125 millions ? Rayons encore préfets, commissaires et gendarmes.

Il s'agit maintenant de l'écolage. Cette fois, il ne s'agit pas de suppression. Il s'agit de faire d'un établissement politique une institution économique. Or, quand nous conserverions la méthode actuellement suivie dans les études, s'ensuivrait-il que nous dussions recourir à l'intervention de l'État ? nullement.

Une commune a besoin d'instituteur. Elle le choisit à sa guise, jeune ou vieux, célibataire ou marié, élève de l'École normale ou de lui-même, avec ou sans diplôme. La seule chose essentielle, c'est que ledit instituteur convienne aux pères de famille, et qu'ils soient maîtres de lui confier ou non leurs enfants. Ici, comme ailleurs, il faut que la fonction procède du libre contrat et soit soumise à la concurrence : chose impossible sous un régime d'inégalité, de favoritisme, de monopole universitaire ou de coalition entre l'Église et l'État.

Quant à l'enseignement dit supérieur, je ne vois pas davantage en quoi la protection de l'État pourrait être requise. N'est-il pas la résultante spontanée, le foyer naturel de l'enseignement primaire ? Qui empêche qu'en chaque département, en chaque province, ce dernier ne se centralise, et n'applique une partie des fonds qui lui sont destinés à entretenir les écoles supérieures, jugées indispensables, et dont le personnel sera choisi dans ses propres rangs ? Tout soldat, dit-on, porte dans sa giberne le bâton de maréchal. Si cela n'est pas, cela devrait être. Pourquoi tout maître d'école ne porterait-il pas, dans son brevet, le titre de grand-maître de l'Université ? Pourquoi, à l'exemple de ce qui se passerait dans les compagnies ouvrières, de même que l'instituteur serait responsable envers le Conseil académique, le Conseil académique ne recevrait-il pas son mandat des instituteurs ?…

Ainsi, même avec le système actuel d'enseignement, la centralisation universitaire, dans une société démocratique, est

SEPTIÈME ÉTUDE

une atteinte à l'autorité paternelle et une confiscation des droits de l'instituteur.

Mais allons au fond des choses. La centralisation gouvernementale, en matière d'instruction publique, est impossible dans le régime industriel, par la raison décisive que l'*instruction* est inséparable de l'*apprentissage,* l'éducation scientifique de l'éducation professionnelle. En sorte que l'instituteur, le professeur, quand il n'est pas lui-même contre-maître, est avant tout l'homme de la corporation, du groupe industriel ou agricole, qui l'utilise. Comme l'enfant est le lien, *pignus,* entre les parents, l'école devient le lien entre les corporations industrielles et les familles : il répugne qu'elle soit séparée de l'atelier, et sous prétexte de perfectionnement, qu'elle tombe sous une puissance extérieure.

Séparer, comme on le fait aujourd'hui, l'enseignement de l'apprentissage, et ce qui est plus détestable encore, distinguer l'éducation professionnelle de l'exercice réel, utile, sérieux, quotidien, de la profession, c'est reproduire, sous une autre forme, la séparation des pouvoirs et la distinction des classes, les deux instruments les plus énergiques de la tyrannie gouvernementale et de la subalternisation des travailleurs.

Que les prolétaires y songent !

Si l'école des mines est autre chose que le travail des mines, accompagné des études propres à l'industrie minérale, l'école n'aura pas pour objet de faire des mineurs, mais des chefs de mineurs, des aristocrates.

Si l'école des arts et métiers est autre chose que l'art et le métier, elle n'aura bientôt plus pour objet de faire des artisans, mais des directeurs d'artisans, des aristocrates.

Si l'école du commerce est autre chose que le magasin, le bureau, le comptoir, elle ne servira pas à faire des commerçants, mais des barons du commerce, des aristocrates.

Si l'école de marine est autre chose que le service effectif à bord, en comprenant dans ce service celui même de mousse, l'école de marine ne sera qu'un moyen de distinguer deux classes dans la marine : la classe des matelots et la classe des officiers.

C'est ainsi que nous voyons les choses se passer dans notre régime d'oppression politique et d'anarchie industrielle. Nos écoles, quand

Pierre-Joseph Proudhon

elles ne sont pas des établissements de luxe ou des prétextes à sinécures, sont les séminaires de l'aristocratie. Ce n'est pas pour le peuple qu'ont été fondées les écoles Polytechnique, Normale, de Saint-Cyr, de Droit, etc. ; c'est pour entretenir, fortifier, augmenter la distinction des classes, pour consommer et rendre irrévocable la scission entre la bourgeoisie et le prolétariat.

Dans une démocratie réelle, où chacun doit avoir sous la main, à domicile, le haut et le bas enseignement, cette hiérarchie scolaire ne saurait s'admettre. C'est une contradiction au principe de la société. Dès lors que l'éducation se confond avec l'apprentissage ; qu'elle consiste, pour la théorie, dans la classification des idées, comme pour la pratique dans la séparation des travaux ; qu'elle est devenue tout à la fois chose de spéculation, de travail et de ménage : elle ne peut plus dépendre de l'État, elle est incompatible avec le Gouvernement. Qu'il y ait dans la République un bureau central des études, un autre des manufactures et des arts, comme il y a une Académie des sciences et un bureau des longitudes, cela peut se faire et je n'y vois aucun inconvénient. Mais encore une fois quel besoin pour cela d'une autorité ? Pourquoi cet intermédiaire entre l'étudiant et la salle d'études, entre l'atelier et l'apprenti, alors que vous ne l'admettez pas entre le travail et le travailleur ?...

Les trois ministères des Travaux publics, de l'Agriculture et du Commerce, et des Finances, disparaissent de même dans l'organisme économique.

Le premier est impossible, pour deux raisons : 1° l'initiative des communes et départements, quant à l'entreprise des travaux à opérer dans leur circonscription ; 2° l'initiative des compagnies ouvrières, quant à l'exécution desdits travaux.

À moins que la démocratie ne soit un leurre, et la souveraineté du Peuple une dérision, il faut admettre que chaque citoyen dans le ressort de son industrie, chaque conseil municipal, départemental ou provincial sur son territoire, est le représentant naturel et seul légitime du Souverain ; qu'en conséquence chaque localité doit agir directement et par elle-même dans la gestion des intérêts qu'elle embrasse, et exercer à leur égard la plénitude de la souveraineté. Le Peuple n'est autre chose que l'union organique de volontés individuellement libres et souveraines, qui peuvent et doivent

SEPTIÈME ÉTUDE

se concerter, mais s'abdiquer jamais. C'est dans l'harmonie de leurs intérêts que cette union doit être cherchée, non dans une centralisation factice, qui, loin d'exprimer la volonté collective, n'exprime que l'aliénation des volontés particulières.

L'initiative directe, souveraine, des localités, dans la détermination des travaux qui leur compètent, est la conséquence du principe démocratique et du libre contrat : leur subalternisation à l'État est une invention de 93, renouvelée de la féodalité. Ce fut l'œuvre en particulier de Robespierre et des jacobins, et le coup le plus funeste porté aux libertés publiques. Les fruits en sont connus : sans le Pouvoir central, on n'eût pas vu cette absurde concurrence des deux voies de Paris à Versailles ; sans le Pouvoir central, nous n'eussions pas eu les fortifications de Paris et de Lyon, avec les forts détachés ; sans le Pouvoir central, le système rayonné de chemins de fer n'aurait pas obtenu la préférence ; sans le Pouvoir central, qui attire à lui toutes les affaires les plus importantes, pour les gérer, exploiter, au mieux des intérêts de ses créatures et de ses séides, nous ne verrions pas tous les jours les propriétés publiques aliénées, les services monopolisés, les tarifs exhaussés, les dilapidations rémunérées, la fortune du peuple sacrifiée à l'envi par ses législateurs et ses ministres.

J'ajoute qu'autant la suprématie de l'État en fait de travaux publics est contraire au droit républicain, autant elle est incompatible avec le droit que la Révolution crée aux travailleurs.

Déjà nous avons eu occasion de constater, notamment à propos de la création de la Banque nationale et de la formation des Compagnies ouvrières, que dans le régime économique le travail se subordonnait le talent et le capital ; de plus, que sous l'action, tantôt concurrente, tantôt distincte, de la division du travail et de la force collective, il y avait nécessité que les travailleurs se formassent en sociétés démocratiques, où les conditions fussent pour tous égales, à peine de rechute en féodalité industrielle. Parmi les industries qui réclament cette organisation, nous avons cité les chemins de fer. Il faut y joindre le service et la construction des routes, des ponts, des ports ; les travaux de reboisement, défrichement, desséchement, etc. ; en un mot, tout ce que nous avons pris l'habitude de considérer comme étant du domaine de l'État.

Pierre-Joseph Proudhon

Or, s'il est désormais impossible de traiter les ouvriers qui se rattachent, de près ou de loin, à la catégorie du bâtiment, des ponts et chaussées, des eaux et forêts et des mines, comme de simples mercenaires ; s'il faut nous habituer à voir dans cette vile multitude des corporations souveraines : comment conserver le rapport hiérarchique du ministre aux chefs de bureaux, des chefs de bureaux aux ingénieurs, et de ceux-ci aux ouvriers ? comment conserver cette suprématie de l'État ?

Les ouvriers, exaltés par l'usage qui leur a été conféré des droits politiques, voudront les exercer dans leur plénitude, les réaliser à la lettre. D'abord, s'associant entre eux, ils choisiront leurs conducteurs, leurs ingénieurs, leurs architectes, leurs comptables ; puis ils traiteront directement, de puissance à puissance, avec les autorités communales et départementales, pour l'exécution des travaux. Loin de se soumettre à l'État, ils seront l'État lui-même, c'est-à-dire, en ce qui concerne leur spécialité industrielle, la représentation directe, vivante, du Souverain. Qu'ils se donnent une administration, qu'on leur ouvre un crédit, qu'ils fournissent caution, et le Pays trouvera en eux une garantie supérieure à celle de l'État ; car eux du moins seront responsables de leurs actes, tandis que l'État ne répond jamais de rien.

Parlerai-je du ministère de l'Agriculture et du Commerce ? Le budget de ce département est de 17 millions et demi, gaspillés en *secours, subventions, encouragements, primes, remises, fonds secrets, surveillance, service central,*etc. Lisez hardiment : *faveurs, corruption, sinécures, parasitisme, vol.*

Ainsi, pour l'enseignement de l'agriculture et ses divers encouragements, je trouve 3,200,000 francs. J'ose dire, sauf le respect que je dois aux estimables professeurs, que 3,200,000 francs de *guano* serviraient plus aux paysans que leurs leçons.

Pour l'école vétérinaire et les haras, 3,430,000 fr. Ce qui n'empêche pas que depuis la Révolution l'espèce chevaline ne dégénère en France d'une manière continue, et que nous ne manquions de chevaux. Moquez-vous donc du Jockey-Club, et laissez faire les éleveurs.

Pour les manufactures de Sèvres, des Gobelins, de Beauvais, le Conservatoire, les écoles d'Arts et Métiers, les encouragements au commerce et à l'agriculture, 3,798,086 francs. — Que produisent ces manufactures ? rien, pas même des chefs-d'œuvre. Quel progrès font faire nos écoles à l'industrie ? aucun. On n'y enseigne pas seulement les vrais principes de l'économie des nations. À quoi servent les encouragements au commerce ? à rien évidemment. Le portefeuille de la Banque se désemplit tous les jours !

Pour la pêche maritime, 4,000,000. C'est afin d'encourager la population des matelots. Or, il figure au budget des recettes 4,000,000 de droits perçus sur cette même pêche ; et comme cette seconde somme ne vient pas en compensation de la première, il en résulte que nous payons 8,000,000 de frais extraordinaires pour manger de la marée, sans que nous puissions pour autant soutenir la concurrence de la navigation étrangère ! Ne serait-il pas plus simple de dégréver de 8 millions les impôts et frais de toute nature qui pèsent sur les armateurs, c'est-à-dire de supprimer, en ce qui les regarde, l'action ministérielle ?

Le plus curieux des articles de ce département est celui qui a trait aux associations ouvrières. Ceci n'est point une plaisanterie : depuis 1848, le Gouvernement s'est mis à faire payer patente au socialisme. Pour la surveillance des associations, 77,000 francs.

Eh ! que le Gouvernement les leur donne plutôt ; elles en tireront bon parti, et il aura la peine de moins.

Enfin, pour entretenir, diriger, surveiller, solder, tout ce parasitisme, 713,150 francs ; c'est ce qu'on appelle l'administration centrale. Eh bien ! doublez la somme, doublez le budget de l'Agriculture et du Commerce, et que l'État laisse tranquilles l'agriculture, le commerce, l'industrie, les chevaux et la pêche ; qu'il remette les manufactures à des compagnies ouvrières, qui les feront valoir, sous la direction de savants et d'artistes ; et l'État, payé pour ne rien faire, aura servi l'ordre pour la première fois.

Quant au ministère des finances, il est évident que sa raison d'être est tout entière dans les autres ministères. Les finances sont à l'État ce que le râtelier est à l'âne. Supprimez l'attelage politique, vous n'avez que faire d'une administration dont l'unique objet est de lui procurer et distribuer la subsistance. Les départements et communes, reprenant la direction de leurs travaux, sont aussi capables de payer leurs dépenses que de les ordonnancer ;

l'intermédiaire financier disparaît ; tout au plus pourrait-on conserver, comme bureau général de statistique, la Cour des Comptes.

6. Affaires étrangères ; Guerre, Marine.

Celui qui manque en un point est coupable de tous, dit l'Évangile. Si la Révolution laisse subsister le Gouvernement quelque part, il reviendra bientôt partout. Or, comment se passer de gouvernement dans les rapports du pays avec l'étranger ?

Une nation est un être collectif qui traite continuellement avec d'autres êtres collectifs semblables à lui, qui, par conséquent, pour ses relations internationales, doit se constituer un organe, une représentation, enfin un gouvernement. Ici donc, au moins, la Révolution ne va-t-elle pas faire défaut à son principe, et pour justifier son inconséquence, alléguera-t-elle le prétexte banal que *l'exception confirme la règle* ? Ce serait déplorable, et d'ailleurs inadmissible. Si le Gouvernement est indispensable pour la diplomatie, il le sera également pour la guerre et pour la marine, et comme tout se tient dans le pouvoir et la société, on verra bientôt le gouvernementalisme se rétablir dans la police, puis dans l'administration, puis dans la justice : que devient alors la Révolution ?

Cette préoccupation de la politique étrangère est ce qui montre le mieux combien faible encore est parmi nous l'intelligence de la Révolution. Elle accuse, dans la démocratie européenne, sans cesse occupée de régler la balance des nationalités, une fidélité opiniâtre aux traditions du despotisme, et un penchant redoutable à la contre-révolution.

Essayons, sur ce département comme sur les autres, de nous refaire les idées et de nous affranchir de la routine.

La Révolution, faite au dedans, se fera-t-elle aussi au dehors ?

Qui pourrait en douter ? La révolution serait sans efficacité si elle n'était contagieuse ; elle périrait, même en France, si elle ne se rendait universelle. Tout le monde est convaincu de cela. Les esprits les moins ardents ne pensent même pas que la France révolutionnée ait besoin d'intervenir chez les autres nations par les armes ; il lui suffira d'appuyer de sa présence, de sa parole, l'effort des peuples qui suivront son exemple.

Or, qu'est-ce que la Révolution, faite au dehors comme à l'intérieur ?

L'exploitation capitaliste et propriétaire partout arrêtée, le salariat aboli, l'échange égal et véridique garanti, la valeur constituée, le bon marché assuré, le principe de la protection changé, le marché du globe ouvert aux producteurs de tous les pays : conséquemment les barrières abattues, l'antique droit des gens remplacé par les conventions commerciales ; la police, la justice, l'administration, remises partout aux mains des industriels ; l'organisation économique remplaçant le régime gouvernemental et militaire dans les possessions coloniales comme dans les métropoles ; enfin, la compénétration libre et universelle des races sous la loi unique du contrat : voilà la Révolution.

Se peut-il que dans cet état de choses, où tous les intérêts agricoles, financiers et industriels sont identiques et solidaires ; où le protectorat gouvernemental n'a plus rien à faire, ni à l'intérieur ni à l'extérieur ; se peut-il que les nations continuent à former des corps politiques distincts ; qu'elles se tiennent séparées, quand leurs producteurs et leurs consommateurs se mêlent ; qu'elles conservent une diplomatie, pour régler des prétentions, déterminer des prérogatives, arranger des différends, échanger des garanties, signer des traités, etc., sans objet ?

Poser cette question, c'est l'avoir résolue. Cela n'a désormais plus besoin qu'on le prouve. Quelques explications seulement, au point de vue des nationalités.

Rappelons le principe. L'institution gouvernementale, avons-nous dit, a sa raison dans l'anarchie économique. La Révolution faisant cesser cette anarchie et organisant les forces industrielles, la centralisation politique n'a plus de prétexte ; elle se résout dans la solidarité industrielle, solidarité qui réside exclusivement dans la raison générale, et dont nous avons pu dire, comme Pascal de l'univers, que *son centre est partout, sa circonférence nulle part.*

Or, l'institution gouvernementale abolie, remplacée par l'organisation économique, le problème de la République universelle est résolu. Le rêve de Napoléon se réalise, la chimère de l'abbé de Saint-Pierre devient une nécessité.

Ce sont les gouvernements qui, après avoir eu la prétention d'établir l'ordre dans l'humanité, ont ensuite classé les peuples en corps hostiles : comme leur unique occupation était de produire au dedans la servitude, leur habileté consistait à entretenir au dehors, en fait ou en perspective, la guerre.

L'oppression des peuples et leur haine mutuelle sont deux faits corrélatifs, solidaires, qui se reproduisent l'un l'autre, et qui ne peuvent disparaître qu'ensemble, par la destruction de leur cause commune, le gouvernement.

C'est pour cela que les peuples, aussi longtemps qu'ils demeureront placés sous la police de rois, de tribuns, ou de dictateurs ; aussi longtemps qu'ils obéiront à une autorité visible, constituée au sein d'eux-mêmes, et de qui émanent les lois qui les régissent, seront inévitablement en guerre : il n'est sainte alliance, congrès démocratique, amphictyonique, comité central européen, qui y puisse quelque chose. De grands corps ainsi constitués sont nécessairement opposés d'intérêts ; comme ils répugnent à se fondre, ils ne peuvent pas davantage reconnaître de justice : par la guerre ou par la diplomatie, non moins immorale, non moins funeste que la guerre, il faut qu'ils luttent et qu'ils se battent.

À l'économie unitaire, du globe, la nationalité, excitée par l'État, oppose donc une résistance invincible : c'est ce qui explique pourquoi la monarchie n'a jamais pu se rendre universelle. La monarchie universelle est en politique ce que la quadrature du cercle ou le mouvement perpétuel est en mathématique, une contradiction. Une nation peut supporter un gouvernement, tant que ses puissances économiques ne sont pas organisées, et que ce gouvernement est le sien : la nationalité du pouvoir faisant illusion sur la valeur du principe, le Gouvernement se soutient à travers un roulement interminable de monarchies, d'aristocraties, et de démocraties. Mais si le Pouvoir est extérieur à la nation, elle le ressent comme une injure ; la révolte est dans tous les cœurs : l'établissement ne peut durer.

Ce qu'aucune monarchie, pas même celle des césars, n'a donc su obtenir ; ce que le christianisme, résumé des anciens cultes, a été impuissant à produire, la République universelle, la révolution économique l'accomplira : elle ne peut pas ne pas l'accomplir.

Il en est, en effet, de l'économie politique comme des autres sciences : elle est fatalement la même par toute la terre ; elle ne dépend pas des convenances des hommes et des nations, elle ne se soumet au caprice de personne. Il n'y a pas une économie politique russe, anglaise, autrichienne, tatare ou hindoue, pas plus qu'une physique, une géométrie hongroise, allemande, ou américaine. La vérité est égale partout à elle-même : la science est l'unité du genre humain.

Si donc la science, non plus la religion ni l'autorité, est prise en chaque pays pour règle de la société, arbitre souverain des intérêts ; le gouvernement devenant nul, toutes les législations de l'univers sont d'accord. Il n'y a plus de nationalité, plus de patrie, dans le sens politique du mot ; il n'y a que des lieux de naissance. L'homme, de quelque race et couleur qu'il soit, est réellement indigène de l'univers ; le droit de cité lui est acquis partout. Comme, dans une circonscription donnée de territoire, la commune représente la République et en exerce l'autorité ; de même chaque nation sur le globe représente l'humanité, et dans les limites que lui assigne la nature, agit pour elle. L'harmonie règne, sans diplomatie et sans concile, parmi les nations : rien ne saurait désormais la troubler.

Qu'est-ce donc qui pourrait motiver, entretenir des relations diplomatiques entre des peuples qui auraient adopté le programme révolutionnaire :

Plus de gouvernements,

Plus de conquêtes,

Plus de douanes,

Plus de police internationale,

Plus de priviléges commerciaux,

Plus d'exclusions coloniales,

Plus de patronage de peuple à peuple, d'État à État,

Plus de lignes stratégiques,

Plus de forteresses ?

La Russie veut s'établir à Constantinople, comme à Varsovie, c'est-à-dire, enfermer dans son cercle le Bosphore et le Caucase. D'abord, la Révolution ne le souffrira pas, et pour sûreté, elle commencera par révolutionner la Pologne, la Turquie, tout ce qu'elle pourra des provinces russes, jusqu'à ce qu'elle arrive à Saint-Pétersbourg. Cela fait, que devient l'intérêt russe à Constantinople et à Varsovie ? le même qu'à Berlin et à Paris, un intérêt de libre et égal échange. Que devient la Russie elle-même ? Une agglomération de peuples libres, indépendants, unis seulement par l'identité du langage, la ressemblance des mœurs, l'analogie des fonctions, les circonstances territoriales. Dans des conditions pareilles, la conquête est un non-sens : Constantinople serait à la Russie, que la Russie une fois révolutionnée, Constantinople s'appartiendrait ni plus ni moins que si elle n'avait jamais perdu sa souveraineté. La question d'Orient, du côté du Nord, cesse d'exister.

L'Angleterre voudrait tenir l'Égypte, comme elle tient Malte, Corfou, Gibraltar, etc. Même réponse de la Révolution. Elle signifie à l'Angleterre de s'abstenir de toute tentative sur l'Égypte, de mettre un terme à ses empiétements et à son monopole ; et pour sûreté, elle l'invite à évacuer les îles et forteresses d'où elle menace la liberté des nations et des mers. Ce serait, en vérité, se méprendre étrangement sur le caractère et la portée de la Révolution, que de s'imaginer qu'elle laisse aux Anglais la propriété exclusive de l'Australie et de l'Inde, ainsi que les bastions dont elle entoure le commerce du continent. La présence seule des Anglais à Jersey et Guernesey est une insulte à la France ; comme leur exploitation de l'Irlande et du Portugal est une insulte à l'Europe ; comme leur possession de l'Inde et leur commerce de la Chine est un outrage à l'Humanité. Il faut que l'Albion, comme tout le reste, se révolutionne ; fallût-il l'y contraindre, nous avons ici des gens qui ne trouveraient pas la chose si difficile. Or, la Révolution faite à Londres, le privilége britannique extirpé, brûlé, ses cendres jetées au vent, que signifie pour l'Angleterre la possession de l'Égypte ? ni plus ni moins que pour nous la possession d'Alger. Tout le monde pouvant entrer, sortir, commercer à volonté, former des exploitations agricoles, minérales, industrielles, l'avantage est le même pour toutes les nations ; le pouvoir local n'a de privilége que ses frais de police, que lui remboursent les colons et les indigènes.

Il existe encore parmi nous des *chauvins* qui tiennent absolument à ce que la France reprenne ses frontières *naturelles*. Ceux-là

SEPTIÈME ÉTUDE

demandent trop ou trop peu. La France est partout où se parle sa langue, où sa Révolution est suivie, ses mœurs, ses arts, sa littérature, adoptés, comme ses mesures et ses monnaies. À ce compte, la presque totalité de la Belgique, les cantons de Neufchâtel, Vaud, Genève, la Savoie, une partie du Piémont, lui appartiennent ; en revanche, elle devrait perdre l'Alsace, peut-être même une partie de la Provence, de la Gascogne et de la Bretagne, dont les habitants ne parlent pas français, et quelques-uns sont toujours du parti des rois et des prêtres contre la Révolution. Mais à quoi bon ces remaniements ? C'est la manie des adjonctions qui, sous la Convention et le Directoire, souleva la méfiance des Peuples contre la République, et qui, mettant en goût Bonaparte, nous fit aboutir à Waterloo. Révolutionnez, vous dis-je. Votre frontière sera toujours assez large, assez française, si elle est révolutionnaire.

L'Allemagne sera-t-elle un Empire, une République unitaire, ou une confédération ? Ce fameux problème de l'unité germanique, qui a fait tant de bruit il y a quelques années, n'a plus aucun sens devant la Révolution, et cela même est la preuve qu'il n'en a jamais eu. En Allemagne, comme ailleurs, que sont les états ? des tyrannies de différents calibres, fondées sur l'invariable prétexte, d'abord, de protéger la noblesse et la bourgeoisie contre le prolétariat ; ensuite, de maintenir dans leur indépendance les souverainetés locales. Contre ces divisions la démocratie allemande s'est trouvée impuissante, et pourquoi ? précisément parce qu'elle se mouvait dans la sphère du droit politique. Mais organisez les forces économiques de l'Allemagne ; aussitôt cercles politiques, électorats, principautés, royaumes, empires, tout s'efface, jusqu'au Zollwerein ; l'unité allemande sort de l'abolition de ses États. Ce qu'il faut à la vieille Teutonie n'est pas une confédération, c'est une liquidation.

Qu'on le sache une fois : le résultat le plus caractéristique, le plus décisif de la Révolution, c'est, après avoir organisé le travail et la propriété, d'anéantir la centralisation politique, en un mot l'État, et, comme conséquence de cet anéantissement, de supprimer les rapports diplomatiques entre les nations, à mesure qu'elles souscrivent au pacte révolutionnaire. Tout retour aux traditions de la politique, toute préoccupation d'équilibre européen fondé sur le prétexte de la nationalité et de l'indépendance des états, toute

Pierre-Joseph Proudhon

proposition d'alliances à former, de souverainetés à reconnaître, de provinces à restituer, de frontières à transporter, trahirait chez les organes du mouvement la plus complète inintelligence des besoins du siècle, le mépris des réformes sociales, une arrière-pensée de contre-révolution.

Les rois peuvent aiguiser leurs sabres, et se préparer à leur dernière campagne. La Révolution, au dix-neuvième siècle, a pour tâche suprême, bien moins encore d'atteindre leurs dynasties, que de détruire jusqu'au germe de leur institution. Nés de la guerre, formés pour la guerre, soutenus par la guerre, intérieure et extérieure, quel pourrait être leur rôle dans une société de travail et de paix ? La guerre, dorénavant, ne peut plus avoir de motif que le refus de désarmement. La fraternité universelle se constituant sur ses bases certaines, il ne reste aux représentants du despotisme qu'à prendre leur congé. Eh ! comment ne voient-ils pas que cette difficulté d'être, toujours croissante, qu'ils éprouvent depuis Waterloo, provient, non pas, comme on le leur a fait croire, des idées jacobines, qui depuis la chute de Napoléon ont recommencé à envahir les classes moyennes, mais du travail souterrain qui s'est fait, à l'insu des hommes d'État, sur toute la face de l'Europe, et qui, en développant outre mesure les forces latentes de la civilisation, a fait de l'organisation de ces forces une nécessité sociale, un besoin inéluctable de révolution ?

Quant à ceux qui, après la démission des rois, rêveraient encore de consulats, de présidences, de dictatures, de maréchalats, d'amirautés et d'ambassades, ils feront également bien d'en prendre leur parti. La Révolution, n'ayant que faire de leurs services, met à couvert leur vertu. Le peuple ne veut plus de cette monnaie de la monarchie : il comprend, quelle que soit la phraséologie dont on se sert avec lui, que régime féodal, régime gouvernemental, régime militaire, régime parlementaire, régime de police, de lois et de tribunaux, et régime d'exploitation, de corruption, de mensonge et de misère, tout cela est synonyme. Il sait, enfin, qu'en supprimant le bail à ferme et le prêt à intérêt, derniers vestiges de l'antique esclavage, la Révolution supprime, du même coup, l'épée du bourreau, la main de justice, le bâton du policeman, la sonde du gabelou, le grattoir du bureaucrate, tous ces insignes de la Politique, que la jeune Liberté broie sous son talon................

SEPTIÈME ÉTUDE

ÉPILOGUE

Depuis la loi du 31 mai, la Révolution semblait garder le silence. Aucun organe n'a pris officiellement sa cause ; aucune voix, intelligente et forte, ne l'a affirmée. Elle a marché seule, et par la vertu de la réaction. Les fractions de la Démocratie, qui s'étaient d'abord ralliées à son drapeau, ont profité de cette abstention forcée de la parole révolutionnaire pour opérer insensiblement leur retraite, et revenir à leurs appétences politiques. On dirait que le socialisme, professé dans des termes de plus en plus vagues, ou représenté par d'impuissantes utopies, soit à la veille d'expirer. 1852 est la date marquée pour ses funérailles. Les républicains de la veille se chargent de l'enterrer, qui dans la Constitution de 1848, qui dans le Gouvernement direct : la présidence de la République est à ce prix !…

Mais, comme dit le proverbe, l'homme d'État propose, et la Révolution autrement dispose. Quand le suffrage universel la renierait encore, comme il l'a déjà trois fois reniée, elle n'en irait ni moins ni plus. Elle se soucie des jugements du suffrage universel comme des anathèmes de Jean Mastaï. Henri V lui-même, s'il était possible que Henri V remontât sur le trône, ne reparaîtrait que pour affirmer, comme fit son grand-oncle en 1844, la Révolution. Elle est la nécessité en personne, tandis que vos constitutions, votre politique et votre suffrage universel lui-même sont des oripeaux de comédie. 1852 ne lui importe pas plus que 1854, 1849 ou 1848 : elle se précipite comme le torrent ; elle monte, comme la marée, sans s'inquiéter si vous avez eu le temps de fermer vos écluses.

À quoi sert d'escobarder avec la force des choses ? Les faits seront-ils changés ou amoindris parce que nous ne les aurons pas prévus ? et parce qu'il nous plaît de fermer les yeux, notre sécurité en sera-t-elle plus grande ? Politique d'insensés, que le Peuple jugera avec amertume, et dont la bourgeoisie payera les frais.

Pour moi, libre de toute compétition ambitieuse, dégagé de passion égoïste, mais trop éclairé sur l'avenir, je viens, comme en 1848, et dans l'intérêt de toutes parties, proposer la transaction qui me semble la meilleure, et je demande acte de mes paroles. En 1789, tout le monde était révolutionnaire, et s'en vantait ; il

Pierre-Joseph Proudhon

faut qu'en 1852 tout le monde redevienne révolutionnaire et s'en félicite. Serai-je donc toujours si malheureux, que la Révolution, sous ma plume, paraisse d'autant plus effroyable, que le tableau en est plus vrai ?…

L'Humanité, dans la sphère théologico-politique où elle s'agite depuis six mille ans, est comme une société qui, au lieu d'être jetée à la surface d'un astre solide, aurait été enfermée dans une sphère creuse, éclairée à l'intérieur et chauffée, comme le monde souterrain de Virgile, par un soleil immobile au zénith commun de ces terres arc-boutées. Qui sait si, dans l'infinie variété des mondes, il n'y en a pas de cette espèce ? L'anneau de Saturne n'est pas moins extraordinaire.

Qu'on se figure l'existence de ce petit monde, où toutes les positions eussent été inverses des nôtres ! Longtemps cette humanité concentrique, à qui la distance dérobe la vue des parois de son habitation, pendant que la barbarie, la guerre et le défaut de communications retiennent ses diverses races dans leurs limites respectives, s'imaginera que l'espace qu'elle contemple en haut, par delà son soleil, est le séjour des dieux, tandis que le sol qu'elle foule aux pieds couvre la demeure des damnés, à une profondeur incommensurable. Quels systèmes l'imagination des poëtes fera là-dessus éclore ! Quelles cosmogonies, quelles révélations les mystagogues à leur tour devront enfanter, les prenant pour point de départ de la religion, de la morale et des lois !

Peu à peu cependant le progrès, de la civilisation, la conquête elle-même, vont amener dans ces régions infernales de vastes déplacements ; des voyages de circumnavigation s'exécutent ; la terre est parcourue dans tous les sens ; et l'on acquiert la certitude mathématique, expérimentale, que cet univers splendide, auquel l'imagination ne pouvait assigner de bornes, n'est qu'une planète concave, de quelques mille lieues de diamètre dans œuvre, et dont les habitants, opposés tête à tête, se regardent comme des perpendiculaires élevées de tous les points de la surface vers le centre. Ce dut être un scandale horrible parmi les docteurs des anciennes religions, à cette étrange nouvelle. Sans doute quelque Galilée paya de son sang la gloire d'avoir dit le premier que le monde était rond, et qu'il y avait des anticéphales.

ÉPILOGUE

Mais ce qui vient redoubler l'inquiétude, c'est qu'en même temps que les anciennes croyances se perdent, on s'aperçoit que l'espace habitable est sans proportion avec l'activité et la fécondité de la race qui s'y trouve prisonnière. La terre est trop étroite pour l'Humanité qui l'exploite ; l'air y manque ; et, dans un nombre de générations donné, on y mourra de faim !…

Alors ces hommes, qui d'abord avaient pris leur orbe pour l'infini, qui en avaient chanté les merveilles, et qui maintenant se voient en prison comme un nid de haridelles dans une motte, se mettent à blasphémer Dieu et la nature. Ils accusent le fabricateur souverain de les avoir trompés : c'est un désespoir, une confusion épouvantable. Les plus hardis jurent, avec des imprécations affreuses, qu'ils ne s'en tiendront point là. Menaçant le ciel de l'œil et du poing, ils se mettent audacieusement à forer le sol, tant et si bien, qu'un jour la sonde ne rencontrant plus que le vide, on en conclut qu'à la surface concave de cette sphère, correspond une surface convexe, un monde extérieur, que l'on se promet de visiter.

Nous sommes, au point de vue des idées politiques et religieuses, dont notre intelligence est enveloppée comme d'une sphère impénétrable, exactement dans la même position que ces hommes, et parvenus au même résultat.

Depuis l'origine des sociétés, l'esprit humain, saisi, embrassé par le système théologico-politique, enfermé dans cette boîte, hermétiquement close, dont la Religion est le couvercle et le Gouvernement le fond, a pris les bornes de cet étroit horizon pour les limites de la raison et de la société. Dieu et le Prince, l'Église et l'État, retournés en tous sens, remaniés à l'infini, ont été son Univers. Pendant longtemps il n'a rien su, rien imaginé au delà. Enfin ce cercle a été parcouru ; l'agitation des systèmes qu'il suggérait l'a épuisé ; la philosophie, l'histoire, l'économie politique, ont achevé la triangulation de ce monde intérieur ; la carte en a été dressée : et l'on a su que cet ordre surnaturel que l'humanité contemple comme son orient et sa fin, n'est autre qu'elle-même ; qu'aussi loin qu'elle puisse regarder dans les profondeurs de sa conscience, elle n'aperçoit que sa tête ; que ce Dieu, source de tout pouvoir, foyer de toute causalité, dont elle fait son soleil, est une lampe dans une catacombe, et tous ces gouvernements faits à son image, dont nous admirons la savante organisation, des grains de

Pierre-Joseph Proudhon

sable qui en reflètent la sombre clarté.

Ces religions, ces législations, ces empires, ces Gouvernements, cette sagesse des États, cette vertu des Pontifes, tout cela n'est que songe et mensonge, un cercle d'hypothèses qui toutes rentrent l'une dans l'autre et convergent vers un même point central, lui-même dépourvu de réalité. Il faut crever cette enveloppe, si nous voulons arriver à une notion plus exacte des choses et sortir de cet enfer, où la raison de l'homme, crétinisée, finirait par s'éteindre.

Eh bien ! nous le savons aujourd'hui. Ce vieux monde intellectuel, qui depuis tant de siècles épuise la spéculation humaine, n'est qu'une face de celui qu'il nous est donné de parcourir. La sonde philosophique l'a traversé de part en part : nous voilà libres tout à l'heure, émancipés de notre coque embryonnaire. Nous allons contempler de nouveaux cieux, regarder cette fois, face à face et dans son essence, l'infini, *Sicuti est facie ad faciem !*

La société retournée du dedans au dehors, tous les rapports sont intervertis. Hier, nous marchions la tête en bas ; aujourd'hui nous la portons haute, et cela sans qu'il y ait eu d'interruption dans notre vie. Sans que nous perdions notre personnalité, nous changeons d'existence. Telle est au dix-neuvième siècle la Révolution.

L'idée capitale, décisive, de cette Révolution, n'est-elle pas, en effet : PLUS D'AUTORITÉ, ni dans l'Église, ni dans l'État, ni dans la terre, ni dans l'argent ?

Or, plus d'autorité, cela veut dire ce qu'on n'a jamais vu, ce qu'on n'a jamais compris, accord de l'intérêt de chacun avec l'intérêt de tous, identité de la souveraineté collective et de la souveraineté individuelle.

Plus d'autorité ! c'est-à-dire, dettes payées, servitudes abolies, hypothèques levées, fermages remboursés, dépenses du culte, de la justice et de l'État supprimées ; crédit gratuit, échange égal, association libre, valeur réglée ; éducation, travail, propriété, domicile, bon marché, garantis ; plus d'antagonisme, plus de guerre, plus de centralisation, plus de Gouvernements, plus de sacerdoces. N'est-ce pas la Société sortie de sa sphère, marchant dans une position renversée, sens dessus dessous ?

Plus d'autorité ! c'est-à-dire encore, le Contrat libre, à la place de la loi absolutiste ; la transaction volontaire, au lieu de l'arbitrage

ÉPILOGUE

de l'État ; la justice équitable et réciproque, au lieu de la justice souveraine et distributive ; la morale rationnelle, au lieu de la morale révélée ; l'équilibre des forces, substitué à l'équilibre des pouvoirs ; l'unité économique à la place de la centralisation politique. Encore une fois, n'est-ce point là ce que j'oserai appeler une conversion complète, un tour sur soi-même, une Révolution ?

Quelle distance sépare ces deux régimes, on peut en juger par la différence de leurs styles.

L'un des moments les plus solennels dans l'évolution du principe d'autorité est celui de la promulgation du Décalogue. La voix de l'ange commande au Peuple, prosterné au pied du Sinaï :

Tu adoreras l'Éternel, lui dit-il, et rien que l'Éternel ;

Tu ne jureras que par lui ;

Tu chômeras ses fêtes, et tu lui payeras la dîme ;

Tu honoreras ton père et ta mère ;

Tu ne tueras pas ;

Tu ne voleras pas ;

Tu ne forniqueras pas ;

Tu ne commettras point de faux ;

Tu ne seras point envieux et calomniateur ;

Car l'Éternel l'ordonne, et c'est l'Éternel qui t'a fait ce que tu es. L'Eternel seul est, souverain, seul sage, seul digne ; l'Éternel punit et récompense, l'Éternel peut te rendre heureux et malheureux.

Toutes les législations ont adopté ce style ; toutes, parlant à l'homme, emploient la formule souveraine. L'hébreu commande au futur, le latin à l'impératif, le grec à l'infinitif. Les modernes ne font pas autrement. La tribune de M. Dupin est un Sinaï aussi infaillible et non moins redoutable que celui de Moïse ; quelle que soit la loi, de quelque bouche qu'elle parte, elle est sacrée dès lors qu'elle a été prononcée par cette trompette fatidique, qui chez nous est la majorité.

« Tu ne te rassembleras pas ;

» Tu n'imprimeras pas ;

» Tu ne liras pas ;

» Tu respecteras tes représentants et tes fonctionnaires, que le sort du scrutin ou le bon plaisir de l'État t'aura donnés ;

» Tu obéiras aux lois que leur sagesse t'aura faites ;

» Tu payeras fidèlement le budget ;

» Et tu aimeras le Gouvernement, ton seigneur et ton dieu, de tout ton cœur, de toute ton âme et de toute ton intelligence : parce que le Gouvernement sait mieux que toi ce que tu es, ce que tu vaux, ce qui te convient, et qu'il a le pouvoir de châtier ceux qui désobéissent à ses commandements, comme de récompenser jusqu'à la quatrième génération ceux qui lui sont agréables. »

Ô personnalité humaine ! se peut-il que pendant soixante siècles tu aies croupi dans cette abjection ? Tu te dis sainte et sacrée, et tu n'es que la prostituée, infatigable, gratuite, de tes valets, de tes moines et de tes soudarts. Tu le sais, et tu le souffres ! Être GOUVERNÉ, c'est être gardé à vue, inspecté, espionné, dirigé, légiféré, réglementé, parqué, endoctriné, prêché, contrôlé, estimé, apprécié, censuré, commandé, par des êtres qui n'ont ni le titre, ni la science, ni la vertu... Être GOUVERNÉ, c'est être, à chaque opération, à chaque transaction, à chaque mouvement, noté, enregistré, recensé, tarifé, timbré, toisé, coté, cotisé, patenté, licencié, autorisé, apostillé, admonesté, empêché, réformé, redressé, corrigé. C'est, sous prétexte d'utilité publique, et au nom de l'intérêt général, être mis à contribution, exercé, rançonné, exploité, monopolisé, concussionné, pressuré, mystifié, volé ; puis, à la moindre résistance, au premier mot de plainte, réprimé, amendé, vilipendé, vexé, traqué, houspillé, assommé, désarmé, garrotté, emprisonné, fusillé, mitraillé, jugé, condamné, déporté, sacrifié, vendu, trahi, et pour comble, joué, berné, outragé, déshonoré. Voilà le gouvernement, voilà sa justice, voilà sa morale ! Et dire qu'il y a parmi nous des démocrates qui prétendent que le gouvernement a du bon ; des socialistes qui soutiennent, au nom de la Liberté, de l'Égalité et de la Fraternité, cette ignominie ; des prolétaires, qui posent leur candidature à la présidence de la république ! Hypocrisie !....

Avec la Révolution, c'est autre chose.

La recherche des causes premières et des causes finales est éliminée de la science économique, comme des sciences naturelles.

L'idée de Progrès remplace, dans la philosophie, celle de l'Absolu.

La Révolution succède à la Révélation.

ÉPILOGUE

La Raison, assistée de l'Expérience, expose à l'homme les lois de la Nature et de la Société ; puis elle lui dit :

Ces lois sont celles de la nécessité même. Nul homme ne les a faites ; nul ne te les impose. Elles ont été peu à peu découvertes, et je n'existe que pour en rendre témoignage.

Si tu les observes, tu seras juste et bon ;

Si tu les violes, tu seras injuste et méchant.

Je ne te propose pas d'autre motif.

Déjà, parmi tes semblables, plusieurs ont reconnu que la justice était meilleure, pour chacun et pour tous, que l'iniquité ; et ils sont convenus entre eux de se garder mutuellement la foi et le droit, c'est-à-dire de respecter les règles de transaction que la nature des choses leur indique comme seules capables de leur assurer, dans la plus large mesure, le bien-être, la sécurité, la paix.

Veux-tu adhérer à leur pacte ? faire partie de leur société ?

Promets-tu de respecter l'honneur, la liberté, et le bien de tes frères ?Promets-tu de ne t'approprier jamais, ni par violence, ni par fraude, ni par usure, ni par agiotage, le produit ou la possession d'autrui ?

Promets-tu de ne mentir et tromper jamais, ni en justice, ni dans le commerce, ni dans aucune de tes transactions ?

Tu es libre d'accepter, comme de refuser.

Si tu refuses, tu fais partie de la société des sauvages. Sorti de la communion du genre humain, tu deviens suspect. Rien ne te protége. À la moindre insulte, le premier venu peut te frapper, sans encourir d'autre accusation que celle de sévices inutilement exercés contre une brute.

Si tu jures le pacte, au contraire, tu fais partie de la société des hommes libres. Tous tes frères s'engagent avec toi, te promettent fidélité, amitié, secours, service, échange. En cas d'infraction, de leur part ou de la tienne, par négligence, emportement, mauvais vouloir, vous êtes responsables les uns envers les autres du dommage ainsi que du scandale et de l'insécurité dont vous aurez été cause : cette responsabilité peut aller, suivant la gravité du parjure ou la récidive, jusqu'à l'excommunication et à la mort.

La loi est claire, la sanction encore plus. Trois articles, qui n'en

Pierre-Joseph Proudhon

font qu'un, voilà tout le contrat social. Au lieu de prêter serment à Dieu et à son prince, le citoyen jure sur sa conscience, devant ses frères et devant l'Humanité. Entre ces deux serments il y a la même différence qu'entre la servitude et la liberté, la foi et la science, les tribunaux et la justice, l'usure et le travail, le gouvernement et l'économie, le néant et l'être, Dieu et l'Homme.

Rappellerai-je, maintenant, que tous les éléments de l'ancienne société, religion, politique, affaires, aboutissent là ?

La Raison dans mes vers conduit l'homme à la Foi,

dit Racine fils. C'est justement le contraire qui est vrai. La théologie conduit, pas à pas, l'homme à la raison : elle n'a jamais servi à autre chose. Toutes ses investigations sont des essais de philosophie. Il y a une *Physique sacrée*, une *Politique tirée de l'Écriture sainte,* un *Droit canon,* une *Scolastique :* qu'est-ce que tout cela ? le rationalisme dans la révélation. La théologie, dès le premier jour, a cherché la vérité HORS d'elle-même ; c'est elle qui a commencé ces fouilles, qui devaient nous conduire hors du cercle dont elle nous avait la première environnés. À mesure qu'elle faisait son dogme, elle se défaisait elle-même par ses interprétations et ses gloses : aujourd'hui enfin, elle en est venue à renier ses mystères, et à parler, comme dit l'Apocalypse, le langage de la Bête. Tout le monde l'a senti, à la lecture du dernier mandement de monseigneur Sibour. Eh bien ! la percée est faite. Il est trop tard pour en revenir : il serait ridicule de ne pas vouloir aller jusqu'au fond. La pierre qui couvrait le sépulcre du Golgotha est renversée ; le Christ est sorti dès l'aube ; Pierre, Jean, Thomas lui-même et les femmes l'ont vu ; il ne reste que la place vide, une porte ouverte sur l'autre monde. N'essayez pas de la refermer, citoyen Caïphe : vous auriez plus tôt fait de boucher les soupiraux de l'Etna.

Où la religion se trouve convaincue de tendances révolutionnaires, la politique oserait-elle se prétendre plus conservatrice ? N'est-ce pas elle qui, de concession en concession, de système en système, nous a fait aboutir à la négation absolue, définitive, de son propre principe, le gouvernement ? N'est-ce pas de ses discussions qu'est sortie un jour cette formule radieuse : *Liberté, Égalité, Fraternité ?* La théologie, empiétant chaque jour sur le terrain de la philosophie, a pris l'orientation du monde primitif ; la politique en a fait le tour, et dressé la carte. Après avoir tout exploré, tout décrit, elle a planté ses colonnes d'Hercule ; le suffrage universel est son *nec plus ultrà*. Je n'ai plus rien, dit-elle, à vous donner, rien à vous apprendre. Si vous en désirez davantage, ce n'est pas à la superficie qu'il faut chercher désormais, c'est en dessous. Adressez-vous à mes voisins, les économistes. Ils sont mineurs de leur métier : peut-être en obtiendrez-vous satisfaction.

En effet, l'économie politique, bien que ses mercenaires n'en veuillent pas convenir, est la reine et la dominatrice de l'époque. C'est elle qui, sans y paraître, fait tout, dirige tout. Si Louis Bonaparte échoue dans sa demande de prorogation, ce sont les *affaires* qui en sont cause. Si la Constitution n'est pas revisée, c'est la Bourse qui le défend. Si la loi du 34 mai est rapportée, ou du moins profondément modifiée, c'est le commerce qui l'aura voulu. Si la République est invincible, ce sont les *intérêts* qui la protégent. Si le paysan, l'ancien de la terre, embrasse la Révolution, c'est justement parce que cette terre, sa maîtresse adorée, l'appelle. Si nous ne chômons pas le dimanche, c'est que les influences industrielles et mercantiles s'y opposent…

Évidemment, l'économie sociale, divinité peu connue, mène le monde. Qu'elle se présente hardiment ; qu'elle dise ses secrets, qu'elle donne son mot d'ordre, et toutes les nations, toutes les classes, sont à ses pieds.

Le paysan n'attend qu'un signe : il veut la terre, il la couve du regard ; elle n'échappera pas à sa convoitise. Pour acquérir cette terre, il s'est endetté, grevé d'hypothèques ; il paye au capital et à l'État je ne sais combien de centaines de millions de droits, et jusqu'à ce moment il n'a pu rien obtenir. Tous les gouvernements lui ont promis bon marché, crédit et richesse ; tous ont passé sans lui tenir parole. La République est venue, qui a achevé de le ruiner. Aussi le paysan est-il, en fait de gouvernement, profondément sceptique ; il n'a pas en politique le moindre principe, la plus mince conscience, l'opinion la plus superficielle. En 1848, il aurait-fait Louis Bonaparte empereur ; en 1852, il fera peut-être Ledru-Rollin roi. Savez-vous la cause ? c'est que le paysan est avant tout révolutionnaire ; ses idées et ses intérêts le lui commandent.

Pierre-Joseph Proudhon

L'ouvrier est comme le paysan. Il veut le travail, l'instruction, la participation, le bon marché du logement et des subsistances. Ne prenez pas trop au sérieux ses manifestations constitutionnelles. Il crache sur les théories politiques ni plus ni moins que le paysan. Il est purement et simplement révolutionnaire, quitte à aller de Louis XVI à Mirabeau, de la Gironde à Marat, de Robespierre à Napoléon, de Cabet à Lamartine. Son histoire, trop connue, répond de ses sentiments.

Le commerçant, l'industriel, le petit propriétaire, quoique plus circonspects dans leur langage, ne prennent pas la chose d'une autre manière. Ce qu'il leur faut, ce sont des *affaires,* des négociations, des commandes, de l'argent à bas prix, des capitaux à longs termes, de larges débouchés et pas d'entraves, pas d'impôts. Ils appellent cela, naïfs, être conservateurs, et point révolutionnaires. C'est dans cet esprit qu'ils ont voté, en décembre 1848, pour le général Cavaignac, qu'ils soutiennent en ce moment la Constitution attaquée, et répudient les socialistes avec leurs systèmes. Pure équivoque ! Le commerçant, le fabricant, le manufacturier, le propriétaire agriculteur, tout ce qui, dans la haute et moyenne bourgeoisie, a charge de patente et d'hypothèque, et qui travaille sous sa propre responsabilité, se soucie peu, au fond, de la politique et de la forme du gouvernement. Ces gens-là demandent à vivre, et à vivre bien : ils sont révolutionnaires jusqu'à l'âme ; seulement, ils cherchent à une fausse enseigne la Révolution.

Jusqu'à présent, on leur a fait croire que l'ordre politique, l'ordre dans la rue, tel que le fait le Gouvernement, pouvait seul leur procurer ce qu'ils demandent ; ils ont vu dans les conservateurs du pouvoir les conservateurs de leurs intérêts, et ils se sont séparés de la Révolution, d'abord tapageuse, bigote, exclusive, mal coiffée surtout. Quand donc les journaux aimés de cette bourgeoisie, le *Siècle,* qui depuis la mort de Louis Perrée s'allanguit ; la *Presse,* trop souvent en déroute ; le *National,* toujours en expectative, se décideront-ils à désabuser leur clientèle ? Sans doute, la nécessité de poser d'abord la Révolution au point de vue spécial du prolétariat, a dû tenir pendant quelque temps la classe moyenne en méfiance ; elle a cru qu'il s'agissait tout uniment de faire les prolétaires bourgeois, et les bourgeois prolétaires. Aujourd'hui, la question est trop éclairée pour qu'une pareille scission se prolonge davantage.

ÉPILOGUE

Qui donc fera accroire au commerce, à l'industrie, à la petite propriété, à toutes les classes dont le travail produit plus que le capital, qu'elles ont quelque chose à craindre d'une révolution qui, mettant le crédit à 1/4 p. %, liquidant les dettes de l'État et les hypothèques, convertissant les loyers et fermages en un remboursement des propriétés, réduisant du premier coup le budget de l'État de sept huitièmes, dégrève la production de 45 p. % de ses frais, restitue à l'ouvrier l'intégralité de son salaire, et conséquemment crée à l'industriel, au sein de la population indigène, un débouché toujours grandissant ? C'est comme si l'on voulait persuader à l'ouvrier qu'il vaut mieux pour lui continuer à perdre 300 francs par an sur son salaire, et recevoir 6 francs pour les 150 qu'il dépose à la Caisse d'épargne. Non, non : un pareil aveuglement ne saurait durer ; et le jour, demain peut-être, où cet aveuglement se dissipera, sera le jour de la Révolution.

Les adversaires de la Révolution, nous les connaissons tous : ce ne sont ni les paysans, ni les ouvriers, ni les commerçants, ni les industriels, ni les petits propriétaires. Ce ne seraient pas même les capitalistes, si, calculant l'essor industriel qui doit suivre la réforme du crédit, ils comprenaient qu'en face des immenses besoins à satisfaire la commandite peut leur offrir, pendant bien des années encore, un plus fort revenu que l'escompte des banques, le placement sur hypothèque et sur l'État.

Les adversaires de la Révolution sont ceux qui vivent de préjugés, encore plus que de parasitisme ; ce sont ceux surtout qui, moins aveugles que le vulgaire des conservateurs, moins incertains de la Révolution que les révolutionnaires eux-mêmes, spéculent, jouent, si j'ose ainsi dire, à la baisse des vieilles institutions, entretiennent la résistance afin de ménager l'agiotage, et à chaque faux pas de la résistance, à chaque progrès du mouvement, escomptent un nouveau bénéfice. Ces chefs de file du jésuitisme, de la monarchie, de la république gouvernementale et modérée, auxquels il faut joindre certains entrepreneurs de théories sociétaires, sont les vrais ennemis de la Révolution, d'autant plus coupables qu'ils sont d'une foi moins robuste, et que leur hostilité n'est qu'affaire de vanité et d'intérêt.

Mais que dis-je ? y a-t-il aujourd'hui des hommes vraiment coupables du crime de contre-révolution ? Et quand il s'en

Pierre-Joseph Proudhon

trouverait par hasard quelqu'un, ne serait-il pas largement excusé par le service que son opposition rend à la cause même qu'il prétend combattre ?

Qui donc aurait pensé au crédit gratuit, sans la retraite du capital ? — *Le capital se refuse,* disait M. Thiers en 1848, avec une excessive complaisance. J'ai peur qu'il ne lui en coûte cher un jour, pour s'être refusé.

Qui, sans la guerre de Rome, aurait remis sur le tapis l'ancienne thèse de la *décatholicisation* de l'Europe ?

Qui, sans la rue de Poitiers, se fût avisé de la révolution agraire ?

Qui, sans les rigueurs de la magistrature, eût imaginé d'abolir les tribunaux ?

Qui, sans l'état de siége, sans les attaques à la garde nationale, eût soulevé la question de l'obéissance passive du soldat, et parlé de supprimer les armées permanentes ?

Qui, sans l'abus de la centralisation politique, aurait formulé l'organisation économique ?

Qui, sans la *Législation directe* de M. Rittinghausen, le *Gouvernement direct* de M. Considérant, la dictature de Nauvoo, aurait repris la théorie du CONTRAT SOCIAL, et posé, avec un surcroît de certitude, le principe de l'anarchie ?...

Poursuivez donc, royalistes, jésuites, bancocrates, phalanstériens, icariens, le cours de vos résistances insensées. Achevez d'éclairer le Peuple et de lui définir la Révolution. Plus vous irez, plus vous le servirez, plus aussi j'aime à croire qu'il vous pardonnera.

Mais vous, Républicains de la vieille école ; à qui le désir ne manque pas d'aller en avant, et que le respect de l'autorité retient toujours, ne pouvez-vous une fois lâcher la bride à vos instincts ? Voici vos deux candidats, MM. Cavaignac et Ledru-Rollin, dont le rôle, s'ils voulaient, serait de conduire en peu de temps, l'un la bourgeoisie, l'autre le prolétariat, à ce monde supérieur du droit humanitaire et de l'organisation économique. Déjà ils ont pris la devise du dernier conclave démocrate-socialiste : *La République est au-dessus du suffrage universel.* Mais M. Cavaignac, défendant la Constitution, se croit obligé d'être de plus en plus ami de l'*ordre,* tandis que M. Ledru-Rollin, dans ses manifestes contre-

ÉPILOGUE

signés Mazzini, ne peut s'empêcher de se signer sur le front, sur la bouche et sur la poitrine, au seul mot d'*anarchie*. Tous deux, méconnaissant également les attractions de leur parti, tremblent de tomber dans ce puits de la Révolution, qui est notre galerie de délivrance, comme s'ils devaient au fond rencontrer le diable. Allez donc, couards ! vous avez déjà la moitié du corps dans la margelle. Vous l'avez dit : *La République est au-dessus du suffrage universel.* Si vous comprenez la formule, vous ne désavouerez pas le commentaire :

LA RÉVOLUTION EST AU-DESSUS DE LA RÉPUBLIQUE.

FIN.

ISBN : 978-1519653840

Pierre-Joseph Proudhon

www.ingramcontent.com/pod-product-compliance
Lightning Source LLC
Chambersburg PA
CBHW071334280526
45787CB00001B/93